Horizon

土 里

知识农夫的里山生活

不土气

长角羚 蚊滋滋 —— 著   蚊滋滋 —— 绘

上海人民出版社

我们的故事始于一段不长不短的离城路。

里程70公里

———

离开北京市中心的人潮楼宇，
我们将依次看到
生产建材、家具及食品的工业园区。
人烟渐疏的平原，分布着大片粮田和蔬菜大棚，
两三层小楼渐渐涌现，
集市人群和电动三轮交错，
是乡间小镇该有的样子。
驶出镇子，地势抬升，
各色的果园慢慢取代农田，
星点农舍隐匿其中。
驶入山路，两侧是斑驳裸露的巨岩，
据说经历了十亿年悠悠岁月。
转入草疯木长的林间小路，
松鼠野兔不时蹿出，
最终到达我们定居的山下小园。

● 对页图：林间小径引领我们进入更加野性的时空，硬邦邦的水泥路快要走到尽头

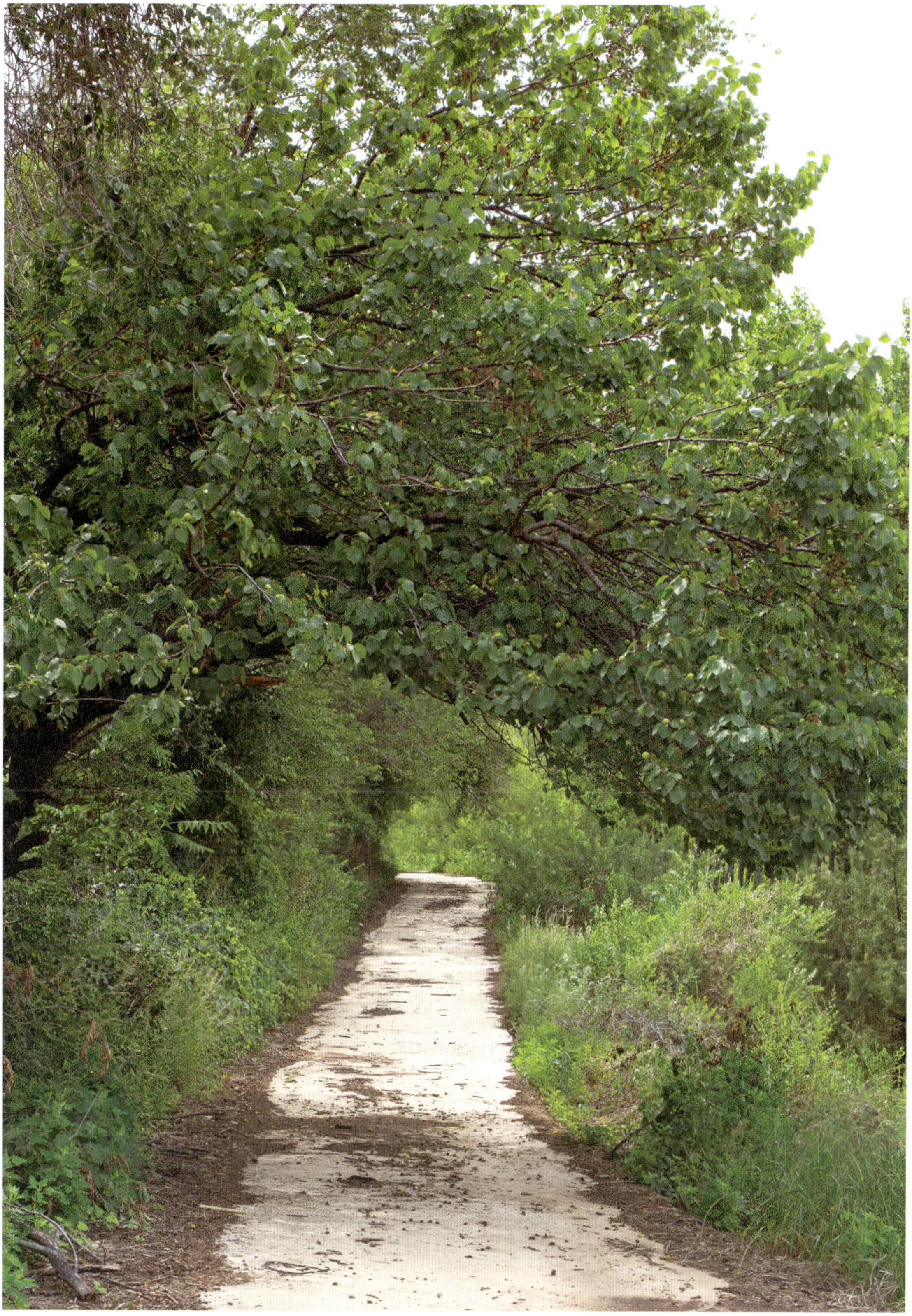

Shoot date:2021-8-16

一个嗷嗷待哺的园子。

面积30亩

————

小园约等于3个足球场大小，

占地为天安门广场的1/22。

巅峰时期，最多有近300张嘴嗷嗷待哺，

其中有200多只鸡，

近30只羊、2只猫、5只鹅、5只狗、3只兔，

拥有果树200多棵。

园子小一半是农地、果园、人居和养殖区，

多一半是未开垦的山林。

步出屋门半分钟可下至菜田，

1分钟上到果园，

5分钟行至最近邻家，

50分钟晃到村中超市，

超市边是距离最近的公交车站，

自驾15分钟可达小镇中心。

Shoot date:2015-6-24

一座深藏不露的小山。

海拔 200 米

————

紧邻屋侧被我们称为盖娅峰的小山，

海拔高度为中国最高建筑

上海中心大厦（632 米）的 1/3，

一个 4 岁孩子手脚并用可 20 分钟登顶。

山林中常年出没

袭鸡之午夜凶萌豹猫，

狗獾挖掘机，

落寞毒王短尾蝮蛇，

悬停猎手红隼，

上天入地七十二变大肉虫子，

愤怒的毛球棕头鸦雀，

行如风静如松山地麻蜥。

● 对页图：在盖娅峰的林中树下邂逅一只色彩魔幻的牛肝菌

目 录

第一章 里山技

第二章　里山客

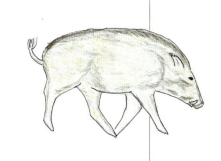

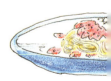

第三章　里山食

在城市与荒野之间

　　落笔的此刻正值九月的一个下午，本该是秋高气爽的样子，空气却还湿答答的。上午才刚刚在稻子地除了会儿草，便沾上了一身的露水。慢慢穿过青翠的稻秧，大大小小的蚂蚱不时在我眼前蹦跶，随手逮上几只笨重的，再拽一把牵牛藤一同给鸡喂去，把它们美得够呛。记得蚊滋滋常说起，她还是小屁孩儿的时候，和爸妈住在远离市中心的京西一隅。那里大片大片的田野和手中一串串蹬着大长腿的扁担钩儿(一种尖头的蝗虫)至今让她怀念。的确，打小儿在北京长起来的我们，都经历了这座城市向四面八方扩展的急速变化，却也不免遗憾，那曾经蹦过的小河沟，那可以跟小伙伴儿一起翻跟头、打滚儿、抄蜻蜓的荒草地，以及那又能打瞌睡又能挖知了的小树林子，全都成了儿时的记忆。

　　后来，我们伴随着城市一起长大，虽然生活越来越便捷，但那与自然疏离的日子就像一段躁动不安的青春期，让我们只想出走。远，再远一点。于是我们背起行囊，时常游历于深远的山林。在那里，芬芳的草木间萦绕着鸟唱虫鸣，阳光穿过树影仿佛给山谷中的一切都镶上了金边，篝火的余烬温度尚存，暖着杯中的清泉，甘甜滋润。直到工作以后，有了机会深入人迹罕至的荒野秘境，探访那些濒危物种的

稻

Oryza sativa

禾本科稻属一年生草本，原产亚洲。由于山上缺水，种植水稻并不合适，我们选择种植的旱稻(陆稻)是通过人工选育的耐旱品种，更适应旱地。只是陆地上的野草大军浩浩荡荡，吃上一口自己种出的稻米着实不易

家园。渐渐地，之前那涤荡心灵的归属感莫名变成了忐忑。毕竟，我们不属于这里，生活更不该只是冲动的逃离，若是反客为主在此安家落户，恐怕终会为争得一份生存的尊严而与那山林土地短兵相接吧。

初次接触"里山"一词（源自日文的"Satoyama"），还是在一次赴台湾的旅行当中。由于当地的多山地形与日本十分相似，里山这个概念在台湾也很受关注。其中"里"指人们生活的聚落，"山"则表示围绕在这些聚落周边的丘陵浅山。在这样的环境里，山林、溪川、草地、农田、果园、房舍等彼此镶嵌，人在其中直接获得自然资源供生活所需。同时，在智慧的取用之下，环境依然可以生机盎然，甚至更加丰茂。这般的图景不正是我们的心之所向吗？细想之下，三面环山的北京，在平原与山地之间也应该存在这样连接着城市与荒野的缓冲地带，既可满足生活的需要，又让我们与真实的自然为邻。于是，把家搬到里山去，就这么愉快地决定啦！

　　驱车一个半小时，我们从北京城中回到了里山的家，这是位于京城东部浅山的一片大约30亩（约2万平方米）的土地，每日推开房门，漫步在香草花园中，细碎的色彩铺在脚下，映衬着头顶大桑树葱郁的枝叶。一边是阡陌纵横的田野，鲜亮的蔬菜绿意浓密；另一边是近在咫尺的小山，长满果树与杂木，出产应季水果的同时供给我们平日里的资材，更在四季轮回中展现着自然野趣，为生活注入无穷滋味。不过，里山可不是什么"桃花源"，在这里每天都少不了付出辛苦，耕种土地，做饭烧炕，修葺屋舍，饲喂动物，甚至追赶"越狱"的羊，驱散进犯的猪……里里外外各样的杂事，像打地鼠一般，总也没个尽头。里山并没有只留给我们一份唾手可得的快意，而是让我们有机会用双手去创造和打磨，将短暂的愉悦化作持久的幸福。

　　忙碌日复一日，里山的野性也逐渐显现。刚搬来的时候，眼望着这片灌丛密布又伴随着人们常年耕作的次生山林，我们估摸能瞧见只野兔就阿弥陀佛了。可住得越久，越发觉这片土地的生命力如此蓬勃。走在路上，脚边的植物总是能错落出几天前还没有的新鲜模样；俯身田间，听得见的那些位不过是草丛深处的"虫"山一角；漫步林中，野兔充其量是素食界的一员小将，而吃肉的亲们，谁才是这山中的大王？时至今日，我们与这些"野蛮"邻居之间，有欢脱，有欣赏，有误解，也有较量。这些经历时常提醒着我们，自然并非只在远方，城市也不尽是五感的荒漠，真的不要小看了任何一抹身边的绿色。

　　其实，生活在城市不意味着就与土地失联。把购物车越填越满还不如自己试着把问题清空。诚然，生活的惯性支撑着每个人内心的安稳，改变用力过猛难免两败俱伤。在这里我们并非希望每个人都以"断舍离"的方式，去选择一片宁静与执着。写这本书，不过是收集起自己在里山生活中花费心力获得的小确幸，希望给到大家一些灵感。如果你愿意给"便利"的生活找一点"小麻烦"，或许可在城市周边的市民农园里，租上一小块地，周末与家人当一把城市农夫；或许开始关心友善土地的食材，抽空亲自下厨PK外卖；又或许尝试拾起工具，为自家居室修修补补，给朋友帮点小忙。当然，也别忘记驻足于平凡无奇的山林里、寻常楼宇的草木间，唤醒那份对自然的敏感与惊奇之心。

一转眼在里山的生活已过去七年，在友人的邀约之下，我们有幸将这段岁月里基于琐碎日常的体察和感悟收集成书。并非专家学者，也不是什么能工巧匠，作为农夫"煮妇"只能利用闲暇创作，文字插图难免粗陋，还请大家多多包涵。全书大体可分为三部分，其中的"里山技"记录了一些我们亲身实践过的生活技能。关照环境的生活智慧让人与土地的依存持久绵长，并引领人在有度利用自然资源的同时，体会手工劳作的乐趣。"里山客"描绘的则是与我俩朝夕相处的伙伴们，无论动物植物，驯养还是野生，记录下里山众生灵独特的生命故事。"里山食"篇章并非爱好美食的我们炫耀厨艺的舞台，而是从尊重生命的角度体会食物，通过分享自种香草与经典香料调味的私房菜谱，结合应季食材，展现从田地到餐桌，自耕自食的滋味生活。

里山在城市与荒野之间保留了一片人与自然的缓冲地带。请跟随我们的故事走进它，说不定未来的某一刻，一片小小的缓冲区就在你的心中隆起，帮你过上属于自己的"里山生活"。

长角羚 × 蚊滋滋

第 一 章　里 山
————
技

工具 什么叫锄，哪个叫镐？

————

　　从萌萌的石斧到手工打制的铜铁器，从燃料给力的蒸汽机到"一机在手，啥啥都有"的智能操控设备，不同时代我们使用着不同的工具，经历着不同的生活。长久以来，人与工具之间就是这么相互帮衬着过日子，谁也离不开谁，这一点在里山中表现得尤为突出。由于人与自然之间没有阻隔，彼此直面，我们日常生活的资材许多都来自周边环境，说土地山林是衣食父母一点不为过，但只靠"双手"向山野讨要是不可能的，学会使用工具，生活才能继续。

　　现代化带来的便捷，往往让双手"养尊处优"，各种活儿干得少，没形成太多劳动中的肌肉记忆。如果这时候突然接过把铁锹，到地里干活去，还真有点儿找不着北，老也使不对劲儿。那是不是我俩从小缺练的双手，就注定一笨到底了呢？先别着急下结论，看看动物伙伴们——曾经，工具的使用被说成是人与其他动物的根本区别，随着这一观点被蚊滋滋的偶像珍·古道尔用黑猩猩草棍钓蚁的行为推翻，越来越多的工具使用技能在各种动物身上陆续被发现，让人大开眼界。乌鸦的树枝钓小虫，海獭的大石碎贝壳，章鱼的椰壳保护罩……许多看似不可思议的神操作，其实都源自动物的生存本能。说白了，城里人，山里人，还不都是人？人作为众多会使用工具的动物之一，有着同样的潜能，岂有不战而溃的道理？

珍·古道尔（Jane Goodall）英国动物学家，持续近30年在非洲原始丛林中对黑猩猩进行行为学观察和研究，把黑猩猩当作与人类平等的生命看待，积累了大量珍贵数据。珍与黑猩猩相处期间，首次发现它们能够借助草棍从蚁穴中钓出白蚁食用，从而证明能够使用工具的并非只有人类。

在刚步入山林的日子里，我们就是靠这种阿Q精神说服自己，不怕出丑，不要却步。

大集遇铁匠，喜结工具缘

今天的城市生活中，越来越智能的设计让生活漫步云端：以指尖就可操控起居，与金木火土全面疏离，手机倒成了最顺手的工具。我常设想，如果停上一年电，里山中大叔大婶们的日子还是可以该咋过咋过，应对冲击，他们的办法多得是；城市的老辈人估计短期内会有点焦虑，但凭着扎实的生活阅历，动手找回秩序应该没太大问题；倒是没吃过猪肉也没见过猪跑的年轻一辈，有些让人担忧。城市生活让每个人都感觉自己无所不能，可一旦"断电"，每个人似乎又啥都不会，甚至连基本生活都难以为继，这种"温水煮青蛙"的演化过程，想想就不寒而栗。

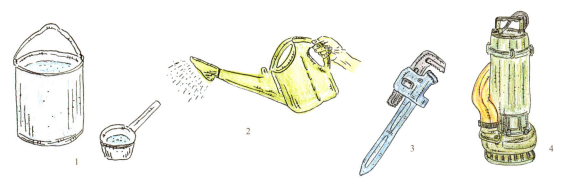

灌溉类工具 1.水桶＆水舀子：用于水的盛放、转移及浇灌。2.花洒：作物播种后或刚长出小苗时用于浇灌。3.管钳：拆装金属水管件。4.潜水泵＆水管：用于水的提取转移。

什么叫锄，哪个叫镐，哪一种钉子钉木料，啥样的工具来除草？作为两只刚刚跳出锅来的半熟蛙，我和蚊滋滋对于里山生活中的各类工具，此前不能说一无所知，但大多也是道听途说，没什么实操经验。走进山下的五金店，货架上的工具让人目不暇接，我照着故宫观珍宝的路子，左到右，上到下，一排一排一件一件地认真端详，生怕有遗漏，遇到不懂的就向店老板请教（其实基本不懂……）。这龟速的挪动节奏，让起初热情洋溢的老板逐渐心生狐疑，最后面沉似水，爱答不理。当然，出于人道主义，我最终还是在店里买了不少东西，老板这才又挤出点儿笑模样，勉强给了句"慢走"。

逛了几家五金店后，我大概了解了镇上常规售卖的工具种类，虽然只是有了个潦草印象，具体的使用还不摸门儿，但一番走马观花下来，感觉自己的小宇宙已在无数店老板的创伤中被悄悄点燃。

转过天来，村里大婶邀我俩去镇上逛大集。我们这儿每五天开一次集，集市已有百年以上的历史，是本地最热闹的欢聚。赶集赶早，恨不得清晨五六点钟就已人头攒动，平日里畅快的大道一时间被围得水泄不通，中午后人们才陆续散去。同是闲逛，逛大集与逛超市的感觉可是大有不同，大集更有购销两旺的热闹氛围，逛时总能淘到一些超市里见不到的稀罕物，比如壮硕的家畜活禽、超大的铁锅笼屉、手工的门帘炕席，当然还有五金店也没得卖的手作工具！

"瞅瞅工具，啥样都有，自家打的，真材实料！"不远处浑厚有力的吆喝声引起了我们的注意，凑近一瞧，摊主是位皮肤黝黑的老爷子，看着六十来岁，一身粗布，满面红光，后来才知道他是本地知名的老铁匠。我们在他的摊儿上左右观瞧，不经意间便"神"陷其中，一扎就是俩多钟头。行山的柴刀、耪地的锄头、敲砸的大锤、劈剁的手斧，还有各种形制的传统农具"强硬"地铺了一地，每一件器物上都挂着手工打造的粗糙纹理，边角处还烙上了老铁匠的江湖字号，承诺终身保修。

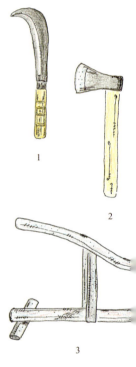

1

2

3

柴木类工具 1.柴刀：行山时用于道路清障。2.手斧：用于去除树木的细枝条，劈削修整工具把手。3.捆柴器：用于木柴的压实、打捆和整理。4.劈柴器：与大锤配合，用于劈柴。
耕作类工具 5.移苗铲、小手耙：用于挖穴和移栽定植小苗，小面积松土。6.大小镰刀：用于割除野草或收割庄稼。7.耙子：用于搂草，平整土地，摊开或收拢地面晾晒物。8.镢头：用于刨挖硬土及掘根。9.尖锹：用于挖土、翻地、起垄。10.锄头：用于除草松土。11.尖头锄：用于开沟或挖穴。12.打草机：用于较大面积除草（不除根），比如果园内或道路上。

4

在这里，多数工具的组装方式都是铁头配木把儿，有的还需要铁制或木制的楔子加以紧固。五金店中许多工具已"升级"成塑料把儿，一旦损坏难以修理，不得不整个丢弃重新购买。而木把儿用坏了，可以在山里轻易地就地取材换根儿新的，老的可以当柴烧，既自然又实惠。

一边与老师傅攀谈，一边看着他轻车熟路地劈削捶打，不一会儿我们挑选的零件们被组合成了一件件结实牢固的农具，整个过程充满了手艺工作的朴素美感。在乡村生活的人都是多面手，老铁匠不仅造工具的水准一流，种地也是把好手，打铁之余，家里的蔬菜果树老两口哪样也没落下照顾。想想也是，要不是自己会种地，哪能做出这么称手的工具来？相比之下，我们还差得太远！比起略显高冷的五金店，老师傅这儿既可以学工具的组装保养，又可讨教使用经验，那一阵我们没事就去逛逛大集，找老师傅侃两句最近的工具使用心得，这来回往复也让曾经与工具无缘的我逐渐被打开，并在日后生活中与其结下不解之缘。

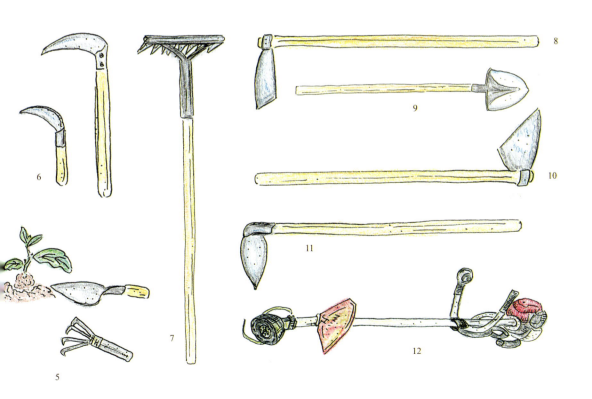

● 割麦子时右手持镰刀，左手反握麦秆中下部，搂住一把后将镰刀头靠近麦秆基部，向身体
方向适当用力，切断麦秆并整把放于地面，割出几把后收打成捆便于运输

● 我们种植的冬小麦一般在夏至时节收获，赶上帮忙人手较多时，割麦完成后干脆就地把麦穗剪下装袋，这样拿去脱粒时运输上省力，又可立马将秸秆还田作覆盖

采收类工具　1.板栗夹：用于采收板栗。2.香椿钩：用于采收生长在香椿树高处的嫩芽。3.簸箕：通过上下簸动它去除粮食中的杂质，晾晒食物。4.二齿锄：用于采收花生、红薯等，翻土。5.摘果器：用于收长在高处的果实。6.长竹竿：用于敲打树枝，采收核桃、栗子、枣等。步道&砌石类工具　7.十字镐：用于开掘刨挖坚硬多石土地。8.撬棍：用于从土中撬出、短距离移动或抬升大石块，砌石中微调石块位置。9.木夯：用于夯实土地。10.铁锤&錾子：用于破碎及修整石块。

　　　　　草木皆工具，干活靠"凑合"

　　经过一段时间的收集，我们的工具种类和数量都初具规模，从手工农具到常用五金，从电动的水泵、手钻、切割机到烧油的打草机、粉碎机一应俱全，本以为掌握了这些工具，里山大小事便能统统应付，不料实践中仍然屡屡碰壁。一开始我以为是事前准备不充分，后来发现准备再细致，意料之外的状况还是会频频发生。既然总有计划赶不上变化，那怎样随机应变，迅速找出替代方案呢？

这些年，常来山上干活的师傅有好几位。根据活儿的不同，他们经常上午还是瓦匠，下午就变成了木匠，夏日里来帮玉米除草，寒冬时能给果树剪枝，个个全能，真不知道还有什么活儿是他们不会的。对各种工具轻松驾驭自不必说，巧妙的工法设计，合理的工序安排，常常也让我叹为观止，跟不上趟。他们身上还有一种似乎与生俱来的特殊才能——我戏称其为"凑合的能力"。这个凑合可不是瞎对付，而是一种运用自然元素的游刃有余，一起干活的过程中，我不止一次被师傅们的信手拈来深深折服。

记得有一回，我和师傅们一起搭建一个棚架，临时需要将一个把锔子（一种形如订书钉的大铁钉，两头弯钩带尖，建筑上用于木料间的连接加固）单侧的弯钩掰直使用。把锔子的粗细类似于一支普通铅笔，加上弯钩较短，别说是徒手生掰，我用两把钳子配合起来用力也愣没掰动。正当我想回屋取锤子时，师傅四处张望了一下，随意拿起身边一块手掌大小的石头，另一手拿起把锔子，用石头把待掰直的弯钩慢慢砸进身边一棵枯死老桃树的树干中。我正满腹狐疑，他放下石头，双手持钳夹紧把锔子的中心，集中全身力量横着一拧，问题迎刃而解……看着师傅拿起掰直的把锔子接着干活的背影，我张着大嘴，小迷弟一般，半天回不过神来。

师傅的点子是如何从天而降的？为什么他能够如此恰当地就地取材，为己所用？似乎他们身边的一切皆是工具，许多看似无解的问题，在他们手里总能被神奇化解。里山的前辈们从小便生长在这片土地，吃穿用住都离不开邻近的山野，这让他们对身边的草木土石有一种天然的熟悉和分寸感，使用起来自然游刃有余。这也正是我们试图寻回的那份骨子里的自然敏感度。

手敲手动，最解自然脾气秉性

把锔子

你是喜欢拿着镰刀顺小路漫山遍野割草，还是愿意用打草机晃晃胳膊轻轻松松一路平扫？无论出于效率还是省力，我都会毫不犹豫地选择后者。在科技大发展的今天，村子里小到上个螺丝，大到许多农活都可以通过动力工具解决，省了人的力气。这些年，我们在山上一直遵循着"小片动手，大片动机，精细动手，糙活随意"的工具使用原则，动力工具在里山生活中当然必不可少，但条件允许的情况下，手动工具仍是我们的最爱。可在当今的时代背景下，传统手动工具的价值具体在哪里呢？

　　虽然道路和空地上长出的大片野草可以被打草机不假思索地一扫而光，那些生长在田地蔬菜间的，还是需要依靠小锄手工清理；针对田间小尺度的翻耕松土、播种移栽、浇灌施肥等日常农事，手动工具更具灵活性和便利性；在建造方面，无论砌步道、修护坡还是自家搭棚盖房，即便再有动力的加持，高超的手艺和实用的手动工具仍然缺一不可。看来动力工具再怎么强大，手动工具的参与还是必须。倘若真的有一天按个电钮就有各种机器争相效力，那样的生活也会令人感觉无趣吧。

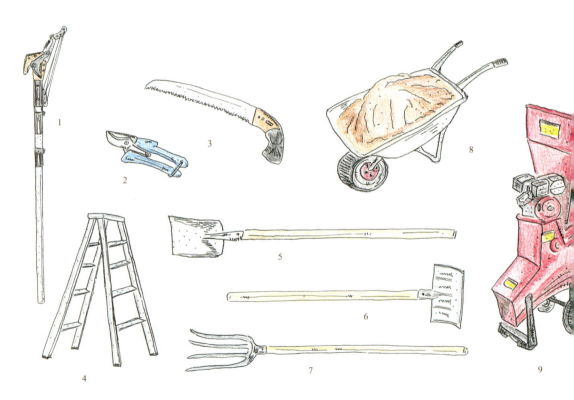

果树类工具　1.高枝剪：用于修剪高处树枝。2.枝剪：用于修剪树木细枝。3.手锯：用于切割树枝、木料等。4.梯子：用于修剪果树高处枝条时使用。堆肥类工具　5.平锹：用于细碎物料的整理转移。6.刮粪铲：用于清理圈舍中的动物类便。7.草叉：用于转移堆垛草料、秸秆等。8.小推车：用于运输物料。9.粉碎机：用于将小树枝、秸秆等打成碎屑。

◎ 工具把手的安装

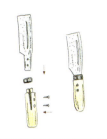

柴刀把手

将刀头尾部穿过铁圈，插入木把手的裂缝中，用钉固定后，再用铁圈或铁丝箍紧把手与刀头。

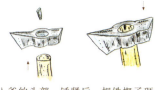

斧头把手

将木把手穿入斧的头部，锤紧后，把铁楔子砸入穿进的木头中，使木头在铁器中进一步胀紧，保证斧的头部不松脱。

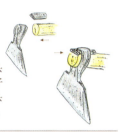

锄头把手

先将木把手套入锄的头部，再用锤子将铁楔子顺缝隙砸入，使把和头两部分紧紧咬合在一起。

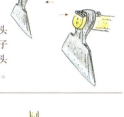

铁锹把手

将木把手套入铁锹头，用螺丝钉在正面和侧面穿入，起到紧固作用。

十字镐把手

将镐头从木把手细的一端套入，然后推向粗的一端。手持握把，垂直向着地面将镐头"咣咣"砸紧，必要时可用锤子辅助。

　　对我们而言，使用手动工具不仅仅是因为被动的"不得不"，更是融入自然的真实需要，帮助我们在劳动的同时感知自然素材的脾气秉性。铁锹翻耕，能感受土壤的松紧软硬；手锯拉起，方体会木料的不同质地；镰刀切割，让我熟悉野草的发生规律；手锤敲击，助我理解山石的各种纹理。日积月累，这种对于自然的熟悉感便会慢慢建立。随着春夏秋冬和阴晴雨雪，山野万物的状态一直发生着转变，想更好地把握这种变化，通过使用手动工具，逐渐培养对自然的敏感度，是条辛苦的"捷径"。敏感度的累积会最终催生出人在自然中的创造力，帮我们举一反三，触类旁通，像"草木皆工具"的师傅们一般，无论什么境遇，都能从容化解。

火事　厨房烧柴火，卧室睡大炕

平日听村里长辈们说起，他们幼年时物质匮乏，家里也没有其他的能源供给，平时烧水、做饭、取暖全靠柴火，上山砍柴成了维持生活的基本必需。每日灶台里噼啪作响的干柴烈火中飘出的，与其说是生活的烟火气，不如说是对艰辛的声声叹息。随着时间推移，生活中的能源形态发生了变化，从烹煮食物来说，柴灶先是变成了高效煤炉，再到无烟无灰的燃气灶，最终发展成连明火都消失不见的电磁炉。当然，火并未真的走远，作为发电厂"骨干"，它不过是被改头换了面。

比起辛苦的老辈人，如今我们幸运许多。山上通了电，也有了从村子里方便获取的罐装液化气，但将柴火用于做饭和取暖，却始终伴随着我们的日常。在山上，每年修剪果树都会产生大量枝条，被晾干后既可用于烹煮食物，又能用来温暖居室，柴火燃尽后的灰作为肥料回归大地，一切都是那么完满。

在化石能源日益短缺的今日，许多地区也开始尝试以木材或其他生物质能，建立自给自足的能源系统。这样的补充系统，在大时代的挤压下，辟出了一片片小天地，稳定地自我循环，缓冲着能源危机对于生活的影响。感谢先辈们的努力，让我们今天不是因为生活所迫采用柴火，而是希望在人与土地的共生之间找回生活该有的烟火气。

● 我们灵机一动将蚯蚓粪捏制成猫头形状的香插，放入烤窑中烧制成型

大地无处不厨房

记得刚上山那段日子，我俩每天忙于地里的活儿，又要照顾动物，经常是喂完羊喂鸡最后反倒没时间喂自己。那时候，沿袭着城市的节奏，我们习惯把一天的日程塞得很满，而吃饭作为其中重要不紧急的事项，总被稳稳排在最后，有时一个礼拜也没时间给自己做两顿像样的饭，只好经常下山觅食，凑合填饱肚子。这种看上去很忙，实则贫乏的生活状态持续时间一长，让我们尤其是"煮妇"蚊滋滋感到有些郁闷 —— 真的忙到连做顿饭的时间都没有了吗？为什么吃饭永远被摆在次要的位置上？难道这就是我们期待的里山生活？

我被这一连串的发问一下子点醒，说来也是，这地里的活儿哪有个完呐？就算今天再怎么没日没夜玩命干，等明日太阳一升，新的工作又会悄然而至。毕竟我们生活在生机勃勃的自然之中，那种"废寝忘食"的工作方式似乎与它的节律格格不入，是时候转转弯了。从那以后，做饭这件事变成了每日的重要且紧急，其他的事都可以往后排。因为这种坚持，我们的生活一年比一年规律，"好好吃饭"让两个人开始与里山的自然节律同频共振。

在山上我们有两个厨房系统，一个藏在生活小屋里，室外天气不好时用作备用厨房，另一个散落在门前香草花园里，使用土、石、砖等材料直接垒砌于土地之上，故也称"大地厨房"。后者是蚊滋滋每日往返忙碌的地方，柴灶里熬出金黄色鸡肉咖喱，土窑里新鲜出炉一张张拉丝儿披萨和喷香小土豆，火箭炉蒸出美味大包，吊锅中煮沸新鲜花生，烤池里红柳大串滋滋冒油。在大地厨房里，制作不同的食物需要用到不同的家什儿，但哪样都离不开柴火。经过几年摸索，我们对大地厨房里各位"大咖"的火爆脾气都有所领略，它们体现着食物与火的微妙关系，对应着不同的用火技艺。

❶ 石砌柴灶

难易程度　易于操作；燃烧位置高于地面，燃烧过程中有充足的空气助燃；灶体连有烟囱，使得灶膛内气流通畅，便于点火和持续燃烧；燃烧后的灰烬便于清理。

风险防范　半封闭结构的灶膛，让烧火过程比较安全，但还是需要将进柴口周围地面的碎柴和干草等可燃物清理干净，避免火星迸溅，引起危险；一次添柴量不要太大，避免因火势过旺，火焰从入柴口喷出所产生的风险；每次用完后，须确保灰烬完全熄灭。

使用技巧　基本适合家常各种烹饪方式的施展；根据烹饪需要，可通过木柴的粗细和增减控制火力大小。一般来说，充分燃烧的粗木柴能提供稳定的温度，并令其持续较长的时间，适合用于炖煮。向火堆中添加适量细木柴，可以产生更旺的火焰，让温度迅速升高，便于爆炒。

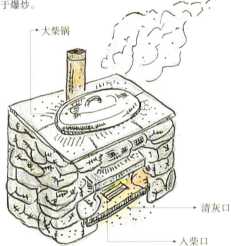

➤ 大柴锅

➤ 清灰口

➤ 入柴口

❸ 移动式火箭炉

难易程度　引燃和烧火都比较便捷，但入柴口小，需要持续不停加柴；灰的产量小，灰道活动门的设计让清灰变得更容易。

风险防范　入柴口小，炉体几乎全封闭，燃烧时相对安全；炉体为金属材质，燃烧时表面高温，注意不要触碰；燃烧时炉子出火口的火焰呈喷射状，使用时必须与之保持距离；产生的灰烬被暂存在炉体内，风险较低。

使用技巧　更适用于以大火蒸煮食物；喷射状的火焰大小难以通过增减柴来精细调节，且一旦停止添柴，火力会迅速下降；适合使用较细的木柴，做饭速度快，燃烧效率高且节柴。

❷ 果木炭烧烤池

难易程度　平时常备些炭，如烧烤时通过烧木柴现场制备，会花费一些时间；点着木炭同样需要花费些精力。

风险防范　遵循风大不烧烤的原则；由于烤池深度较浅，烧烤后灰烬要及时清理，避免撒落于四周，引发火灾。

使用技巧　充分燃烧的木炭火力稳定，适合烧烤；烧烤过程中，如遇火力减小，可添加提前准备好的干燥木炭，并鼓风助燃延长工作时间。

➤ 铁板烧

炭烤区 ➤

➤ 入柴口

➤ 入柴口

➤ 出灰口

三角支架

蒲扇

鼓风机

火柴

打火机

❹ 户外吊锅

难易程度 较难,准备工作多;使用前需要先架设用于支撑锅具的三角支架;点火前得先用木柴搭好火架。

风险防范 由于燃烧位置处于露天环境,周围没有其他保护,一定不要在风大时使用,操作时也要注意与火焰保持距离,避免灼伤;火塘四周的树枝干草等可燃物须提前清理,如有条件可用砂石铺设专门的篝火区;烧火前,可在吊锅下方的位置挖好浅坑,待烧完后,务必及时将灰烬清理干净,再用砂土将火塘掩埋,避免隐患。

使用技巧 受限于开放式的燃烧方式和吊烧形式,更适合盖上盖子大火烧煮及小火焖炖,由于飞灰较多,不适合煎炒形式。

除了氧气和火源,燃烧三要素中的可燃物,我们主要使用果园每年自产的木柴。在使用吊锅烹煮前,我们通常先在底部将备好的柴搭建成圆锥形小火架,最中心放入容易点着的火绒(如干草叶、细小树枝等)。堆叠的木柴(干燥树枝)从里到外由细到粗形成相互支撑的稳定结构。树枝之间保留空隙,便于空气流通,易于燃烧。火快要熄灭时,可借助扇子或鼓风机加快火堆内的空气流动,火便会重新燃起。

❺ 大地烤窑

难易程度 引燃和烧火难度不高,但烘烤食物前须提前在窑内持续烧柴一小时以上,用于升高窑温,该过程较占用人力;辅助配件需求多,如测量窑温的测温枪、封闭窑口的挡门、窑口进出食物的长杆工具等;窑体外表面用泥砌筑,需要配备挡雨顶棚;另需使用工具从窑口伸入内部清理灰烬,过程相对费事。

风险防范 除了防范与柴灶使用类似的风险,使用过程中不得将手或面部贴近窑口,避免烫伤;窑口挡门有的为金属表面,遇火后温度高,使用过程中切勿触碰;如果是木制挡门,使用前要用水浸泡,过程中也要注意淋水降温;每次使用完毕,不可以泼洒水的形式为窑体降温,等窑内温度自行下降后,再将内部灰烬清理干净。

使用技巧 适合烘烤食物;可通过粗细柴配合使用控制窑内温度升高的速度,尤其注意对粗柴的把控。每次烧窑时建议统计消耗细柴和粗柴的数量,同时在过程中多用测温枪监测窑温。避免在达到目标温度时,窑内仍有多余未充分燃烧的粗柴,让温度继续升高,最终导致冒险撤火的尴尬;当窑烧至目标温度后,即可停止添柴,将窑内木炭推向四周,此时窑体温度会缓慢下降,其间可在中心位置依次烘烤不同温度要求的食物。

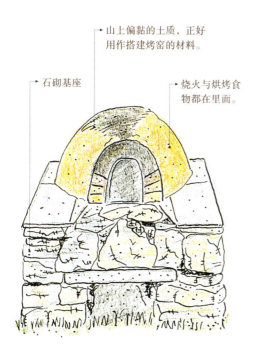

山上偏黏的土质,正好用作搭建烤窑的材料。

石砌基座

烧火与烘烤食物都在里面。

● 我们的烤窑基座大小是1.5米见方，烘烤食物前需要先烧柴，给烤窑加温，并用测温枪监测窑温。开烤前将未燃尽的木炭推向四周，便可放入食物。最初烤好一张披萨仅需1~2分钟，随着窑温逐渐下降，还可以陆续烤制面包、土豆、红薯、板栗……蚊滋滋更顺便使用它烧出了两个用蚯蚓粪捏制的小香插

猪队友烧炕囧史

烹煮之火方才熄灭，经过一番归置清理，取暖之火又要点燃。许多时候，里山的日子看起来有些烦琐，但滋味又蕴藏在琐碎之中。引一句家里长辈的名言：生活过的就是这个麻烦劲儿！在山上，烧炕便是其中的一件麻烦事儿。炕是北方人用柴火烧热的冬季暖床，烧炕要激活柴与火这对老搭档，泥土的加盟也让火的神力持久绵长，使得疲惫了一天的农人能够枕着热炕睡个好觉。当然，炕最终还是靠人来烧，再好的炕遇上猪队友，也只能变坑。下面便是让我们在村里声名鹊起的烧"坑"故事。

那是上山第一年的立冬时节，一场小雪把拉秧后裸露的田地轻轻遮蔽，给入冬的荒凉带来了一丝惬意。那段时间闲来无事，每日除了照顾鸡羊，趁着天光，我俩总会走入雪地观察野生动物们纵横交错的小脚印，并尝试像柯南一般，还原各种脚印背后的唯一真相。待回到屋里，每天必做的事，除了做饭，便是烧炕。

那时我们屋子里使用的还是旧日留下的"连灶炕"，这种炕与灶台之间的烟道是连通的，通过烟囱拔风，灶台烧火做饭产生的热烟气，会先通过烟道进入炕体内部，逐步把炕加热，再通过烟囱排出。这样一来，烧一次火，干两件事，热尽其用！可到了夏天怎么办？莫非大热天也睡热炕不成？话说，夏天时我们偶尔也会来个"日间小烧"，去去屋里潮气，但真要仲夏夜睡火炕，以我们这副小身板，里山生活怕是秒变里山祭……为避免这种不幸的发生，我们的连灶炕安装了智能"双系统"，即凉灶和热灶。大路朝天，各走半边，两个灶台虽彼此相连，却各行其是。热灶冬天用，边做饭边烧炕；凉灶夏天用，只做饭不烧炕，灶台产生的热烟气不经过炕体，直接从另一个专属的烟囱排出。

→ 热灶

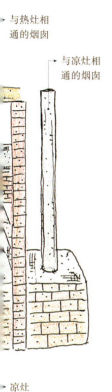

与热灶相通的烟囱

与凉灶相通的烟囱

凉灶

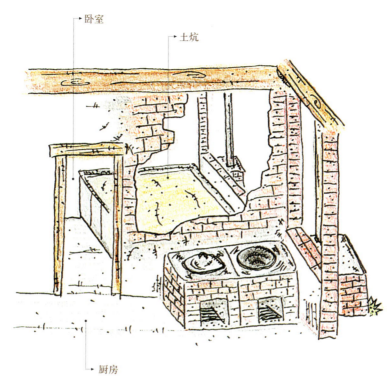

卧室

土炕

厨房

厨房烧柴火，卧室睡大炕。虽说在这连灶炕中，灶和炕的下部有烟道相连，但彼此间还是被一墙区隔，分属于厨房和卧室两个空间，俗话说"隔着锅台上不了炕"，指的就是它。那时，作为炕龄不足一年的小白，我们刚刚对烧炕有了点感觉，正在瘾头上。一日午间，也不知是因为雪后气温骤降，还是头两天收获了几根旧木窗框有点嘚瑟，烧炕时我竟一股脑把它们全添了进去，之后便和衣而卧，这一躺就是俩小时。最后也不知是自然醒还是热醒，总之当时感觉炕烧得挺热，头睡得发蒙。由于下午还要赶羊下山，临走前我匆忙看了一下灶膛，确认木窗框都已化成炭灰，便踏踏实实地出

门了。一个下午的忙乱后，我们留在村里的朋友家谈天说地，一直晃荡到天黑才往家走。

刚回到山上时，我们并没察觉出异样，直到打开屋门，一股焦煳的味道扑面而来，才意识到了不对劲，连忙打开手电。只见厨房里浓烟弥漫，空气中飘散着飞灰，坏了！是不是炕给点着了？顾不得多想，我们赶忙一边备水，一边叫人，场面相当刺激，忙碌的一天从烧火开始，以救火告终。经过村里两位英雄大叔和我俩的一番努力，一个来小时后，火总算给控制住了。

这时，我憋了口气再赴卧室，只见四壁黢黑，午睡的大炕已然变成了大坑，所剩无几的吊顶下，歪斜耷拉着几根烧焦的线管，似在默念："猪队友，欢迎回家！"次日清晨，烟气散尽，我们一伙人又对事故现场进行了仔细勘查，屋子里一明两暗三间小房，其他两个房间只是被烟气熏了一遍，物品表面统统挂了层黑，但好在没有遭遇明火。火源果然还是来自卧室，万幸的是我们头两天刚把屋子的木窗框换成了断桥铝的，加上临走时关闭了卧室门，房间密闭使得失火的屋内氧气得不到及时补充，没让火势迅速蔓延。还记得当晚灭火时，我刚一打开卧室门，屋里的小火苗瞬间变大，应该就是又进了空气的缘故，二话不说，一桶水浇上去，才算了事。

虽没酿成大祸，但烧个炕怎能把房点了呢？要说明白这件事，先得介绍下这炕的结构。由下到上，炕底部地面上垒砌的若干砖垛子负责为炕面提供支撑，砖垛的顶部沿东西方向架上钢筋，南北方向再往钢筋上铺上密密的粗树枝。基本结构有了后，用本地的土加水和泥，再掺入铡短的麦秸，制作出稠糊的麦秸泥逐步挂到树枝上，最终抹出厚度约5厘米的炕面。炕面晾干之后刮一层腻子，再往上就是躺人的炕席啦。可别小看最后抹的这层泥，它才是火炕的精髓。由于土这种材料本身吸热慢，放热慢，蓄热能力很强，制作成厚厚的炕面后，烧一次炕可以一晚上保持热度。比较而言水泥材料则是热得快凉得也快，不太适合用来抹。再加上泥土可以就地取材，门口挖土，屋里抹床，睡在火炕上就如同躺在温暖的大地上一样放松自在。即便哪天真的用不上了，炕土还可以归还自然，没有负担。

当我们神游在已故火炕曾经的美好之时，身边大叔的一席话，把我们的元神又拽回了眼前的小黑屋："你俩可真行，柴添这么多不说，炕头是不是还压着棉被呢？"看着炕头的棉被残骸，我俩点头如捣蒜，难道我们犯的错误还不止一个？大叔接着说："炕头的位置离火近温度最高，棉被压着，热散不出来，那还好的了？"听罢我俩茅塞顿开，原来是窗框和棉被这套组合拳击出了冬日里的这把"无名火"，今后可得长点儿心啦。

后来听得多了才知道，以前在村里，老式炕被燎着的不是一家两家，我们不是个案。当然因为这个把房给点了的并不多见。想想也是，家里炕烧成那样，还能在上面愉快酣睡，心无旁骛地外出放羊，说起来我俩真是人中龙凤啊。就这样，劲爆的消息不胫而走，村子里的大叔大婶见到我们都会不厌其烦地强调烧炕的注意事项，偶尔也安慰一下：孩子，知足吧，房还在。

正所谓旧的不去，新的不来，这场火一方面让我们的经验短期暴增，另一方面也督促我们不断改进。承蒙村里师傅们的精湛技艺，我们搭起了一个2.0版的新式吊炕。为了增加安全性，也避免室内灰大反烟，原来的连灶炕变成了不再与灶台相连的独立炕，烧柴口从室内改到了室外；炕底部被抬升"吊起"，离地设计让热量散失减少，节省了用柴量；曾经的树枝和钢筋换成了浇筑的水泥板，让炕体更加坚固；为让走烟顺畅，并充分利用热量，连炕内烟道的格局也进行了重新排布。

在这么多变化中，唯一不变的是炕面抹泥的传统技艺。不断学习后，我们逐步把这种土与火的相处方式拓展开来，大地烤窑便是如法炮制的结果，只不过这次不是人躺在炕上，而是把披萨塞进"炕"里。

无论烹煮食物还是燃起土炕，总之，务必好好吃饭，认真玩火。

旱厕 3.0　不臭不脏没苍蝇

还记得里山生活的头一年，我们刚从城市迁居山野，凑到了自然的跟前 —— 往日只能心心念念，如今得以常伴左右，那个澎湃的小心脏啊，多少天过去了还是怦怦直跳。不过，没等这股新鲜劲儿过去，身边的一切似乎都对我们又腰皱起了眉头。亟待修缮的房屋，等待开垦的田地，大大小小的事项多如牛毛，瞬间都砸到了两个懵懂小青年儿的脑袋上。但活儿总得一样一样干，经过一番讨论，我们很快排出了优先序，有趣的是，两人心中的 No.1 不约而同都是修厕所！

山上的水源来之不易，我们可舍不得拿吃的水冲厕所，所以不想使用抽水马桶，最终选择了"旱厕"。一听到这两个字，许多人脑子里便"嗡"地一下回溯起乡村生活或是旅途中如厕的尴尬经历，现在提起来，大概也是眉头紧锁，不堪回首吧。我俩也一样，经过重口比惨，我必须承认，这方面还是女性的感触更深。多年前的珍贵画面，我只随便截取一段，助助兴。

二十几岁的蚊滋滋，某次出差遭遇路途曲折，需要多次换乘大小巴士才能抵达临近目的地的乡镇。一路上大家紧赶慢赶，女生们总会因为局促的时间或腌臜的环境而一再推迟"方便"的念头。等终于熬到了一个县城的长途汽车站，大家有更多时间休整，蚊滋滋便迫不及

旱厕外部可见的臭气导出管。管件的一头与旱厕内部小便收集桶的溢流孔相连接，另一头拉出延伸至屋顶上方。便于利用气流，将桶内产生的臭气抽走，改善旱厕室内气味。山上南北向空气对流活跃，因此选择将这条导出管的顶部连接一截三通，开口朝向南北，进一步提升导气效率。

◎ 生态旱厕主体结构示意图

被我们称为"女王宝座"的生态旱厕，采用钢结构作为骨架，看起来样子笨笨，但很结实。房屋结构的建造和选材可因地制宜，如木材、竹子等都是很好的材料。建议多听取本地建筑从业者的意见，他们的在地经验和工法值得借鉴。

建造旱厕时，需要将屋内地面平台设立在高于自然地面的位置，便于未来在平台下方放置大便及小便的收储装置。抬升的高度不宜过高，虽可通过台阶找齐，但考虑日后使用便利，台阶数目以小于4凳为宜，每凳之间高度差在15～20厘米。

手工石砌立面既坚固又美观，材料来自村子里翻建旧房弃用的余料，还有山里的天然碎石，皆可循环使用。

生态旱厕地基

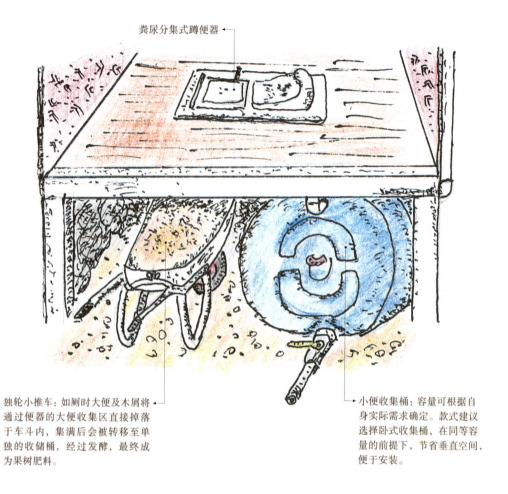

粪尿分集式蹲便器

独轮小推车：如厕时大便及木屑将通过便器的大便收集区直接掉落于车斗内，集满后会被转移至单独的收储桶，经过发酵，最终成为果树肥料。

小便收集桶：容量可根据自身实际需求确定。款式建议选择卧式收集桶，在同等容量的前提下，节省垂直空间，便于安装。

待地冲入了站台边的公共"旱厕"。可真进去了，还来不及抓主要矛盾，一万个理由已让她打起了退堂鼓。旱厕中的"邻里们"共享360度无死角环绕立体声音效不说，各种翻江倒海的气息也是直逼而来，这一点不怕苦不怕脏的蚊滋滋能忍；炎热天气下，蝇蛆满地爬行，肆意地吞噬"黄金万两"还顺便谈情说爱生宝宝，这这……生物人蚊滋滋也能忍；可还没完！车站上人来人往，污物投放过量又没人及时管理疏导，造成满坑满谷、浑水四溢的盛大场面，彻底刷新了蚊滋滋的人生体验。如今，她说起这段，虽能侃侃而谈，你还是别追问她是怎么一步一脚印挪出来的哈。

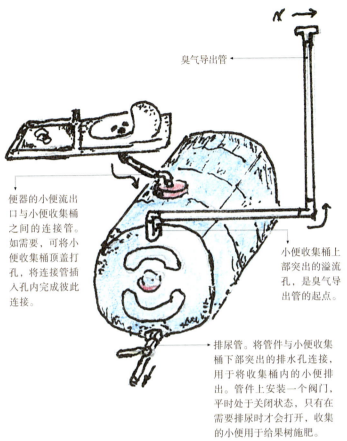

臭气导出管

便器的小便流出口与小便收集桶之间的连接管。如需要，可将小便收集桶顶盖打孔，将连接管插入孔内完成彼此连接。

小便收集桶上部突出的溢流孔，是臭气导出管的起点。

排尿管。将管件与小便收集桶下部突出的排水孔连接，用于将收集桶内的小便排出。管件上安装一个阀门，平时处于关闭状态，只有在需要排尿时才会打开，收集的小便用于给果树施肥。

位于便器前端的小便收集区。为方便男士使用，也可考虑在室内单独配置男士小便斗，将尿液通过管件一并导入小便收集桶。

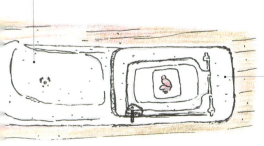

位于便器后端的掀盖式大便收集区

经验告诉我们，在使用旱厕时，哪怕只是小便也要将大便区的盖子打开，以避免过程中不小心将小便溅到大便区的盖子上。如不小心弄脏了便器或周边地面，务必及时清理干净。

用于覆盖大便的木屑来自本地的果木粉碎厂，其粉碎的原材料主要来源于果农们淘汰的果树枝干，粉碎后的木屑一般用作食用菌的栽培基质。

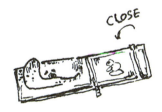

在生态旱厕中，我们使用由秸秆制作的卫生纸，使用后与大便混合，共同发酵变成肥料。

便器使用方法：如厕时首先用手打开大便收集区的盖子，如厕后小便收集区无须管理，大便收集区用木屑将大便覆盖，完成后再将盖子关闭。这款粪尿分集式蹲便器由树脂材料制成，是直接购买来的成熟产品。

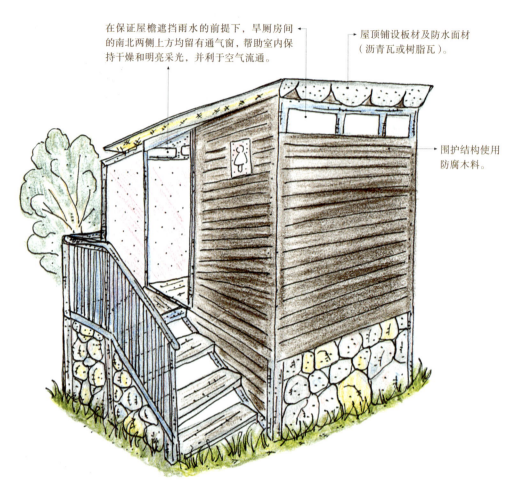

◎ 生态旱厕围护结构示意图

在保证屋檐遮挡雨水的前提下，旱厕房间的南北两侧上方均留有通气窗，帮助室内保持干燥和明亮采光，并利于空气流通。

屋顶铺设板材及防水面材（沥青瓦或树脂瓦）。

围护结构使用防腐木料。

　　旱厕如此可怕，为何我们还要执意选择呢？难道为了省水，连如厕的基本感受都不考虑了吗？区别于传统旱厕，我们在山上使用的是：粪尿分集式生态旱厕。旱厕中选择的是一种特制蹲便器，由前后两部分组成，可以将大便和小便自然分开，即干湿分离，再进入各自的收储装置分别存放。其中的大便部分，每次如厕后需要使用木屑覆盖，离开前盖上盖子就算大功告成。看似操作简单，带来的变化可不容小觑。首先，粪尿分离后，兵分两路导引至室外，小便产生的带有刺激性的氨气随之导出；其次，大便不再与小便液混合，加上有干燥木屑覆盖和良好的通风，臭臭的味道也消失无踪。就连苍蝇们看到这样的"干便便"也会直翻白眼，这种栖息环境的改变，让它们不得不考虑换个地方生儿育女。这样一来，伙伴们在如厕时，眼前除了点木屑外再无其他，心情似乎也跟着清爽起来。不仅如此，盛夏时节里，覆盖着大便的木屑中间还长出过大大的蘑菇，让当时的我俩围着便器兴奋观察了好半天，这种物质循环的感觉真是棒极了！

其实，这种人与土地间美妙的物质循环曾是父辈们再自然不过的生活日常。早年城市中每日从厕所产出的"污物"，都会通过勤快的淘粪工走街串巷收集，最终流向市郊的菜田变为宝贵肥料。正所谓"庄稼一枝花，全靠粪当家"，营养物质回到了土地，种出的蔬菜再返回城市的自由市场供应市民的菜篮子。但如今，这样的循环随着城市的发展已然停摆，"集约化"的处理系统，并没有让人粪尿朝向回归土地的目标，反而让这些养分沦为遭人嫌弃的麻烦，费工费时的处理之后仍然被弃置荒废。

这样的变化同样发生在山下的乡村，村容村貌越来越干净卫生，离土地最近的农民们也追求着越来越方便的生活，农家的旱厕逐渐变成了和城市一样的冲水马桶，再加上化肥普及，家家厕所里曾经的"宝贝"，如今基本回不了土地老家了，想想真是莫大的遗憾呀！这也是我们在山上坚持使用生态旱厕的重要原因。人粪尿在这里被唤回了生机，通过与木屑混合，催生了微生物的发酵过程，转化成为春季给果树施用的肥料，最终变回一颗颗美味的鲜果。

正如里山生活中的许多技能，只有多动手多实践，才可能不断精进。我们的厕所也在几次迭代中逐步升级。上山之后，我们陆续修过

厕所名称	优缺点
帐篷厕所	优点：成本低，搭建快捷，移动方便，适合户外短期临时性使用。 缺点：受限于帐篷材料及尺寸，夏季厕所内温度偏高，通风效果一般，常伴有异味，且私密性稍差；厕所内使用空间相对局促，大小便收储空间受限，得频繁清空转移，较耗费人工；帐篷外表面为化纤材料，长期暴露于室外容易损坏。
半室外户厕	优点：作为房屋主体的延伸，有完整的硬体围护结构，厕所空间较宽敞，室内温度也较舒适，私密性较好；小便通过水管导引至室外单独收储，并安装导气管辅助排气，降低室内异味。 缺点：受限于人居房屋的周边环境，大便部分的收储空间难于拓展；由于仅有单侧开窗，又无主动排风设施的帮助，阴天或晚间厕所容易出现反味现象。
"女王宝座"户外厕所	优点：室内温度舒适；大小便收储空间与如厕空间分隔，保持彼此独立，通风良好，厕所异味得到很好改善；大小便收储空间得以扩展，排泄物也方便转移，大大减低了人力消耗。 缺点：建设成本高，周期长；由于如厕区域的位置整体抬升，进出厕所需要上下几凳台阶，造成一定不便。

三个生态旱厕，即帐篷厕所、半室外户厕及3.0版"女王宝座"户外厕所（建设期间以女将为主，故取此名）。它们大体都是基于干湿分离的原理构建，但细节的不断提升，让使用效果不断优化（见上表）。

在旱厕的每一次迭代中，技术本身都不是最困难的。多年的"所长"经历让我们深有体会，好用的生态旱厕只谈技术不讲行为等于"耍流氓"，人的自觉维护远比技术的花样翻新重要。这里说的人可不止我俩，时至今日，山上众厕的良性运转，"不臭不脏没苍蝇"的美好体验，有赖于使用过它们的每个人。人人都希望踏进一间干净的厕所，而每个人又会成为下一个使用者，不是吗？这些年下来，我们很高兴通过这样的生态旱厕，把自己带到山上的"污物"妥善处置，重归循环，不断滋养着年复一年的生活。里山上的日子，把人的位置放对了，自然其实很好相处。

上下水　水本自由，好借好还

山上除我俩之外，田地里的作物，圈舍里的动物，无一不是嗷嗷待饮。城市中，家里使用的水被称为自来水，这个名字很妙，小时候虽不太明白它的含义，却一下子就记住了。因为每当需要的时候，只要打开龙头，水便会源源不断地自己流出，然后从另一个窟窿慢慢溜走，不知去向。这种便捷感，一度让我觉得水就是这样招之即来，挥之即去，并且用之不竭。即便后来对自来水的含义有了更多了解，也身体力行懂得珍惜使用，但出于长期的惯性，我始终不曾想过自来水不自来的日子会真的到来（当然，我指的不是停水），直到离开了熟悉的城市水网，一切需要自己安排，才真正对水有了感觉。这里说的便是在山上生活水从哪来，到哪去的故事。

上水

先说"上水"，供给稳定、质量可靠的水源，是生活的基本保障。由于我们住在干旱少雨的浅山地带，周边既无河流也无山泉，唯一的地表水就是低洼地面在雨后形成的大小水坑，充其量供鸟儿们嬉戏玩耍。在山上生活，真正的上水其实来自百米深地下。这些深层的水源

水窖的选址
在方便补水的前提下，水窖应选择放在尽可能高的位置，这样便于通过自然高差产生的势能，将水流输送到低处的人居设施，并保证一定水压，满足日常使用，也省去了添置其他加压设备的麻烦与能耗。

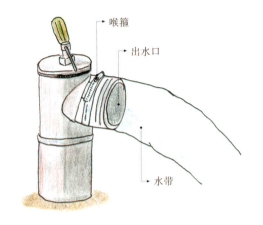

喉箍
出水口
水带

● 叫水后，关闭的截门

通过机井房的水泵被抽到地表，再经由4寸（内径约100毫米）的地下水管输送到我们家，这个过程为"叫水"。紧接着问题来了，毕竟是用于灌溉的水管，这么粗的管径，这么大的水压，根本无法与自家水池中小小的4分（内径约15毫米）龙头直接接驳。再说，叫水是按照小时计费，水泵更是邻里之间轮流使用的公共设施，也不能一直为咱家开着呀！

　　没有了随叫随到的自来水，我们便开始学习使用水窖，将每次叫来的水进行储存，供日后慢慢使用。我家的那一口水窖由水泥浇筑而成，被埋在农舍上方的梯田里，是先前的农人留下的宝。它的容积大概30立方米，如同一栋挑高2.5米的楼房里一间12平方米的卧室大小，可储存30吨水。如果仅供生活，足够我俩用上很久，但一掺和农事，一窖水浇不了两三回就没。水窖顶部有小小的开口，位于地面以上，平时大部分时间都会封闭起来，避免灰土进入，只在每次补水时打开。水一旦入窖，便享受起土层和水泥层的隔温保护，在低温避光下静置，这种环境既不利于微生物滋生，又让杂质得到沉淀，经过长时间的保存，水质依然良好。我们的农事和生活用水大部分都是引自这个水窖，这样一来，往日的自来水变成了"自存水"。

● 我们的房屋外侧安装有负责收集雨水的装置，一棵灵性的紫苏种子不知何时被谁从旁边的香草园带来，对准装置的弃流管出口安了家

●居室外侧的雨水收集桶、与火炕相通的烟囱、垃圾分类收集装置站队分明，相处友好

上水PLUS

　　生态学中，一个生态系统在受到干扰后自我组织、适应压力和变化的能力被称为生态韧性。在里山，这样的韧性同样为我们所需，只有想办法将它不断提升，生活才不会慌张。还记得上山第二年，等到要春灌了，我们才发现水窖已几乎见底，不得不仓促安排叫水。不巧机井房的设备刚发生故障，不仅水叫不成了，损坏的配件还要约一周时间才能修好。得知这个消息，我俩十分懊恼，心想要是早两天把水叫上该多好！想想地里种下的蔬菜，圈舍里咩咩的小羊，哪个也离不开水，两人都慌了爪。一个礼拜？水窖里那点水底儿哪里撑得了那么久？！无奈我们先停止浇地，大小动物们也缩减配给，苟活度日。几天后，看到一些邻居开始拿着大桶开车下山拉水时，我守着即将干涸的水窖和地里蔫头耷脑的菜苗，心急如焚。万幸后来维修工作提前完成，我们得以在停水后第五天将水窖重新灌满，这口大气才算又喘了上来。等水来时那种没着没落的无力感，至今我们记忆犹新。

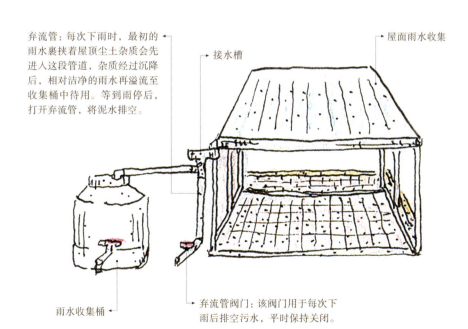

◎ 雨水收集装置示意图

弃流管：每次下雨时，最初的雨水裹挟着屋顶尘土杂质会先进入这段管道，杂质经过沉降后，相对洁净的雨水再溢流至收集桶中待用。等到雨停后，打开弃流管，将泥水排空。

接水槽

屋面雨水收集

雨水收集桶

弃流管阀门：该阀门用于每次下雨后排空污水，平时保持关闭。

正是这次"不来水"的深刻教训，让我们坚定地要为上水寻找备案，以增强对突发情况的应对能力，一番研习之后，决定把眼光从地下转到天上，试着向老天爷收雨水！不过，我们并没有为此兴建什么大型设施，只是充分利用起库房、钢棚、鸡舍这些已有建筑的屋顶，进行雨水收集。具体来说，就是利用屋顶自身的坡面，将下雨时屋顶的雨水导引至一侧的接水槽中，经过简单过滤和沉降，最终将相对洁净的雨水导入收集桶中储存。这些雨水，不仅让我们更从容地应对突然的停水，还可辅助用于平日里的浇灌、动物饮水和日常清洁。自从来了雨水，我们每年叫水的频率也降了下来。用水轻松了，生活似乎也跟着变得舒缓。时至今日，每次使用收来的雨水为蔬菜浇灌时，心里还会美一下，这不才是真正的"自来水"吗？

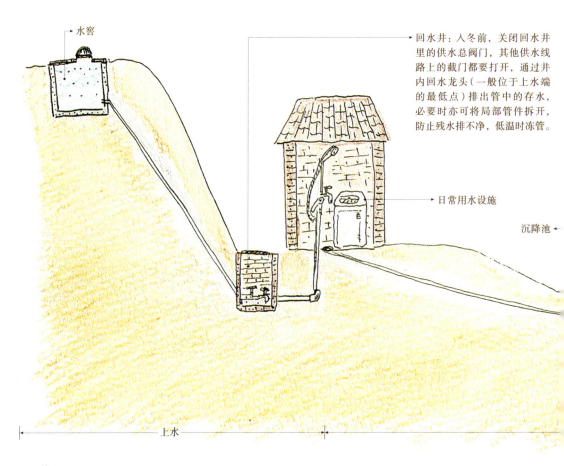

水窖

回水井：入冬前，关闭回水井里的供水总阀门，其他供水线路上的截门都要打开，通过井内回水龙头（一般位于上水端的最低点）排出管中的存水，必要时亦可将局部管件拆开，防止残水排不净，低温时冻管。

日常用水设施

沉降池

上水

里山技

下水

　　比起苦难的上水，下水倒是多出几分惬意。上山伊始，面对周围干旱的环境，我们很想在房前营造一片湿地，让园里的小气候更加湿润怡人，同时，也在这农地之间保留一片隐蔽之所，让本土的动植物在大太阳天儿里有个歇脚的阴凉，供它们繁衍生息。不过，想在旱地当中建绿岛，充足的供水是关键。既然水窖里的水舍不得用，为什么不用生活灰水（不含粪尿的生活废水）和自然雨水的组合供给这片小湿地呢？想到这里，我们一拍即合，说干就干，人工湿地建设就从这"下水"开始如火如荼地展开了。

　　如果说上水如同有朋自远方来，这来都来了，住也住了，离别时自当好好送上

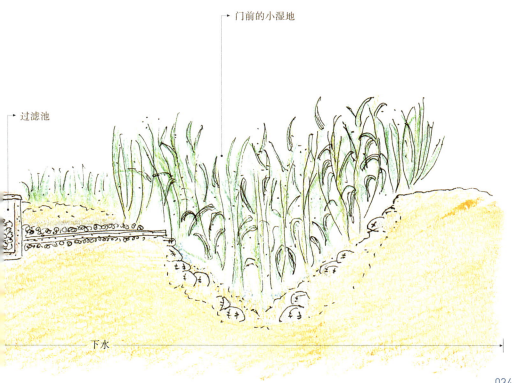

门前的小湿地

过滤池

下水

里山上下水运作示意图

一程。只是水窖中存储的水经过我们的使用，不免混入一些头发皮屑、衣物污渍、食物残屑，为避免它们在下水管中长期淤积造成堵塞，我们先将这些生活灰水引入一个坐进地面一人来深的水泥池中。这本是老一辈建设的农药稀释池，戳在屋旁边已经很久，一直没想到能做什么用，这回经过一番改造，正好变身成生活灰水的沉降过滤池。

在沉降池中，利用物质的不同密度，让一部分比水重的杂质先沉淀到池底。溢流出的水再进入装有粗糙不规则石子的过滤池，后者一边对悬浮于水中的杂质进行拦截，一边又利用附着在石子表面的微生物，对水中的有机物进行过滤分解。这些方法乍听起来挺唬人，实际却是自然中再寻常不过的"水处理"小土招，我们这也就是"像不像三分样"吧。当然，我们在山上都会使用植物成分的洗护和洗涤用品，这样一来灰水中的成分相对单纯，经过简单的沉降过滤后，便可直接流入门前人工开掘的低洼之地。

送水千里，终须一别，有了平日生活灰水的持续滋养，再加上被低洼留住的雨水助力，植物在门前自由生长，高低错落，鸟类、昆虫和两栖爬行动物也常常光顾，几年下来，门前洼地已变成野性十足的小湿地。最初随意种下的几棵芦苇，甚至成了一大片随风摇曳的"芦苇荡"，每每我们路过总感觉心旷神怡。就这样，"下水"的终点，渐渐成了小湿地的植物们"上水"的起点，这寂静无声的传递，实在妙不可言。

随着这条"上下水"管道的接通，我们试着将生活慢慢汇入自然的律动当中。无论是上天入地，百川归海，还是在我们的身体里走走停停，水本就是这样在万物间自然地来去，从来不专属于谁。我们愿在这样的川流之间，做回谦卑的过客，好借好还，再借不难。

砌石　铺一段路，垒一面坡

"橘生淮南则为橘，生于淮北则为枳，叶徒相似，其实味不同。所以然者何？水土异也。"重温《晏子春秋》中这段晏婴送楚王的犀利怼，我惊叹早在那时，先人们便以"水土"来代指一个地方的气候和自然环境了，也充分表明水与土这一对自然物在人们心中的分量。二者的结合不仅为农耕创造了基础，还为建造提供了材料，可谓功德无量。但这两者的结合就如双刃剑，有时也会带来问题，成为里山的不和谐音。

水土猛于虎

有一回我们开车上山，行驶到一半，忽见写有"小心"字样的临时指示牌，定睛观瞧才发现前方有一大块水泥路发生了严重的塌陷断裂。摇摇欲坠的路面下方，原有的路基居然已经被掏空，看着有点儿瘆人。我们的上山路一侧靠山，一侧陡坡，山没多高，陡坡一侧也有围墙保护，对行车来说本不算险峻，但由于水泥材质的特性，下雨时，雨水无法透过路面均匀垂直下渗，当路面遭遇重车碾压或因水泥热胀冷缩产生裂缝或凹陷后，其他位置的雨水便会在此汇集积存，再加上车辆不断碾压，久而久之，水会渗入路基，遇土和了泥，逐渐导致局部路基形成空鼓，埋下日后发生塌陷的隐患。我端详着损毁的路面，惊叹于水土组合的惊人破坏力，就连印象中坚不可摧的水泥路也变得如此不堪一击。

已习惯山上干旱气候的我们，每当遇上夏季连雨天，走在山路上心里总会有些忐忑，

● 在京郊一些乡村还是可以看到以天然石垒砌的屋墙，只是很多难掩颓败之势。一味追求新式建筑材料，不如探索这些天然材料的共同运用，既可保留乡村建筑的质朴味道，也可为环境减负

担心遇到状况。这不，怕什么来什么，上次遇塌路，这回又倒墙。而且，这不幸的事儿就发生在邻居家。由于山坡地势陡峭，遇上持续阴雨天气，土壤水量饱和，更多的降水形成了地表径流，裹挟着泥土顺坡而下，流向了位于低处的院墙。估计院墙下方的排水孔平日里被土石枝叶等杂物堵塞，没得到及时清理，导致排水不畅，越来越多的土石不断淤积，给墙体施加了压力。那一刻拍碎在我们面前的，便是由于不堪重负而倾倒的一大段院墙，倾泻出大片泥泞。短短一年内水土组合两次发难，迫使我开始琢磨有没有更好的应对之策。

细细想来，虽然我们的田地里既无水泥路更没有高耸的院墙，也有两件类似的水土之事令人挠头。先说说家门口的回旋镖形大拐弯吧，这段急弯伴随着陡坡的进出路，让许多司机包括我们自己，在开始时都会犯难。最糟糕的还是雨天，水与土再度聚首，让整个路面"软糯弹滑"，对一边拐大弯一边给油上坡的司机来说无疑是场噩梦，车被溅一身泥不说，轮子也常常打滑，让车滞留在坡中央气喘吁吁，好像山上小羊撞进篱笆一般进退两难。即便最后跌跌撞撞上去了，也会留下两条深深的车辙。而水土的不断流失，又让下次经过时的难度继续升级，如此反复，人困车乏。

另一事便关乎这山间的梯田。这儿无论是自家地里还是邻里之间，都有高矮不一的梯田相连，便于人们借坡地耕种。梯田的边坡有陡有缓，每层间的落差更是从不足一米到两米开外都有，有一种"一梯一户，高端定制"的感觉。这些高度和坡度都很个性的"土台阶"，在年复一年的雨水侵蚀下，难免会有小小的陷落和塌方。虽对人而言没太

● 里山自然石材运用的微小示范：用碎石子制作旱厕门口的性别标志

大危险，但如果搁置不理，梯田的豁口便会傍着雨水逐年扩大，造成严重的水土流失，对环境和耕种都十分不利，究竟该如何破局？

之前的经历加上在自家地里的观察思考，让我开始明白这水土之事只能化干戈为玉帛，不可一味硬刚，诚如大禹老师的治水心得：堵而抑之，不如疏而导之。这时，地边矗立的一间无人问津的石头房给了我灵感。虽然屋顶垮塌，但屋侧保留下一面完整的石砌山墙，有一人多高，由大小形制不一的天然石搭建，历经风雨仍然坚固如初，石缝间的泥土里长出野花野草，让斑驳石墙与周边环境很是融洽。曾听村民提起过本地出产石头，以前村里的房子大都用天然石头盖成，现在翻建了砖房，石头就用的少了。这时我恍然大悟，为什么不用手边闲置的材料，来个"一石二鸟"呢？

石头，铺平了是路，摞起来成墙，我们将这些过程统统称之为砌石。一番投名师访高友后，我们确立了使用天然石头加固路面和搭建护坡的想法，并学习了一些砌石的原则和技巧。与单纯排涝不同，我们的目标是安全排走雨水的同时把土壤稳稳留住，即"亦堵亦疏"。就这样，我们从村子里收集旧房拆出的石头，加上山地里就地捡拾，也算凑了不少。它们大都是未经切割的天然毛石，大小形状都不规则，表面粗糙，棱角分明，相对河床里的卵石来说是更适合的砌石材料。

石头人养成记

手工砌石是既讲原则又很灵活的工作，原则在于垒砌的工法须遵循自然规律，自作聪明往往适得其反。灵活则是源于每块石头的个性差异，施作中不同的人会基于自身喜好挑选和运用，使得最终成品也都独一无二。还记得我们攒鸡毛凑掸子收来的那堆石头吗？首先，要根据目的对石头进行挑选。我们把个头较大，搬起来费劲的石头挑选出来，作为回旋镖大拐弯的路面铺设材料，因为路面长期走车，太小的石头不结实，路面容易松动。剩下个头相对小一些，便于个人搬运和垒砌的石头则在修筑梯田的护坡时使用。此外，就石头的形状而言，形制相对规则、拥有两个或以上清晰舒展平面的个体优先用于护坡垒砌，而敦实厚重、形态复杂且只能找出一个相对完整平面

● 梯田区域的石墙形制朴实好看，但由于早年间垒砌不够精心，随着风雨侵蚀和植物攀附，一侧墙体上的竖缝已越裂越大，存在安全风险，过完冬天是时候整修一番

的个体尽量留给路面使用。这一步对于材料的节约使用与合理分配都很重要，多花一些时间也是值得的。

垒砌方面，由于栽石路面只需结实地铺设一层，栽入土中的石块深度至少为石块本身的三分之二，方能保证其稳定性。如果施作过程中碰上扁平石块，建议将其侧面朝上纵向栽入土中。栽入地里的石块，得用手朝各个方向晃动检验，必要时在石块与土的缝隙中塞入一些碎石并锤实，保证整个石块最终稳定不动。另外，作为行车路面，栽石的数量要多而密集，施作中通过比对不同石块的形状差异，选出彼此契合度高的个体相邻而砌，尽量缩小石块之间的缝隙，这个过程有点像在地上玩拼图，只不过每一块都很重。

相较而言，护坡的工法会比路面更复杂一些，俗话说"砌墙的石头，后来居上"，护坡的垒砌往往不止一层，其高度和层数要视土坡的具体情况而定。但无论怎样的护坡，在砌石过程中有几点原则要遵守：

第一点，石块必须逐层垒砌，也就是说只有垒完一层才能再垒下一层，切不可先把一边垒高再垒另一边，心急吃不了热豆腐，这种心态下的石墙很容易"崩"！

第二点，便是错缝垒砌，这跟砖头砌墙的原理一样，不同层上下紧贴的石块之间必须彼此压缝，这也是护坡强度的基本保证，如果垒出的护坡一缝通天，那一定注意不要先砸了自己的脚。

第三点，不同于家中院墙笔直的垒砌方式，护坡的垒砌切忌直上直下，要根据土坡具体情况动手，选择稍向坡面倾斜的垒砌角度更有助于护坡的稳定坚固，即边垒边找一种"靠山"的感觉！

第四点，垒砌过程中每完成一块砌石都要确认其稳定度，保证石块不会跟着晃动的手一起摇摆。如出现石块不稳的情况，则通过调整该石块的方向、角度或面向重新垒砌，仍不成功再考虑更换石块，或在晃动的缝隙中插入扁平的小石片起到稳定作用，石块最终稳定不动后，方可继续垒砌下一块。

第五点，为避免护坡头重脚轻，垒砌中越靠近底部的位置选择个体越大的石块，往上则选择小些的石头；在石墙外侧表面保持平整的前提下，尽量保证石块的进深大于

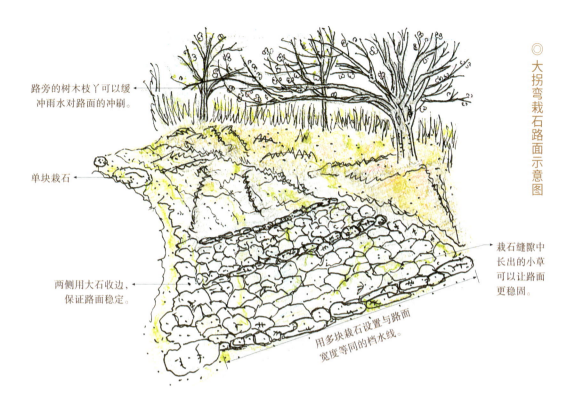

路旁的树木枝丫可以缓冲雨水对路面的冲刷。

单块栽石

两侧用大石收边，保证路面稳定。

栽石缝隙中长出的小草可以让路面更稳固。

用多块栽石设置与路面宽度等同的挡水线。

表面宽度，切不可贪图省事，出现给护坡"贴瓷砖"的砌法，这样表面光鲜，未来却隐患多多。

最后一点，记住"挖底攒顶"原则。"挖底"是指在放置贴地面的第一层石块前，先挖出一段至少一铁锹深的土沟（如果有力气，再挖深点更结实），夯实之后，将大块的石头栽入沟中进行垒砌。这种将基础埋深的做法，使得基石更接近稳定的深层土壤，较少被雨水冲击和浸泡，保证护坡基础结构的稳定性。挖沟产生的土在护坡垒砌完毕后可回填到坡脚处，让该位置的土高于四周，利于护坡的排水，减少雨水对护坡基础的影响；"攒顶"则指护坡垒砌完毕后，将其顶部的土攒起一道埂，用于阻拦下雨时梯田上雨水对护坡的冲击。这道埂需要定期修缮，当然，保护好土埂上长出的野草或主动种植一些固土的植物，平时的维护就不需要那么勤快啦！

聊罢工法，回到排水和护土这一核心问题，栽石路面的应对方法有三，以回旋镖大拐弯为例，首先在拐弯上方的路径上寻找以往下雨后地面被冲出的沟痕，并在这条线路上每隔2~3米栽入一块大石，在进入拐弯之前我们设置了10块左右的栽石，这样可以让下雨时形成的地表径流在进入大拐弯之前，先被栽石阻滞打散，减低其对于拐弯路面的冲击。接下来，在拐弯位置的扇形栽石区（长7~9米，宽2.2~4.5米），我们分别在由下至上的三个位置（2.5米、4.5米和6.5米处）设置了三条间隔相当的挡水线。所谓挡水线或导水线，是指使用相对薄而长的片石竖直栽入地面，多层紧密排列，石块的长边与路面垂直。每条挡水线的长度与路面宽度等同。间隔设置的挡水线，能帮助分散水流，减缓流速，减弱水对于路面土壤的冲刷。

不光石头可用，草木也能成为护路好帮手。虽然石块的使用本身减少了土地裸露的面积，但日久天长，石块缝隙间的土壤仍会流失，如果水流冲刷得太厉害，栽

◎ 石墙垒砌示意图

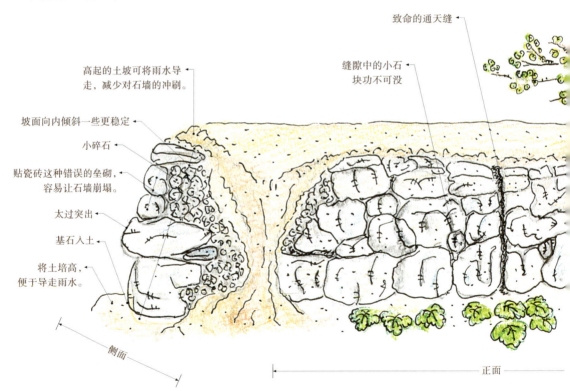

高起的土坡可将雨水导走，减少对石墙的冲刷。

坡面向内倾斜一些更稳定

小碎石

贴瓷砖这种错误的垒砌，容易让石墙崩塌。

太过突出

基石入土

将土培高，便于导走雨水。

致命的通天缝

缝隙中的小石块功不可没

侧面

正面

● 花园中以石砌成的螺旋状种植床,是新报到香草的小小试验场

入地里的石头便日渐凸显,影响通行和稳定性。这时便可以借助植物的力量,保留石缝之间自然生长的野草,必要时适当对之修剪但无须拔除,让它们的根部把土壤抓牢才是王道。另一类植物的庇护来自路面两侧的乔木与灌丛,它们的枝叶每年不断生发,慢慢在路面上空形成了一层遮阴挡雨的天然保护罩,在雨水垂直砸向路面之前,先对其来个空中拦截,大大减小了雨对路面的冲击力,一定要好好保护!

不单是栽砌路面,在梯田护坡中运用石头应对水土的方法也很有趣。有人会说,一个护坡的垒砌不就是遵循上面那几条原则,用石头从底部一直垒到顶得了?下雨时大石块挡住了坡上的土,避免其流失,土中积存的水则通过石块之间的缝隙流走,从而达到挡土又排水的目标。这个答案已经几近完美,曾经的我也这么认为。但为了达到最佳的稳固、挡土和排水效果,还有一种材料在垒护坡中不能缺少,那就是小碎石!它们主要由山间捡拾收集而来,实在不够也可破碎大石块获得,虽然这样有点可惜。在护坡垒砌的过程中,须将这些碎石逐层填入石块与土坡之间的地带,每层在填入碎石后都要砸实,确保石块之间的缝隙完全被填充,才算完成。

上大下小不可取

护坡中填入碎石,一方面对外侧垒砌的石块起到一定的支撑作用,加强了砌石的稳定性;另一方面,碎石作为石块与土坡之间的缓冲带,让土坡一侧排出的水在通过石块缝隙导出之前,先穿过碎石中更加细碎的缝隙,进行减压分流,减缓水土对石块的冲击,对护坡起到很好的保护作用。相比只有大石块的孤军奋战,这种大石配小石的进阶护坡,能够更好地达成"亦堵亦疏"的最初设想。

时至今日,山上的栽石路面和梯田护坡仍牢靠扎实地施展着各自的才能,为我们排忧解难。山石为师,水土为伴,自己动手铺一段路,垒一面坡,生活的扎实就这样收获。

手作步道　"小气"之路

里山的路

一个七月的傍晚，雨后气温骤降，那种夏日里难得的凉爽，让蚊子都草草收了工。这时站在远处的蚊滋滋突然朝我喊了一句："天儿多舒服啊，趁着还没黑，咱俩溜达溜达瞅瞅虫子去？"看她整装待发，一脸兴奋的样子，我应了声："走起！"从地里站起身来，套上件外衣，跟了上去。从窗外的丛丛红蓼到房前的香草花园，再到远处高高的玉米地，看着看着，不知不觉已走了出来，置身于一条两侧长满野生植物的砂石小径上。这条小径连接着外面的大路和我们的家，无论行走还是驱车，都是上下山的必经之路。

观察着路旁卷叶里的狡猾小虫，意识一下子回到了几年前的这个时候。那是我们第一次踏上这条砂石路，它柔软静谧，在树影婆娑中狭长蜿蜒。高处不时垂下的榆树枝，为行走的人遮阳挡光，脚边灌木和爬藤上趴卧的大中小虫们憨态可掬，让路途充满了欢声笑语。走上一段回头小眺，路的轮廓掩映在生动的自然画卷当中，颇有与世无争的味道。这样的氛围，让我们不约而同地放慢脚步，表达着一见钟情。那个夏天，正是小路的无声导引，让我们在这里安下了家。

● 运用天然木材修建的上山步道，在被绿意覆盖以后，
变成了一处小景观

　　一条路可以带人步入自然，但能否让万物走入人心？从那以后，我们对脚下的路变得更敏感起来，平日行走不同道路的感受也会经常分享，究竟一条便于人行走，又对环境友善的里山路应该是什么样子？这些年里，我们为此进行过不少尝试，其中既有在房前铺设的透水石子路、香草花园中竖向干砌的红砖小道，也少不了农地果园中人工打理的草径。除此以外，在一些道路的关键位置上，我们还采用了手作的木阶步道，以及使用天然石块干砌的行车路（详见第43页）。这些使用不同材料和工法修筑的步道，特性上也是各有千秋。

❶ 人工草径

优点　通过手工或打草机修剪出土径，大部分农地周围的通行路都选择这种方式，不铺设任何材料，对环境影响较小，灵活度高，适于随时改动和调换。

缺点　较耗费人工，每年需要进行2~4次定期修剪维护，否则野草生长过高，影响通行；植被覆盖少，土地裸露的位置在大雨后会变得湿滑泥泞，不利行走。

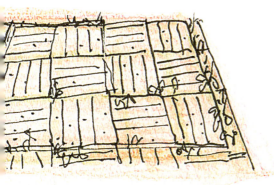

❷ 花园红砖道

优点　采用红砖竖向干砌的方式，砖入土较深，路面稳固性较好；红砖尺寸规范一致，易于规划，铺设简便。

缺点　材料成本高，且在铺设前需要夯实路基，否则在长期使用中容易出现局部红砖下陷的情况，导致路面不平；由于砖与砖之间有沙土充填，顽强的野草一有机会便从缝隙中生根发芽，影响通行时需要人工清除。

❸ 房前石子路

优点 门前土路上铺设大小不规则的粗糙石子，可让雨后的路面不再泥泞湿滑，耐用且低维护；由于石子隔绝了阳光的照射，路面不容易滋生野草；粗糙石子被踩踏时发出的沙沙响声，也让屋外的动静更容易被主人察觉，起到一定的提醒和安保功能。

缺点 由于石子的自由滑动，路面会显得不够平整，人走和推小车都感觉费力一些；当有农机或其他车辆经过后，会形成凹陷的车辙，需要人工整平。

·····手工木阶

　　在风格各异的里山路中，那一小段手工木阶的修筑给我的感受最为深刻。我们居住的小屋守在一座小山的旁边，从屋门到山口的距离不过百十来米。走过门前的大桑树，不远处掉落一地的黑枣伴着我上行，路过梯田上的鸡舍和杏子园后，入山口仿佛就在眼前了。话说这到底是到了还是没到，怎么还能"仿佛"？其实，这时的我与入山口之间也就剩下了短短十几米，但就是这一小段路，在上山的头一年里，没少让我们来回"坐滑梯"。不错，此刻挡在身前的是一截长约7米的45度大陡坡！这个自拍时的黄金角度放在这，我们经常需要四蹄着地才能狼狈攻克。不光我俩，来访的友人也在跟跄上下之中来回出溜，叫苦不迭。这样的"好汉坡"增加了上下行的风险，持续踩踏和降雨造成的土石滑落，又会加剧这份陡峭。这么下去可不是个事儿，必须得想办法整修才行。可选什么材料，用什么工法，有哪些要注意？全然没有头绪……

　　想吃冰，下雹子。第二年春天，我们有幸结识了来自台湾的手作步道老师，整修这段路的事总算有了光亮。哭诉一通惨痛经历后，大家一同来到"事故现场"勘察，认真地测量计算，进一步的探讨也顺次展开，内容包括但不限于选材的原则、维护的难易、环境的影响、使用者的感受等，原来修条路这么"麻烦"！一番论证后，我们选择

❹ 石砌车道

优点 结实耐用，相对一劳永逸；使用不规则的天然石块，环境违和感低。

缺点 出于路面稳固考虑，所选择的石块一般个体较大，重量较重，手工搬运铺设时较辛苦；铺设前对于路基的夯实要求高，加上石块本身形状不规则，路面难以保证绝对平整。

❺ 木阶

优点 适用于有坡度的步道；天然木材在自然中的融入感强；耐用性较佳，维护要求低，如遇损坏，可单阶维修或更换，换下材料易于降解，环境友好度高。

缺点 铺设的工法要求相对精细，前期准备工作要求高；阶间野草得定期人工去除。

以木阶的铺设作为最终方案，事实证明，当时的决策是正确的。这一次美妙的相遇是我们构建里山步道的启蒙课，让我们明白了修建步道是件严谨又严肃的事情。

顾名思义，木阶就是由木头做成的台阶，像是高层建筑里的楼梯，只不过安装在了自然环境当中。这种放弃水泥浇筑，改用木质台阶的手作步道，另有一套修建逻辑。首先便是线条，空间的局限让城市楼宇中的楼梯大都直上直下，整齐划一，说起来也不止楼梯，直线的使用在人类社会中比比皆是，但自然界仿佛不怎么喜欢使用直线，大到绵延曲折的河道、波浪起伏的山峦，小到昆虫翅上繁复的斑纹，大都是不拘一格的曲线。效率优先的发展逻辑喜欢将很多东西截弯取直，而我们在步道修建时更喜欢"曲线救国"。

一条弯曲的步道或许拉长了行走的距离，增加了台阶的数量，却能耐下心来贴近使用者的感受。施作过程中，针对每一级台阶，我们都亲自用步子丈量调试，既令其保持合理阶深，也避免日后行走中"一步迈不开，两步够不着"的尴尬。这样一来，陡直的坡度在蜿蜒生趣的每一步中化于无形，十三级木阶构成的最美曲线，让上下"好汉坡"不再苦闷。不过遗憾还是有的，由于坡边紧接的是邻居的地块，修建步道时不便占用，我们没能做更大胆的尝试，不然这条步道的曲度绝对不止于此，哈！

关于修建木阶步道的材料，如同平日的各类建造一样，我们仍会优先选择二手旧货。这样做，除让资源得到再用，也能享受迷人的找物过程。几年间，我们早就将山下附近的旧货市场转了个遍，对哪里有什么材料了如指掌。转悠的过程犹如寻宝一般，锻炼身体还长知识，经常让我们在不经意间寻觅到超乎想象的合适物件。这次的木阶踏步便是由村子里翻新老房时拆出的檩条切割而成，木桩也是旧时脚手架腾出的废料，剩下所需的石子则直接就地捡拾。真是一点新鲜的都没有。

关于步道宽度，我们觉得够用就好。太宽的步道，人们往往趋于在中间行走，久而久之，阶面就会形成凹陷，带来一系列后续问题。这一点我们感受颇深，与邻地共用的上山路便是这样一条"有点宽"的土径，由于缺少植被保护，常年的踩踏让路中间渐渐下陷，进而在一场场大雨后被冲刷成了一条"排水沟"，路面坑洼不平，雨后行走时需要格外小心地绕沟而行。吸取了这样的教训，我们的木阶步道，通过踏步与木桩的配合，将便于踩踏的步道宽度控制在70厘米左右，既节省材料，又足够一个人放松舒适地行走，而且多年下来，因踩踏导致积水或土石松动的情况再未发生。这窄小却结实的气质，也许就是一段山间小路该有的样子吧。

就是这条不怎么大气的步道，却与周边的山林很好地融合在了一起，即便日后发生损坏，木头可以用来烧火或在环境中慢慢降解，不会变成额外的负担。我们的库房里至今留存着当年富余的木阶材料，修缮的时候只需将损坏的踏步或木桩单独更换，不会对整条步道产生其他影响，操作简便。但关于维护的具体操作，我们目前能分享的一手经验还少，因为在过去几年里，除了木阶上拱点皮儿、长点木耳之外，真没怎么坏过，偶有个别朽断的木桩，边上再砸上一根就是了。

一段路承载着人的希望，也不见得就要让自然失望，这段自己动手修步道的经历，似乎让我们与这片山野的关系又更亲近了一些。

◎ 木阶踏步的施作工法

❶ 工具

枝剪、镰刀、手锄、十字镐、
大锤（10~12磅）& 小锤（3~5磅）、
簸箕、撬棍、卷尺

❷ 材料准备（按一组木阶计算）

· 切割好的圆柱形木阶踏步（直径15~20厘米，长100厘米）×1
· 一头削尖的圆柱形木桩（直径5~6厘米，长40~50厘米）×2
· 小碎石若干

步骤1：使用十字镐、镰刀和枝剪对施
作区域进行简单清理，挑拣出路段内
影响施作的石块，清理踏步附近的灌
丛，粗大的根系也要移除，这些都是
日后会影响踏步稳固性的风险因子。

步骤2：将切割好的木
阶踏步摆放到位保持不
动，自踏步两端向内丈
量约15厘米，在紧贴
踏步的位置，利用撬棍
的自重砸出两个土坑。

步骤3：使用两根准备好的木
桩，尖头朝下，分别对准两个
土坑，用锤将其砸入土中，以
保持木阶稳定，木桩最终露出
地面的高度应与踏步的顶端平
齐，否则会影响通行。

步骤4：附近捡拾碎石（粒径
1~4厘米），用簸箕盛放运输，
按照从大到小顺序将石子逐层
放入木阶背后的空隙中。填石
高度尽量到达踏步表面，并用
手锤砸实，石子对踏步起稳定
作用，其缝隙较泥土更利于排
水，可增长踏步的使用寿命。

步骤6：用簸箕收集周围地里
的干草枯叶，均匀撒在踩踏平
面上，除了外观上让步道更好
地融入自然环境，这些自然枯
落物遇到水汽后会贴在踏面土
层表面，可保护木阶和防止土
石流失。

步骤5：用簸箕在附近取土，填在
碎石表面，并最终用大锤夯实，
整理出一个略高于踏步的踩踏平
面，平面的长度与踏步一致，便
于下雨时排水。

❸ 知识点

· 关于木阶的收边，如果木阶踏步两侧的地形高于踏面，则无须特别收边；如果木阶踏步两
  侧的地形低于踏面，须用石块或木头做起围挡，空隙填入碎石，避免雨水冲刷导致踏面中
  的填料流失。

· 拐弯位置的踏步可处理成扇形的踩踏平面。

· 备料前，要先计算出所需木阶的数量，以起步点与终点之间的垂直落差除以单阶踏步的直
  径，便可获得阶数。再以起步点与终点之间的水平距离除以阶数，得到每一层踏步的阶深，
  通常以35厘米左右为宜。如超过此数值，说明该路段的平均坡度相对平缓，可考虑分段设
  置阶梯。实作中可辅助利用脚步实地行走测量，确定踏步的摆放位置，并调整好角度。

绳结 勒、绑、拴、捆、系、收

————

　　无论是远古时期的结绳记事，还是航海时代的水手必修，绳结这门古老的技艺，一直伴随着人类前行，步入现代社会后依然如此，一如户外攀岩的救命绳扣、捕鱼捞虾的大网兜，又或是繁复精美的传统中国结——绳结仍在许多领域起着不可替代的作用。只是随着日常生活品被设计得越发简单易用，城市里的年轻人似乎越来越少接触绳结，难免对其感到陌生。通俗来说，结绳又被称为系扣儿，根据不同用途，扣儿的样式五花八门，但粗暴归类就两种——活扣儿和死扣儿。曾经的我，便是个不折不扣的死扣儿达人。

　　记得小时候刚学系鞋带的那段日子，每每出门前，总会进入一种"小手生锈，大脑呼救"的紧张状态，往往越急着走，鞋带越系不好，最后把自己气得不行，还成就了一脚大死疙瘩，那一刻的我常有用鞋底抽自己嘴巴子的冲动。到了中学，周末时常随家人外出海钓，过程中一望无垠的光影交汇，海面上下的斗智斗勇，都让我兴致盎然。

❶ 双套结

又称猪蹄扣，非常适于捆绑农场动物。该绳结操作简易，一旦捆住并拉紧后，被捆对象难以挣脱。

1. 双手拿起绳子，整理出两个绳圈，左手绳头在上，右手绳头在下。
2. 将右手的绳圈至于左手绳圈的上方，形成两个重叠的绳圈，将动物的蹄子套在绳圈中，双手将左右绳头拉紧，再绑上一个活结便大功告成啦。

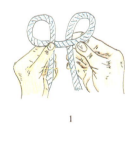

1

2

❷ 刹紧结

常用于温室大棚固定压膜或为车辆运输刹紧货物，这个绳结适用于绳子的一端先固定，另一端根据实际需要用力收紧，以达到固定目标物的效果。该结并不难绑，但拉紧需要花费一点力气，一旦完成后很结实，拆解也简单。

1. 在一侧绳头固定的情况下，在另一侧整理出一个绳圈。
2. 将下绳拉起成U形，向上穿过绳圈。
3. U形绳继续向上拉紧，同时将边侧形成的绳圈朝相反方向拉紧，并扭转半圈形成8字环。
4. 一只手握住8字环，另一只手将绳头穿过大棚或货车的固定杆，再拉回穿入8字环下半部分的绳圈。
5. 反复用力拉绳子，确保刹紧后，将绳头绕过拉紧的绳索打一个活结固定即可。

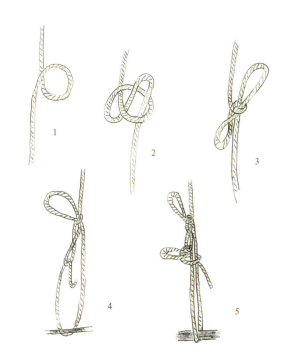

强劲的海风，暴烈的日光，就连突如其来的雨水，也不曾让我退缩。但由于菜鸟手潮，在收回钓线的过程中，常会不小心把本该各司其职的钓竿、铅坠、鱼钩和鱼线完美地缠绕在一起。每当这时，我不是求助家人来帮忙解扣，就是随意撕扯几下，无果后干脆不耐烦地剪断，丢掉自己制造的这团乱麻，为此被家人戏称为最费鱼线的钓手。唉，原来解扣儿比系扣儿还困难，无奈的我一度把这些统统归因为天生手笨，本就练不好这样精细的扣上功夫，日后还是敬而远之吧。

直到开始日复一日的里山生活，我惊叹于绳结的使用竟会出现在各个角落——勒大棚、绑菜架、拴动物、捆柴火、系口袋、收绳子……让人完全避不开。过往对于绳结的处理方式和态度只能让眼下忙碌的生活更加混沌。这时我试着静下心来，主动去触碰那些"恼人"的绳结，不急也不躁。果然，在不断实践的过程中，变化悄然而至，死扣一次次变成了活扣，解扣也慢慢取代了剪扣，每解开一个死扣儿，或学会系一个新扣儿，都让我感到由衷的喜悦。就这样，一条绳子的功用在手中不断被开发。回想当年，与其赖自己手笨，不如说是对生活少了一份耐心。

❸ 口袋结

平日里用来给各种编织袋扎口，好系好解又快手。

1. 左手攥住袋口，大拇指压住一侧绳头。

2. 一侧绳头绕过大拇指缠绕袋口一圈，然后继续在袋口再绕一圈（多绕两圈更结实）。

3. 绕回的绳头整理成U形，穿过绕在大拇指上的绳圈，并与上方最初一侧的绳头同步拉紧即可。

❹ 收纳绳子

收绳子有时给人的感觉很烦琐，可做可不做吧。我曾经也这么以为，每次用完绳子就随意一丢，省心又省力。但日积月累，原本清晰可见的一根根绳渐渐被拧成了一团团纠结的大麻花。当我再去挑拣时，总要花去比以往多出几倍的时间和精力，相当闹心！到头来不禁自问，这究竟是更省力还是更费力了？在此分享针对短绳和长绳的两种收纳方式，别犯懒，每次用完都收收吧！

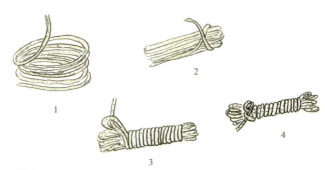

短绳

1. 将短绳整理成一个个均一的小绳圈，压实，留出一定长度的绳头。
2. 将绳头在压实的绳圈捆上逐圈缠绕。
3. 即将缠完前，将绳头穿过邻近的一个绳圈。
4. 再穿回自身形成的绳圈中勒紧固定即可。

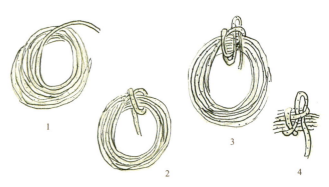

长绳

1. 借助手肘和手掌，将一根长绳整理成一个个大小均匀的绳圈。
2. 绳头穿过所有绳圈，缠绕两周。
3. 最后将绳头整理成U形，穿过上方绳圈拉紧，做成一个活扣，便于下次拆开使用，活扣形成的绳圈可用来悬挂整捆绳索。（4为3的局部放大图）

里山技

树木柴　劈柴不按纹，累死劈柴人

大桑树护佑所

黄褐的树皮，粗粝的枝干，锯齿边儿的大叶油油亮，矗立在香草园的石墙旁，它就是我们家的宝贝大桑树。由于地处交通枢纽，平日里我们无论往返果园农地还是上山下山，都会从它身边经过。这棵桑是这片山地以前的主人种下的，还记得头回上山时，走过榆杨掩映的砂石路，拐过弯来，大桑树便映入眼帘。它开散的枝叶和上扬的姿态，凌厉于周边的花草之间，仿佛这座小山的守护者一般，向我们传递着：欢迎光临，这片儿归我罩着！我俩站在树旁，对它一通上下打量，半天没挪动步。大桑树啊大桑树，我们今后准备在这里生活下去，拜托你也罩着点我俩吧。

都说大树底下好乘凉，大桑树下便是我们的避暑胜地，四向伸展的树枝，让凉爽的树荫逐年扩大，干活的间歇往树下一坐，吃上两颗熟透的桑葚，疲惫一扫而空。相处的时间长了，我们发现大桑树给予的，远不止这些。成熟的桑葚除了可愉悦人类，也让周边生活的小动物们开了洋荤，蹦跳的小野兔，灵动的岩松鼠，夜行的胖刺猬，鸡贼的大喜鹊——多年来，我们不止一次看到或拍到它们前来采食桑葚的精彩瞬间。夏秋季节，大桑树茂密的枝叶给许多鸟类提供了栖息之所，夕阳西下，在凉爽隐蔽的树冠间，经常传出鸟儿们叽叽喳喳的嬉闹声。虽然我们没有养蚕，夏季剪下来的鲜嫩桑叶还是可以作为小羊们的美味加餐。等到霜降一过，经常有村里人问我们要霜打的桑叶，用来泡茶或入药，这已成了他们长期的生活习惯。而更多的枯叶则自然掉落于香草花园附近，把它们收集起来铺在花园当中，可作为香草们过冬御寒的"大棉被"，又可令其随季节的更替慢慢分解，滋养土地。等深冬的剪枝完成了，修下的枝条还能收打成捆，当作薪柴慢慢使用。大桑树啊大桑树，原来除了我俩，山里靠你罩着的弟兄还有这么多。

● 成熟中的桑葚色彩非常诱人

● 家门前这棵二十多岁的大桑树，由先前的农人种下，每次来串门，她总忍不住追忆一番，说这棵树种下时只有指头粗细，如今树长大了，人也老了

田间地头榆之妙用

与大桑树仅一路之隔，便是与我们相邻的田地。这片地平日里由一位老先生打理，别看他六十多岁，脸上却没啥皱纹，身形也十分利落，走起路来嗖嗖带风。年轻时便是种菜能手的他，现在一人管着一大片地，每天总有使不完的劲儿，干起活来仍像个小伙子。初来乍到的我们有搞不懂的种菜问题，经常向他请教。相处久了，我们发现他还是善用林木的高手，无论是刮风折断，还是地边遮挡阳光，各种枝干到了他手里，总能被派上用场。有一次，他收集了许多榆树枝，把上面带叶子的细条砍下，送给我们喂羊，剩下的粗枝堆了一地。我正纳闷他要干什么，老先生哼起小曲儿，悠悠哉哉地在地里拿树枝搭起架子来，一边搭一边说："今年西红柿种得多，去年搭架的竹竿都使完了，这下正好用上。"看着他手中硬中带韧的枝条，转眼变成朴素结实的蔬菜架，透着几分山野的随性，再看看自己车里刚买来的成捆新竹竿，我不由得撇了撇嘴，既

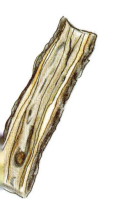

然材料就在身边，何苦还跑去山下求援？回头我们也就地取材，试着搭上一架。

　　榆树作为乡土树种，生长快抗性强，田间地头到处都是，只要你不把它连根拔起，即便树干被锯断也能涅槃重生。但凡人们想干点啥活的时候，榆树总会不自觉地出现在你身边。这不，老先生的即兴DIY又来了，不过这次不是搭架子或换工具把手、钉篱笆门这样的小动作，而是准备搞点大事情。对种菜早已驾轻就熟的他，那一年不知哪来的兴致，竟然开始跨界养鸡！都说鸡是散养的好，可散养鸡不等于无家可归的流浪鸡，它们白天在外面溜达，晚上也是需要回家滴。因此开养前的第一件事，便是搭建鸡舍，这次他请来了帮手，一起用电锯配合手锯顺着自家地边开始修剪榆树的枝干，几天下来收获相当可观。老先生把相对粗和直一些的，挑出来作为立柱或斜撑，细而弯的则作为一般连接使用，再细一些的可以制作栖架，供鸡休息，一点都不浪费。搭完了结构，他还特意留出几根又粗又直的主干，说以后会用到。难不成是担心鸡舍的木头朽，留点备用？

　　我的这份困惑一直被带到了入冬前，那段时间没怎么见老先生的踪影，只听得他家鸡舍里每天传出打鸣声，去串门才知道，他一直猫在自家地里挖菜窖！赶上菜窖竣工，我顺着梯子一步一步下去发现这窖足足挖了一人多深，里面储藏着老先生收获的大批南瓜、白薯、萝卜等，都是给鸡过冬准备的吃食。站立其间，一边感受着窖里的温暖如春，一边惊叹于老先生挖掘机般的洪荒之力。正准备爬回地面时，横在头顶的几根榆木树干引起了我的注意，仔细一看，不就是之前存下的那几根吗？留着它们是给菜窖搭顶呀！出到地面我赶忙向老先生询问，原来窖顶上堆起的厚土，靠的是这些榆树干和玉米秸秆横竖交

● 榆树、核桃树、桃树(从上至下)的树干剖面图

● 由桃木、核桃木、李子木等横纵堆叠而成的柴堆，被专门存放在门前的薪柴区

● 我们居住的小屋是砖木结构，图中斜向下伸出屋外的4根木料被称为椽子，用来托起屋顶材料的同时，也支撑着挑出的屋檐，遮阳挡雨。其下方与窗之间的横向粗木为檩条

错的网状支撑，有它们携手给菜窖封顶保温，才换来这窖里一冬的"好天气"。看着地头被老先生锯伐的榆树早已蹿出新枝，我也思考起今后属于自己的"榆之妙用"啦！

果树身后事：薪柴整理术

除了桑和榆，山上还生长着许多果树，随着季节变换，果园的馈赠也是接连不断：六月有杏李，八月有青梨，九月核桃枣栗子，十月山里红，入冬前有柿子与黑枣。果树们不但为我们生产食物，还为里山生活提供着源源不断的燃料供给。每年一次的冬季剪枝，为我们提供了够用一年的薪柴，用来烧炕取暖和烹煮食物都是极好的。那些已进入衰老期、亟待更新的果树，则在多年之后变成一截截粗木，成为我们烧大地烤窑和烘制果木炭的优质材料。这样的"粗柴"在平日里是可遇而不可求的，我们使用起来也倍加珍惜，几年前地里产出的一批老桃树枝干，到现在还没用完呢。

从地里的树到灶膛的柴需要经历一个蜕变的过程。先说细柴吧，山上两百多棵果树，分布在各层梯田之上，冬剪后散落的树枝漫山遍野，不计其数。因此，每年开春的第一个节目便是收树枝。由于剪枝工作年年进行，剪下的枝条并不会很粗大，遇上形状支棱的，一般手工便能整理，偶尔才需要用到工具。捡拾树枝的过程中，我们常采取就地收集整理，就地压缩打捆的方式，先将散乱的树枝捋齐，垛成一大捆，再通过手动捆柴器压实。这大大减小了柴捆的体积，便于日后收储，紧实的柴捆也让之后的捆扎更轻松，免去了边刹紧绳子边系扣的麻烦。

收集打捆完毕后，散落在梯田上的树枝已经变成了一组组整齐的柴捆，下面就开始运输环节啦。为了减少搬运里程，我们先将这些柴捆逐层向下投掷，等全部柴捆汇集到最低处的梯田时，再通过人工或小推车逐一运出果园，堆垛于柴棚中。至此，这一套"剪—捡—捆—扔—运—垛"的果园健身操告一段落。新鲜的柴得放上个一年半载，直

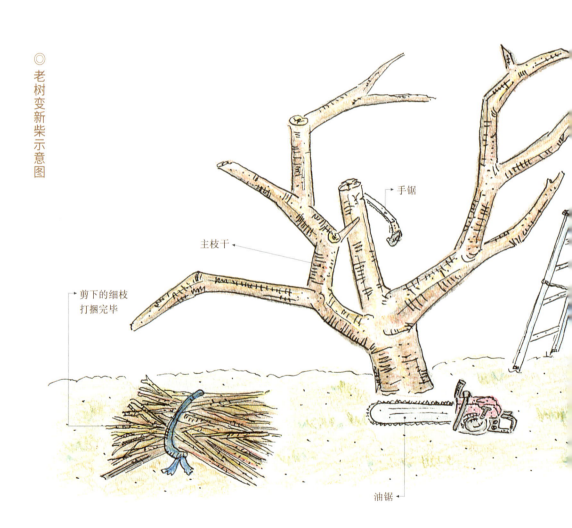

◎ 老树变新柴示意图

手锯

主枝干

剪下的细枝
打捆完毕

油锯

里山技

● 把树桩变为座椅，既环保又实惠

至完全干透才能拿出来使用。为了环境整洁和取用方便，以及一点点个人的强迫症，使用前我们还会对柴捆进行一轮二次整理，将用于点火启动的"毛细"和用来增加火力的"普细"分别打成小捆，方便将来按需取用。木柴一般要截短成小臂长度，易于收纳，也更符合灶膛投放的要求。像这样的小柴捆，我们每次会整出个二三十个，存放在桑树下的薪柴小屋中，足够用上一阵子。

与细柴不同，粗柴的获取需要借助枝剪、柴刀、手锯，甚至油/电锯这样的动力工具来配合完成。以我们地里的老桃树为例，由于树龄已高，酥脆的木质极易招来虫子们的啃食，导致枝干枯死，有时一阵大风都能让粗大的侧枝断裂，耷拉到地上。桃树用自己的青春结出累累硕果，又将年迈的身躯留在土地，供养里山人的生活，我们唯有认真地对待，珍惜地使用，才是对它最大的尊重。整理一棵老桃树，我们一般遵循"从外向内，由细到粗"的原则，先使用枝剪或柴刀处理树梢位置的小枝条，将它们打成捆留作细柴使用。去除细枝后，使用手锯来切割中等粗细的分枝，一般以小臂粗度为限，让拉锯的过程不会太辛苦。针对这类分枝，手锯使用起来比较灵活轻巧，即便使用者要搭个小梯子高处作业，也能轻松搞定。

前面的工作完成后，剩余的便是处理位于低处的树干和主分枝了。头两年，曾经有一位低调大叔，竟然只凭一把小手锯，半天时间把地里的好几棵老桃树全部放倒拆解，让我俩瞠目结舌。当然像这样神力附体的大叔在现实中纯属个案，如果面对一棵半棵的可以试着效仿，数量太多的话，还是建议使用动力锯取代手锯，以免干到最后歇斯底里。这些被锯断的粗木应尽量控制在一臂长度以内，便于后续加工和使用。不同于林区伐木，在我们生活的浅山地带，动力锯的使用机会并不多，因此只是偶尔向邻居借用，自己并没有专门配备，里山中这

梯子

锯下的中粗分枝

种非常用工具的相互借用乃至共用，减少了金钱和资源的耗费，又拉进了邻里之间的距离，当然，用完人家的工具一定记得清理干净，按时归还！

锯下来的一截截粗木，如果直接作为薪柴，那是既不好放，又不好干，更不好烧，因此最后一道劈柴工序是不能省的。估计很多伙伴与我俩一样，一想到劈柴，脑海里便浮现出经典三件套：铁斧、木桩、肌肉男。这让人感觉，劈柴只要有把子力气就能完成。真是这样吗？有力气当然是好事，但得用在点儿上。别的不说，劈柴过程中，人与柴之间的距离就先得认真磨合。离远了容易劈空，弄不好还会伤到自己的腿，距离太近，又容易劈到斧头把儿，只有不远不近，才叫劈柴。若找不准自己的位置，用力越猛伤势越重。除去找准人的位置，还得看准木柴的纹理。锯要横截，斧要纵劈，劈柴靠的不是匀速的切割，是瞬间的爆发力。老话说"劈柴不按纹，累死劈柴人"，斧刃依照木柴的纹理下劈使力，方能事半功倍。

劈柴除了需要胆大心细，还需要在不同环境下，针对不同的树种，采取不拘一格的方法。比如用斧头劈柴在我们山下的村子里就不怎么流行，传说中的经典三件套就地被改成了山村三件宝：大锤、楔子和胖大叔。相对于斧头劈柴，这种方法更考验人的耐性，也更适合于那些木纹复杂难劈开的粗木（我们家有的是……）。首先，将圆柱形粗木水平放置，在其侧面上，依照纹理先将铁楔子轻轻敲入一小截，再用大锤将其剩余部分继续砸入。在这个过程中，尽量保持粗木的稳定，随着楔子不断深入，粗木便会顺着木纹的方向逐渐开裂，最终也就被自然劈开了。虽然此法改由粗木的侧面下手，楔子的方向还要跟着木纹走，否则再爆锤也枉然。要是碰上了又粗又长的木头，有时需要多个楔子配合，方能将其破开。

从村里回到山上，面对老桃树化作的一截截粗木，我们在致敬经典的同时也尝试了一些新方法。曾见识过日本电影里的女子，把天生纹理顺直的杉木轻轻松松一劈两半，不如请她来山上做客，发她一截桃木再劈劈看？桃木本身具有一定硬度，加之长期的人工修剪，枝干走向曲里拐弯，纹理乱不说，还净是些硬节，劈起来难度不小。一般来说，直径在一手拃以上的粗木，我们还得向前辈们认真学习，不管使用"三件套"还是"三件宝"。总之，抓住规律沉下心来，在各个击破的过程中，感觉慢慢就来了。只是这么粗的桃木在山上是极少数，直径不足一手拃的才是主流柴群。为了减低风险，提高效率，又保留手工劈柴的乐趣，我们找来了一种实用新工具，它保留了"三件宝"中的大锤和大叔，但将之前向下敲击的铁楔子变为了刃口朝上的大钢刀，并整合在了稳固的金属架上。操作时，先设法将刀刃依照粗木底部的裂纹轻轻敲入固定，再用大锤敲砸粗木顶部，使其顺着木纹向下走行，原来的一整块就这样逐渐被锋利的刀刃切分成两半，劈开后的木头也在金属架的阻拦下稳稳地竖直掉落。即便如此，抡大锤时还是要多加注意，蚊滋滋在一次劈柴中就曾不小心将大锤抡空，殃及小腿，还好只是轻轻带了一下，想起来就后怕。对于抡锤劈柴这件事，我们从多次教训中总结出了四点注意，即"位置站定，幅度适中，顺势加力，匀速多次"，做到上述，方能保证柴劈两半人完整，物质精神双丰收。而游移不定的目标，高举头顶的莽撞，一抡到底的蛮力，急于求成的心情，不仅让每次劈柴九死一生，更让里山生活焦头烂额，难以长久。

从盛夏的果实到秋夜的暖意，从生活的资材到农事的陪伴，无论是树，还是由树而生的木与柴，一直都是我们生活的坚强后盾。生活在它们中间，让我们倍感踏实。

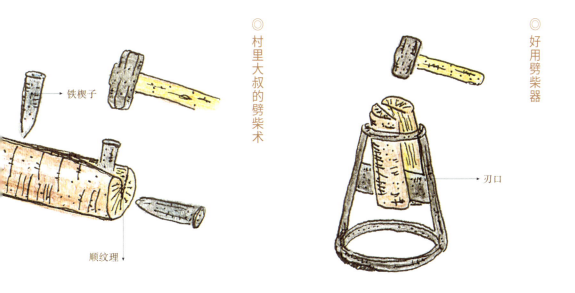

◎ 村里大叔的劈柴术

铁楔子

顺纹理

◎ 好用劈柴器

刃口

01

在我们的库房里，颇有些大伙「一直没注意，从未被淘汰」的好用器物，很多成本不高、皮实扛造还对环境友好，帮我们应付着鸡零狗碎的生活需求。

● 荆条篮子：80元/个，纯手工编制，购自5天一开的乡间集市

●钉子盒：分类收纳着平时积攒下来的各种钉子，还有合页、垫片、钉锦等

● 1. 劳动手套：棉线制作，柔软透气，每日干活必备。2. 草帽：帽檐很大的一款，防小雨，很防晒。3. 搪瓷盆：奶奶给的老物件，图案配色让人充满食欲。4. 编织袋：不足二两沉，装沙土盛粮食，100斤不在话下。5. 菜罩子：只是为了不让苍蝇比我们先开饭。

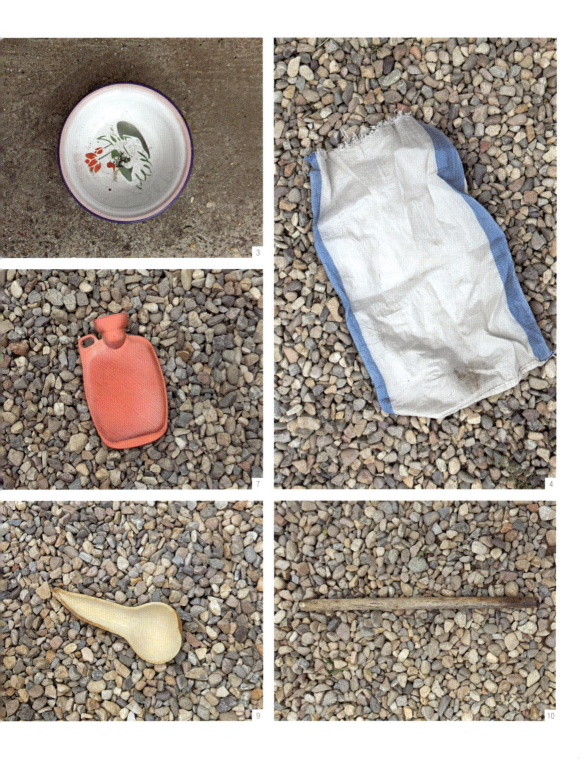

●6.石臼石杵：蚊滋滋的心头好，少量捣蒜和研磨香料时使用，但由于太重，没见她用过几回。7.暖水袋：清冷春秋时节蚊滋滋之御用福袋。8.笊篱：大柴锅里捞一切，除了水。9.葫芦瓢：好友赠予，可舀水可舀粮，环保实用。10.通火棍：一截折了的墩布把儿，变成了烧火好帮手。

● 1.腌菜缸：从村里大叔家淘来的"古董"，据说打小儿他家就用来腌咸菜。2.羊毛剪：每年小羊们都靠它"打羊毛"，方能清凉一夏。3.火柴：点火枪或打火机罢工时的最佳替补。4.竹匾：每年五月晾晒玫瑰花，它就出场啦。5.防蚊帽：帽子加纱网的封闭设计，让去鸡舍捡蛋的蚊滋滋得以无包而退。6.笤帚炊帚：用自己种的高粱绑扎的生活小件，称手称心。7.红外相机：通过热感触发进行拍摄的"丛林之眼"。

野草　是敌是友，谁留谁走？

　　我们的家坐落在农地与山林之间，出门右侧的田里是成行成列的蔬菜，左边的小山上则布满了纷繁芜杂的野生植物。人的进退让这两片区域的风貌大不相同，其中的植物种类也各有各样。可有些狠角色，却能够左右通吃，不挑地方的鬼针草就是一例。很多人在行山的路上都会对这"野草"兴致盎然，即便被它的小针儿粘满了裤腿，仍会把玩一番；同样是它，出现在田地里时却被大家叫作"杂草"，将它拔除时毫不手软，甚至懒得多看一眼。这种有趣的转变，让我不由想到，杂草的概念不正是伴随着农耕文明而来的吗？虽为农夫，总觉着把这些长"错"地方的野草唤作杂草有些不忍，于是现在的我更愿意对着它们道上一声："野草君，在下这厢有礼了！"

弱鸡菜与壮汉草

　　回想上山头两年，种起地来心比天高，技如纸薄。初来乍到恨不得有块空地就都种上东西，结果贪多嚼不烂，许多种下的地块根本无暇照料。七、八月里雨一直下，地里的气氛不算融洽，得了水的野草欻欻疯长，一时间枝繁叶茂，占尽先机。"弱鸡"蔬菜们在这群"壮汉"

西方苍耳
Xanthium occidentale
菊科苍耳属

的掩映中，上天无路，入地无门，只能在中间凑合喘气。那段日子里采摘蔬菜如同探秘亚马逊雨林，扒拉来扒拉去，以至于来往的村里人常疑惑我们整天在地里干吗。我也是一边翻草找菜，一边气不打一处来，心想："不争气！一样吃一样喝，怎么就长不过个野草？！"

从那之后，我开始留意观察田间生长的各种野草，试图去了解它们的独门武功和生存之道。田地里低矮密生的斑种草，靠着一身茸毛在寒冷早春里先声夺人；路一旁疯狂分蘖的马唐，在严苛环境中不露声色稳步扩张；果树下浑身毛刺的拉拉秧，借个光便想一路上爬抢占C位；羊牧场的大苍耳守株待兔，让刺球宝宝跟随着小动物四海为家；混迹于稻田的稗草专攻模仿，与农人玩不腻升级版猫鼠游戏；还有那结实量惊人的野苋菜，一不留神便将无数"小强"播撒到希望的田野上，这些还只不过是冰山一角……原来蔬菜们面对的竟是如此彪悍的作战部队，再看看地里蔫头耷脑的茄子辣椒，得了得了，我错怪你们了，现在就来帮你们除草哈！

不干则已，这一干还有点搂不住。那段日子里，我简直就是一台上了发条的除草机，往日的"雨林"渐渐化为荒漠，除了种植的蔬菜外，田地里已然寸草难寻。野草们一下成了我的眼中钉，肉中刺，看见不拔就难受。一轮操作下来，不但地里的蔬菜不受气了，我们在村民眼中的形象也高大起来，来个人就说："这小地儿真光溜儿，管得行啊！"听得我心里美的啊，感觉受到了专家组的集体认可，干劲儿更足了，慢慢不光

葎草
Humulus scandens
别名拉拉秧，大麻科葎草属

斑种草
Bothriospermum chinense
紫草科斑种草属

马唐
Digitaria sanguinalis
禾本科马唐属

是地里，就连田埂上的野草我也横眉冷对，决不姑息，誓与一切野草战斗到底！

谷子地里的冒牌货

自己种点粮，逐步提高生活中粮食的自给率是我们上山的众多小目标之一。可鉴于山上的干旱条件，除去玉米，我们目前只在地里小规模试种过谷子（小米）、小麦和旱稻（陆稻）。随着它们陆续出苗，麻烦的事情也随之而来——在生长的过程中，我们发现这些禾本科家族的作物附近总会长出一些模样相似的冒牌货，让人大伤脑筋。以谷子地为例，我明明知道有些野草混居其间，但因为二者长得实在太像，一不小心就拔错，着实伤士气。敌人到底是何方神圣？等到纷纷扬花吐穗的时候，才发现原来是幼儿园小朋友都知道的狗尾草。生活中常见的它们，其实有着不可思议的双重身份——既是谷子地里臭名昭著的"大毒草"，在田里抢吃抢喝抢阳光，又是谷子的真身老祖。已有七八千年栽培历史的谷子，最初竟是人们由野生狗尾草一步一步选育得来。挑明身份后，再拔起草来，我还真有点手软了。当然，农夫的理性还是会不断提醒我，不管啥来头，野草皆祸害，要想种好谷，先灭狗尾草。唉，看来多愁善感没有用，虽有点不情不愿，我还是完成了当日剩下的除草任务。

何止谷子，在我们地里种植的各种蔬菜作物，祖先也是些不起眼的小野草。是人让它们长成了今天的样貌，也是人让野草最终选择和自己的族群分道扬镳。不知哪一天，狗尾草中被选中的一小撮，在收获悉心照料的同时，渐渐放下身段，接受了人们的挑剔，最终被选育

狗尾草
Setaria viridis
禾本科狗尾草属一年生草本

● 秋天到了谷穗垂，再有个把月，菜地里试种的一小片谷子就该收了，被谁收？麻雀呗

成籽粒饱满、好种好收、金黄喷香的"粮食"。而那些散在野地里无人问津的大多数，虽遭遇了农人的鄙视和嫌弃，却坚持做自己，在长期逆境中练就强大的生存力和繁殖力，享受着随遇而安，也让我对它们生出几分敬意。谷子地里的鄙视链，揭示出人与野草之间说不清的爱恨情仇，难道农耕哲学到头来注定酿成手足相残的悲剧？看着刚刚拔出的狗尾草，心里越发不是滋味。

山中树下共生哲学

野草影响作物生长这件事，我想再感性的农人也不会否认，可野草对于农耕来说真的就一无是处吗？在对野草零容忍的那段日子里，我们发现土地的状态起了改变。没有野草的覆盖，土壤长期裸露，曾经的柔软湿润逐渐变得干硬板结，以往只需浇一次水便能保持很久的状态，现在浇上两回似乎都难以维持。虽然栽植的蔬菜眼下长势还行，但生机减退的土地，让我这个杀红了眼的除草小能手也开始放慢脚步。连续几天的拔草工作，已让人腰背酸疼，我放下手中的小锄，面朝葱郁的山林伸了个大大的懒腰。好吧，干脆放个假，看看大自然这个低调的农夫是如何耕作的，顺便跟它学上两手！

就这样，我穿梭于山林与农地，试图去比较两片区域里植物与土地的关系。行走间，我发现无人耕耘的自然山林里，地面上要么长满了野草灌木，要么被高大乔木掉落的叶子厚厚铺满，除了被人踩出的小路，整片山上几乎看不到裸露的土地。我蹲下来轻轻翻开栓皮栎的落叶，下面的土壤潮湿肥沃，疏松透气。天哪，这状态怎么比我辛勤管理的田地还要好？之前还百思不得其解，原来榜样就在身边，在自然中植物想尽办法占领每一片空地，通过光合作用捕捉碳，又伴随着代谢和自然凋亡重归土壤，化作有机质，提升土壤的活力，让新生的植物茁壮成长，如此往复循环，相互滋养，便是山林的生存哲学。在这里没有所谓野草与蔬菜的区别，植物为了生存相互竞争，又彼此成就。对于以生产食物为主要目的的农田，山林的经验不可能全盘照搬，但这趟走山，还是给了我很多与野草相处的灵感和启迪。

● 种在坡边的聚合草，一副张扬大王气派，最茂盛时，丛径和丛高均可达60~70厘米。作为紫草科的一种深根植物，据说是营养丰富的优质饲草，曾试着喂给鸡和羊，可它们都不太感冒

对蔬菜的影响	野草代表	特点	应对方式
大	藜、反枝苋	扎根深，植株高大，生命力顽强，播种量巨大且生长速度快，常成片密集发生，对蔬菜生长影响大。	无论生长于菜地的什么位置，一旦发现，都会连根拔除。
	西方苍耳、鬼针草、龙葵	植株较高大，根系较深，种子可依靠动物传播，常出现零散分布。	苍耳危害相对较大，一般都会拔除；鬼针草、龙葵会定期割除。
	禾本科野草	扎根结实，既能种子繁殖又可分蘖生长，植株茂密，竞争力强。	使用镰刀定期割除地上部分作覆盖物。
	萝藦、打碗花、牵牛、葎草	爬藤类，通过在地面铺开或攀爬其他植物获得竞争优势。	早发现，早拔除，尽量不耗到泛滥成片。
	泥胡菜	植株较高大，其茎叶常为蚜虫提供休养生息之所。	虽开出好看的花，但还是会忍痛拔除。
	菟丝子	寄生在农作物上靠吸收其营养存活，黄色的丝状茎常将寄主植物层层缠绕覆盖，最终导致其死亡。	高温高湿的季节定期扒开生长茂密的区域查看，一旦发现，定会仔细清理，不留残余，以防再发。
小	夏至草、铁苋菜、刺儿菜、抱茎小苦荬、马齿苋、酢浆草、平车前、蒲公英、荠菜、独行菜、斑种草、附地菜、朝天委陵菜、苘麻等	植株侵略性相对较小，多数偏低矮，有的甚至贴地生长，一般危害不大。	如果没有紧贴着蔬菜生长，便只会用镰刀割除其生长过高的枝叶，留在地里的部分作为活的覆盖物，帮助保水并提升土壤有机质含量。

反枝苋
Amaranthus retroflexus
苋科苋属

藜
Chenopodium album
别名灰灰菜，苋科藜属

鬼针草
Bidens bipinnata
别名婆婆针，菊科鬼针草属

龙葵
Solanum nigrum
茄科茄属

不求化敌为友，只愿朝夕相伴

不假思索地赶尽杀绝，还是勉为其难地化敌为友？这两种对于野草的态度，似乎都有些差强人意。融合山林的智慧，也要考虑彼此的需求，在长期与野草相处的过程中，我们在不同区域选择了不同的野草管理方法。

菜地里，我们对以往的"一刀切"方法进行了改良，无论播种还是定植移栽，都会连根清除紧贴种植穴周围的野草，并将其就地覆盖。离远一些的，通常只割除其直接影响蔬菜生长的枝叶，保留地下部分，待其长出新叶再不断收割，用作新的覆盖物。就连大田里收获小麦后产生的大量麦秸秆，也用来覆盖菜地。野草和麦秸秆混合的有机覆盖物，如同山林中的枯枝落叶，既可为土壤保温保湿，又可遮蔽阳光，减缓蔬菜周围野草的生长势头，并最终被分解成土壤的养料。

随着蔬菜自身不断生长壮大，开散成荫，此时新生的野草已处于竞争劣势，危害渐弱，管理起来也轻松一些。当然，对危害程度较大的野草种类，无论它长在菜地什么位置，任何时段，我们目前还是会直接拔除。根据多年的观察和实践，我们对菜地里常见的野草种类进行了一番归类测评，整理出目前采取的应对方式（详见左页图表）。

萝藦
Metaplexis japonica
夹竹桃科萝藦属

打碗花
Calystegia hederacea
旋花科打碗花属

牵牛 *Pharbitis nil* & 圆叶牵牛
Pharbitis purpurea
别名喇叭花，旋花科牵牛属

铁苋菜
Acalypha australis
别名海蚌含珠，大戟科铁苋菜属

刺儿菜
Cirsium arvense var. *integrifolium*
别名小蓟，菊科蓟属

抱茎小苦荬
Crepidiastrum sonchifolium
菊科假还阳参属

独行菜
Lepidium apetalum
十字花科独行菜属

蒲公英
Taraxacum mongolicum
别名婆婆丁，菊科蒲公英属

荠菜
Capsella bursa-pastoris
十字花科荠属

莬丝子

Cuscuta chinensis

旋花科莬丝子属

泥胡菜

Hemisteptia lyrata

菊科泥胡菜属

夏至草

Lagopsis supina

唇形科夏至草属

酢浆草

Oxalis corniculata

酢浆草科酢浆草属

平车前

Plantago depressa

车前科车前属

马齿苋

Portulaca oleracea

别名马齿菜，马齿苋科马齿苋属

附地菜

Trigonotis peduncularis

紫草科附地菜属

朝天委陵菜

Potentilla supina

蔷薇科委陵菜属

苘麻

Abutilon theophrasti

锦葵科苘麻属

在梯田上的果园里，野草的种类更加丰富，地面从春到秋被不同的野草轮番占领。但不同于地里的蔬菜，果树的身材高大，根也扎得深，低矮的野草对它们构不成太大威胁，天然草毯还减少了土壤水分的散失，让果树在干旱的日子里也能过得舒服一些。可倘若放任不管，让草长得过高，还是会给人的进出和水果采收带来不便。还有那些以拉拉秧为首的狂野爬藤，稍不留神便会顺着茎干，或是借着周边高大野草的牵线搭桥，对果树展开疯狂缠绕，相当棘手。

面对果园的野草，大叔大婶们的应对方法也有不同。精力和体力都有限的家户一般会使用除草剂，这样成本低，还可以轻松把野草干光，听起来似乎高效。但这么做，不仅直接荼毒了土地，也会令果园土壤在地被植物大量死亡后出现大面积裸露，慢慢失去生机，对果树生长越发不利。有经验的果农其实深知这一点，在能力所及的前提下，会选择在果园里饲养家禽家畜的方式控制野草。果园不但为动物们提供了自由活动的树荫牧场，掉落的水果和旺盛的野草也是它们的美味食物，最终的便便又都化作肥料还给了果树，真是皆大欢喜。

到了我们，面对果园梯田上下起伏的地形，高低错落的枝丫，即便配备了打草机，行走起来稍不小心还是会被树枝划了手，撞了头，更别提那炙烤的烈日和扑面的蚊虫了。赶上雨水多的时候，每年这样的工作得进行三四轮，偌大果园，想想就头大。既然我们已认识到野草亦敌亦友的复杂身份，并对菜地进行了分级管控，那果园里不妨也借鉴前辈们种养结合的好经验，派运动羊、溜达鸡和战斗鹅一起上阵，让草与树相伴共荣。当然，合作共生也必须遵循自然法则，选择什么种类，饲养多少数量，分配多大地盘，都需要不断地实践探索。

目前，我们的果园分南北两个封闭的区域，在面积较大的北果园，我们把野草管理的接力棒交给了实力强劲的运动羊，较小的南区则由

种类	控草力	特点
运动羊	★★★★★	取食面积大，食草量大，也会采食灌木，同时还会取食果树低处的枝叶，甚至啃光幼树，于是我们将它们放牧于树体较高大的成熟果园。由于羊的体重大，在梯田果园中频繁踩踏，容易造成土埂崩塌，导致水土流失。与绵羊相比，山羊常有啃食树皮的行为，对果树威胁更大。
战斗鹅	★★★	食量较大且不挑食，活动范围比羊略小。没有刨挖能力，对野草根系破坏小。个头较高，可以采食幼树树叶，但对成熟果树影响不大。两足形如扁铲，踩踏能力强，如果数量太多，容易造成果园土壤板结。
溜达鸡	★★	喜欢采食嫩草和草籽且酷爱刨挖，对野草根部的破坏力较高，过多的鸡只容易造成果园林下植被退化。它们相对挑食，较少取食粗壮的草茎、灌木枝叶，几乎不会伤害果树。活动范围相对小，管理野草的面积有限。

雄赳赳的溜达鸡来负责，有时战斗鹅也会凑凑热闹。根据实践经验，我们把不同动物的野草管理风格进行了个小比较（详见上表）。

　　如果说果园的野草管理还有靠谱的动物们可以指望，回到每天上上下下都要行走的小路，以及农舍的房前屋后，我们就只能依靠自己的力量与野草"划清界限"了。针对每日通行的土径，我们会定期使用汽油打草机修整，由于山上有短尾蝮这样的毒蛇分布（每年都会见到几条……），这些区域我们尽量将野草保持在脚踝以下高度，避免与蛇有不必要的亲密接触。然而，在门前、梯田间和农地中无人行走的角落，我们还会刻意保留一些野草的小聚落，其功能类似于人工湿地的芦苇荡，作为昆虫和其他两栖爬行动物栖息和繁殖的场所。这些小小的绿岛接续着山野的活力，也培育着田地的生机。年复一年，前来定居的新朋友宛如田间的野草般层出不穷，慢慢构建起里山的生命之网。在这里，无论野草、作物、人或是野生动物，都能各取所需又互为支持，虽未到尽善尽美，却也相安无事（详见第288页）。

食物·存　风干之味、腌渍之美、
发酵之气、罐藏之鲜

　　与山林和土地交道多年，越发觉得它们是慷慨的。只要我们守住分寸，不巧取豪夺，它们就能提供源源不断的给养。正因为此，山乡里的人更加珍视土地中的出产，那不仅是自己付出的辛劳，更是源于自然的一份馈赠。然而，我们也深知，受限于时令交替和作物生命周期的规律，一年到头总会有几段青黄不接的日子，也会有土地的收成一下子产出，让人应接不暇的光景。因此，如何处理、加工以及储存农地的出产，延长它们保存的时间，向来是深奥的学问，更是值得研习的手艺。

把收成交给太阳和风

　　几乎所有的古老文明，都有对太阳的原始崇拜。在上古先人的认知中，太阳那源源不断的光和热，正是孕育生命的关键。山里人在加工储存食物时，借助太阳之力也是十分寻常的做法。除去太阳的光热，再借助风的提携，一切都变得事半功倍。华北地区种植最多的粮食作物，非玉米莫属。出身墨西哥炎热气候的玉米，以耐旱、生长周期短、产量高还易于加工等特点，迅速占领着世界范围内的大片土地。我们

● 冬小麦的麦穗上蚜虫
来犯，瓢虫来挡

这里属于干旱浅山区，动不动就冬春连旱的脾气，让山民们早早放弃了费时费力的粮食连作，而常选择在雨季来临时播上一季省心的玉米。每到深秋收获季，大道边儿小道沿儿，但凡开阔平坦的硬化地面，都会被金灿灿的玉米种子霸占，只留一条狭窄的通路给过往的车辆和行人使用。

这些由水泥或柏油铺设的"公路晒场"，在天气晴好的时候，借助太阳的炙烤，升温迅速，加快了玉米籽粒脱水的速度。一旦遇到阴雨天气，提前把粮食攒堆儿并铺设好防雨布，也是必须付出的辛苦。等到雨过天晴，趁着秋风干爽，要赶快揭开雨布，把成堆的籽粒再次摊开晾晒，避免受潮。如此往复，再有几天的大太阳，便可以哗哗哗地灌袋儿了。

如果觉着晾晒秋粮太辛苦，您就大错特错了。毕竟北京那时的天气以秋高气爽为主，秋雨绵绵的景象稀少。同样是打粮食，冬小麦的收成才是真正要分秒必争的力气活儿。芒种之后，眼见着麦苗去青转黄，芒尖锋利指着天空一脸不服，籽粒颗颗饱满，农人真是喜上眉梢，但这欢喜之下总暗藏着焦虑，免不了掐着指头，看着天色，核算着收获的最佳时机。冬小麦是为数不多可以在华北地区露地越冬的粮食作物，经过一个干旱寒冬的历练，春回大地的那一刻，坚韧的麦苗都会借助回暖和灌溉迅速返青。等到夏至前后，烈日当空的炎热会让麦秧迅速脱水干枯，也就到了抢麦收的时刻。为什么要抢？这还要怪北京的夏天太过变幻莫测。盛夏时节，最多的天象就是炎热的上午，配上午后一声雷的疾风骤雨。您想想，小麦恰在此时熟成，要是赶上这么个天气，无论收割还是晾晒，不得把人累趴下？

别说是麦种子被雨水浸泡了，就是还没收割的麦穗被雨打湿，接连几天空气湿度大了点儿，都可以激活它们旺盛的生命力，让一些种子直接上演穗上发芽。如此一来，不但粮食的品质下降、发霉变质，一年的辛苦打了水漂也是分分钟的事儿。

所以，再不要以为利用太阳和风来晾晒、加工食物是有如老和尚玩儿枯山水一般充满禅意的事儿，那更不是一份懒洋洋、松垮垮，满脸只洋溢着浪漫的家务事。不管您晾晒粮食还是风干果蔬，或干制香草花叶，只要是借助自然力的做法，无非是一句"人法地，地法天，天法道，道法自然"。

◎ 从冬小麦到好味面食

我们这里每年十月初小麦下种，第二年六月底收割。头一年种麦子时，总共两分地（约130平方米）我们打了60公斤麦粒儿。等立冬后拉到磨坊，磨出近50公斤面粉，再加上收获的稻米，够我俩吃上半年啦！

1.冬小麦萌芽、过冬、返青

2.收割冬小麦

4-1.借风筛除杂质

4-2.用扇车来分离麦粒和杂质

5.运输麦粒至磨坊

3.将冬小麦辗轧脱粒

7.用面粉制作好味面食

6.将麦粒变成袋装成品面粉

腌渍的风味

"五味咸为首"，这句话对山里的庄户人家着实不虚。记得有一次请几位大婶帮忙给果园疏果，按照规矩，人情帮忙住家一定要准备客饭。不过大婶们特别嘱咐，干活儿是第一要务，伙食不求繁复，简单的过水儿捞面吃饱就行。于是，我看着劳作的进度，掐着钟点儿，择菜、擀面、下锅、装碗儿，一气呵成。婶子们刚收拾停当，热气腾腾的西红柿鸡蛋朵儿面就端上了桌。山里人也实在，看刚捞的锅挑儿（锅挑儿为北京方言，形容从刚煮好面的锅里直接挑面吃 —— 编者注），二话不说就招呼，一时间只听见嘚哩哱噜的声音此起彼伏。正等着大家对我的手艺夸赞一番，谁承想最相熟的大婶一句话给了我当头一瓢凉水，"这面咋不搁盐呢？"

的确，对信奉"盐把力气酱把膘"的山里人来说，口重那是必须的。管你城里的大医生、营养师三令五申吃太咸不健康，管你小资美食家糖酒提鲜、蜜里调油的功夫讲究，总之做菜"不咸"就是没味儿！不仅如此，为了让生活的滋味儿更浓，家家户户饭桌上都长期放着那么一碗儿 —— 对，咸菜！比起小商店大超市里售卖的各色咸菜，大叔大婶们更青睐自己亲手炮制的纯天然咸菜，毕竟自家出品，除盐酱之外绝对零添加呀。虽然私作咸菜的方法不一，基本原理都是利用盐或高盐度的卤水来逼出蔬菜组织中多余的水分。这样一来，蔬菜的口感更加脆韧，风味也被凝练得更加浓郁。

刚好我们在山上种植了一些洋姜，无论年景如何它们都不负期望，转眼就长出密密匝匝的高秆儿，再加上宽大的叶片层层叠叠，还可以当作土地边界的绿篱。等到金秋十月，作为向日葵的表亲，洋姜也会在枝头吐出金黄的花朵，与此同时，大量的糖分会富集到地下，生成

● 对页图：等待着亲手种植的小麦变成面粉，再变成新鲜出炉的茴香馅包子，这个过程会让幸福感加倍

造型各异的块茎。由于有一不怕寒二不怕旱，外加自备营养补给库的优良品性，洋姜完全不需要管理即能稳定产出，备受农人喜欢。不过，洋姜块茎的土腥味较大，在我们这里，大家更喜欢把它腌渍成爽脆的咸菜端上餐桌。

制作腌渍洋姜并不困难，新鲜的洋姜冲洗干净，找个晴朗天气，在沥水篮里风干一个下午（注意避免阳光暴晒，容易变黑哟）。同时配置好盐度大于10%的卤水（抑制腐败微生物的活性），可以添加八角、花椒之类的香料，一定要煮沸晾凉后使用。咸菜坛子要提前洗干净，用开水烫过后晾干（太阳底下晒干更好）。之后，就可以把略微打蔫儿的洋姜整齐地码放到坛子里，倒上卤水没过洋姜即可。把咸菜坛子密封好，腌渍两周以后就可以陆续食用了。

需要多说两句的是，咸菜坛子的密封是为了杜绝过多的氧气进入，抑制容易造成腐坏变质的霉菌活动；另外，有些人家在洗完洋姜后会先用盐揉搓，令其迅速脱掉一些水分，这样也是可以的，只不过会增加盐的用量，吃的时候可能比较咸哟！再就是蔬菜组织在腌渍过程中，会生出一些对人体有潜在风险的亚硝酸盐，但大家不必惊慌，随着腌渍时间的延长，亚硝酸盐的含量一般会在一周左右达到最高峰，之后开始下降，一般两三个星期以后就降到比较低的水平了。

一些更讲究风味的家庭，还会在上面的基础腌制后，将洋姜块茎捞出，改刀成丝，攥去多余水分和盐分，再浸入烧沸凉透的酱油卤水中继续腌渍。这样做可以让洋姜咸菜获得红亮的颜色，更能借助酱油卤汁在咸菜中激发出更多鲜味。瞧，里山中的一口咸菜，也要食不厌精。

● 五月新鲜采收的玫瑰花瓣，与有机砂糖层层堆叠，放入密封罐储存一段时间，就能获得香甜的玫瑰糖浆

致敬百年罐头术

北方的生活，无论你喜不喜欢，都得接纳一个绵长的冬季。也正因为有这样的空窗期，北方人的冬季餐桌曾经略显单调乏味。家家户户都要在寒冬到来之前，囤积耐储存的萝卜、白菜、土豆和大葱等，以至于炉灶上总免不掉一锅又一锅的熬焖炖煮。记得小时候，为了能冬天吃上一口新鲜，大夏天里，外婆家经常会有那么一段热火朝天的忙碌。小菜园里透熟的西红柿被大量采收，一时吃不完也不惊慌，用开水烫去表皮，切块，装进平时攒下的各色瓶瓶罐罐，放进大笼屉，呼嗒呼嗒地蒸上半个钟头，最后把所有瓶子挨个儿拧紧一遍就算大功告成。没错，这就是我小时候，数九隆冬里成就一碗西红柿蛋花汤的外婆西红柿罐头。

说到罐头，还要感谢18世纪末的法国政府，要不是他们提供丰厚的奖赏，征集食物保存术改善军队伙食，这种简单易行的食品加工、储藏技术不一定能那么早问世。这门技术在现代家庭的日常生活中操作起来也并非难事。如前所述，制作手工罐头的要点有二：一是借助蒸煮的高温杀灭菌物；二要保证食物包装的严格密封，杜绝储存环境中的微生物借着空气入侵。为了让罐头食物在储存过程中更加稳定，添加一定比例的食用盐和糖是惯常做法，这也算家庭手工罐头的天然防腐剂吧。

除了夏季层出不穷吃不完的西红柿，果园里接连不断的时令水果也常有富余。从四月漫坡粉白的杏、桃、梨、李、山楂花开始，一段生命绽放继而蓬勃的交响便拉开帷幕。六月起，紫红的桑葚、金黄的甜杏、酒红的李便陆续缀满枝头，雨季到来之前做成果酱是非常不错的。过了七、八月的雨季，板栗和山楂相继成熟，我们便会熬制奶油

1

2

3

4

栗子酱和山里红酱分享给家人朋友。受惠于昔日农人的辛劳，我们的山上栽种了丰富多样的本地果树种类，从夏到秋一路有果，直至柿子和黑枣在冬日清冷的枝头风干，才算落幕。

制作果酱的操作步骤与西红柿罐头大同小异，但每一步的仔细都是在落实那古老罐头技术的黄金准则。首先，制作果酱的水果都要当日鲜采，且尽量从树枝上采集，刚刚落地的亦可，稍有破损或过熟都会带入过多活跃的微生物呢。采摘后，趁着新鲜，用流动的水清洗干净，再沥去多余的水分，这同样是在去除一部分水果表皮上的微生物，算源头减量吧。之后就是在洁净无油的锅中加入适当比例的砂糖腌渍，等渗出果汁后点火熬煮。熬煮的时间不能太短，一来需要让果肉与糖完美交融，二来还是要尽可能消灭掉果酱中可能造成变质的微生物。

最后的最后，提前准备好蒸汽消毒过的玻璃瓶和瓶盖，借着果酱慢慢滚沸的高温，迅速完成装瓶。一定要装得尽量满，留在瓶子里的空气越少越安全。完成装瓶需要迅速拧紧瓶盖，同时，我们还会倒扣瓶体让它们慢慢冷却。这一步仍然是围绕着罐头技术的黄金准则，瓶子中残存的空气在被黏稠果酱逼到瓶底的过程中，果酱的高温会进一步杀死其中的微生物。与此同时，这黏稠的果酱还能把瓶盖内侧封堵得格外严实，减小外部空气进入的概率。直到整瓶果酱冷却至室温，瓶内空气体积缩小、压力降低后，瓶外的大气压，就可以把瓶盖牢固地压紧了。

一般来说，以上方法制作的罐头在阴凉避光条件下保存一年没问题。但家庭手工罐头虽好，终归是经过高温蒸煮的加工食品，有一定营养损失，添加盐或糖来提高防腐力，也可能增加特定人群的身体负

1.将西红柿割十字口后以开水烫除外皮。2.剥皮后切块放入锅中以盐腌渍。3.将玻璃瓶（包括盖）放进蒸锅中消毒。4.将腌好的西红柿煮滚沸后装瓶，趁热拧盖，倒置放凉。

担。不过这项朴实的技术毕竟能帮我们把蔬果生长季中的大量富余长期保存，能在休耕的冬天吃到之前种出的安全美味，总还是像见到老朋友般幸福吧。

活的泡菜坛子

五月初，地里的卷心菜就已开始包芯儿，随着天气逐渐转热，还有了孕育下一代的小心思。长角羚可容不得它们一个个"突破"自我（抽薹），也就一个多月的时间，卷心菜便被陆续采收了下来。虽然它们比较耐储存，但毕竟喜欢凉爽，架不住越来越热的天气——热浪之下，已收获的卷心菜仍会锲而不舍地酝酿开花结籽那点事儿。除此之外，借助储存的空子，藏在卷心菜叶片上的小菜蛾虫卵也会迅速孵化，稍不留神就给你吃个千疮百孔，还容易让伤口发霉腐烂。怎么办？辛辛苦苦的收成，可不能这么付之东流呀！别急别急，农妇自有妙法。

把刚采下的卷心菜去掉老叶、虫咬叶，保留紧实的部分，若太大可以一破两半或对切四瓣。切好的菜连同鲜姜、蒜头一起用流动的水冲洗后（鲜姜和蒜头既有防腐作用，又可以增加风味），在太阳下沥干水分。泡菜坛子需要提前刷洗干净晒干，然后把晾好的蔬菜放入坛中。泡菜的卤水要提前烧沸晾凉，可加入八角、花椒、辣椒等香料增香，盐度控制在5%即可，在抑制发酵过程中杂菌滋生的同时，也保证发酵菌群的正常活性。把晾凉的卤水倒入泡菜坛，完全没过卷心菜，之后就可以盖上盖子，加满水封，等待蔬菜静静发酵了。如果你和这坛泡菜八字相合，大概三两天就能观察到它的动静，看着水封里一点一点地鼓出气泡，闻着那微酸的香气，心里应该装满了成就感吧！

等等，先别急着憧憬成功，还得弄明白做泡菜的原理是怎么一回事哈！以上方法制作的泡菜有几个技术关键要掌握。一是要抑制会引

活的泡菜水

一坛活跃的泡菜水是泡菜成功的标志，除了可通过购买市场上无添加的泡菜产品获取，新手们还可以求助身边的泡菜达人，在初次装坛时加入前辈制作好的泡菜水，就可以万无一失。

起食物变质的微生物，盐水和泡菜坛子的密封，以及制作过程中越来越高的酸度都是为了这个关键点的实现。二是促进有益微生物的发生和繁殖（那些鼓出的气泡，主要是二氧化碳，就是它们活跃的象征），正是它们的生命活动在帮我们制作着泡菜，让食物可以储存更久，也更加美味。当然，能耐酸厌氧并帮助发酵的有益微生物不止乳酸菌一种，它们是个复杂多样的群体，有时候也会有顽皮的小家伙儿想放飞自我，最常见的情况是泡菜汤汁的表面生出"白花"，别紧张，一般是酵母菌的小动作而已。只要及时给泡菜坛里加些高度白酒，它们很快就退避三舍了（在厌氧发酵过程中，酵母菌的生命活动会产生酒精，如果生存环境中的酒精能保持一定浓度，酵母菌就不会那么活跃啦）。第三，与腌渍咸菜类似，制作泡菜的过程中也会产生亚硝酸盐的问题，同样等待两三周就可以降回到安全水平。如今许多人喜欢吃口感酸爽的"洗澡泡菜"（一般发酵2~3天），考虑到亚硝酸盐的健康风险，还是劝君三思。

我们在山上制作泡菜，一般从大量采收卷心菜开始，放在相对阴凉的室内，可以持续发酵工作，期间不断投入新的食材，比如豇豆、芹菜、红菜头、胡萝卜等。为了降低亚硝酸盐的风险，我们一般在新材料投入一个月后才开始食用，不过这时的味道会比较酸咸，口感也更软。不管怎样，每每瞥见泡菜坛子在屋角与世无争的样子，想到那里面满满是生命的律动，真觉得它是活生生的宝贝呀！

最后的最后，还是想写上一句，无论晾晒风干、腌渍制罐，或是发酵酿造，既是帮助我们保存食物、做好冬藏的朴素手艺，更是与大自然合作的美妙智慧！

 制作泡菜用的坛子和蒜、姜、卷心菜、辣椒

♂　　　　○　　　　♀

6:00
起床

6:00～7:00
♂ 果园采摘熟杏子
♀ 照料农场动物

7:00～7:30
早餐

7:30～9:00
♂ 完成对杏子的清洗、拣选、去核、称量
♀ 进行果酱瓶清洗、消毒及其他准备工作

9:00～10:00
♂ 田地蔬菜采收
♀ 称量砂糖、腌渍杏子、开始蒸煮

10:00～12:00
轮流进行熬果酱、果酱灌瓶、封盖的程序

12:00～13:00
♂ 锅具清洗、环境收整
♀ 准备午餐

13:00～13:30
午餐及收拾

13:30～14:30
午休

▲ 野性通讯

02

农夫的一天

从没睡觉时没规律的发明白天里生居活靠不是流缓进步，他们的有度，打脚整日张，两不停方能发力长久。三餐后吃饭勺，我们脑后越发履。

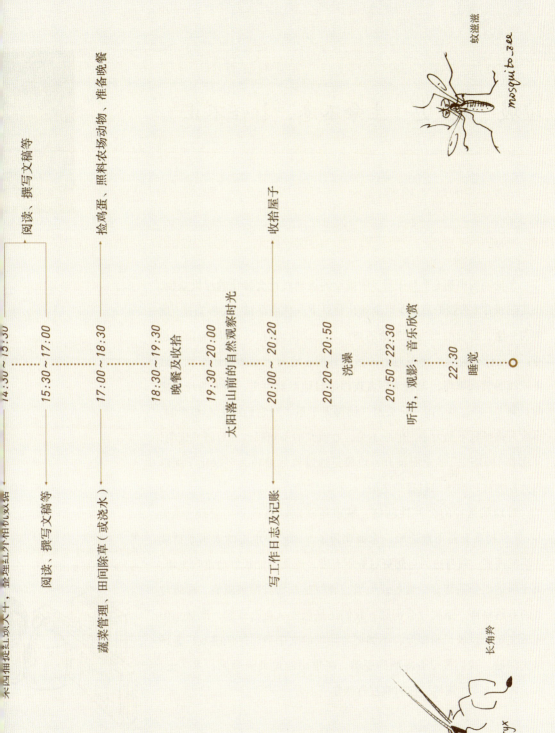

14:30~15:30

15:30~17:00　阅读、撰写文稿等

阅读、撰写文稿等

17:00~18:30　捡鸡蛋、照料农场动物、准备晚餐

蔬菜管理、田间除草（或浇水）

18:30~19:30　晚餐及收拾

19:30~20:00

太阳落山前的自然观察时光

20:00~20:20　收拾屋子

写工作日志及记账

20:20~20:50　洗澡

20:50~22:30　听书、观影、音乐欣赏

22:30　睡觉

长角羚　Oryx

蚊滋滋　mosquito_zee

垃圾"拣"史　生命不息，打怪不止

　　无论动画电影《千与千寻》中描绘的被消费社会异化的浮世众生，还是纪录片《东西的故事》里全球化背景下一件商品被"妥善安排"的匆匆一生，都投射出当代生活的典型状态。快消时代，我哪有闲心思考：你是什么垃圾？密布地下的污水管网，定时定点的清运车辆，远离视线的焚烧填埋，无数清理者夜以继日地默默付出，让人与垃圾之间只剩"一袋之缘"，一旦丢出，便再无干系。对它们的去向和影响，多数人选择眼不见为净。但眼不见，心就真的不烦吗？无数研究证明，伴随着"海陆空"的全面铺开，垃圾正通过自然循环甚至以化于无形的易容大法，悄然回归日常生活。

　　对垃圾这样的公共性问题，城市还能调动资源集中处理"美美容"，乡村就只能不修边幅，素面朝天了。曾经，里山的人出于持续生活的需要，对身边的自然资材取用有度，废物也能很好地重归土地。如今田地山野间却充斥着各式垃圾，有时整片沟坡都被铺满。尽管垃圾的背后牵涉一系列社会问题，我们还是想先从自己做起，既然里山生活注定与垃圾长相厮守，不如把与垃圾的交手当作打怪游戏，尝试解决问题。我们按忍者漫画的逻辑，将里山的垃圾分为风、木、土、水、雷、火六个属性，应对难度逐级攀升。

● 木系垃圾　纸箱板摇身一变成了家养肥猫"秋裤"的猫抓板

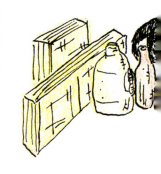

● 朋友从车上换下的旧轮胎，被我们变成了花园角落里的个性种植床，种植着山葵（Wasabi）的替代品——辣根

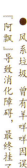

● 风系垃圾 曾有羊咩咩因误食"阿飘"导致消化障碍，最终挂了

风与木

　　我们的土地位于两个山口之间，冬春两季的嗖嗖大风，除了刮去果树上的枯叶，也刮来了周边的"阿飘"，它们体态轻盈，随风飞扬，时而驰骋于田地间，时而披挂在树梢上，有的斑驳陆离，有的黑白分明，这便是风系的塑料袋。

　　对于这种打击范围大且分布随机的对手，我们最初采用的是传统人海战术，每年开春邀伙伴们一起刷一遍山。地里积压的库存加上大风连年的补充，让山上最初的阿飘数量惊人，不过凭借着一次次围剿和我俩平时逢袋必除的作风，如今每年的清山我俩自己便能轻松应付。除此以外，果园和动物圈舍的金属围网也歪打正着地立了大功。网子将近一人高度，加上密密的网眼，为土地筑起了一道贴心围挡。乘风而来的阿飘们要么被挡在网外，要么被挂在网上，功力大减。我们也不必再像过往一般漫山暴走，便可轻松"收网"。

　　木系的对手相对纷杂一些，包括了玻璃瓶、塑料及金属制品等，也就是大家现在说的可回收垃圾中的一部分，它们能够被再造重生，犹如生生不息的林间草木，故被我们戏称为木系。它们来自我们的日常生活，且具备一定经济价值。为了对付木系垃圾，我们与村里大妈达成了长期战略合作，我们在家负责前端的分类收储，攒够一定数量后，整袋运到村里大妈家暂存，等时机成熟，大妈会与熟识的废品回收人接洽，

● 水系垃圾　在山上，厨余怎能是垃圾？

换点儿零花钱。后来的日子里，我们有幸见识到里山中形形色色的资源回收者，像大
妈这样大门不出二门不迈的守株待兔型是纯属玩票。那专业人士可是天天东跑西颠，
穿村走巷，从废铜铁到旧家电，从破门窗到老房梁，回收种类五花八门，分工精细，
连地里的果木和羊毛都有人专门开车上山收取。

　　除去这些，剩下的便是散兵游勇的业余选手，他们大多住在村里，每天拿编织袋
出门扫街，活动半径不大，主要捡拾路边或垃圾桶内价值较低的回收物，日积月累以
量取胜。感谢这些辛勤的回收人，他们就像里山生态中的分解者一样，帮我们把垃圾
带入循环，变回资源。

土与水

　　棚架翻盖与火炕重建，这些年下来，山上拆旧盖新的大动作在记忆中就这么两回。
对拆改这样的事，我俩都很慎重，如非十分必要，不会轻举妄动。这土木之工产生花
销不说，还带来不少难啃的"硬骨头"。碎砖、断瓦、水泥块，这些来自大地，却很难
再回去的土系大军，在眼前哗啦啦摊开一地，看着就让人发愁。里山中的小量建筑垃
圾处理起来的确尴尬，请专门的车辆来清运吧，路途远费用高不说，这点垃圾量连个
车底儿都铺不满，于情于理都划不来。无奈之下，大家心照不宣地常规处理，要么豪

爽地撒沟里，要么再讲究点儿埋地里。这两款硬核版"落叶归根"能省人事却给山野添了麻烦，怎么都有点说不过去，看来我们还得再想想其他辙。

石笼，一种用石块填充的金属网笼，原本修筑在河岸两侧，用于减缓水流的冲刷。俗话说："他山之石，可以攻玉。""土军"们既然不走了，就大大方方地入笼吧！就这样，用建筑垃圾填充长方网笼，顶部再配上木头盖板——内敛沉稳的石笼座椅诞生。它在供人休憩的同时，也给"土军"们提供了栖身之处，垃圾间交叠出的大小缝隙还成了花园里的昆虫招待所，可谓一举三得。随着日子一天天过去，存放垃圾的石笼变成了废旧建材的"百宝箱"，烤窑基座的保温层，搪炉子（即在炉膛里抹耐火材料）用到的碎瓦片，固定柱脚的填充物，都可以从石笼中随手获得，"土军"的势力也在这过程中得以逐步消减。待我们战罢三百回合，再将那些出不了笼的残部送出山不迟，相信到了那会儿，定有更合适的地方替我俩好好"收拾"它们。

如果说与土系斗法，心中还小有不甘，水系这趴（part）我们可是请来了大神相助。都知道山上最缺的就是水，对用水我们一直都是绞尽脑汁，精打细算，如今为何突然反目成仇？别误会，这里的水系垃圾指的不是地下水雨水，而是含水量高达百分之七八十的厨余。这种在城市生活垃圾中占比最高，处理起来难度颇大的湿垃圾，我们对付起来却易如反掌，那是因为山上有来者不拒的厨余处理"鸡"。每日里，我们既是"水"的生产者，又是搬运工，当新鲜的厨余被拎到鸡舍，鸡群一拥而上的刹那，胜负便已分

● 土系垃圾　门前的石笼座椅颇有"内涵"

出。每日的贴心美味，不仅让鸡群坐地分账，心情大好，还让我们在完胜对手的局面下，换回一坨坨日后的肥料和一枚枚美味的鸡蛋。这场"水仗"，我们打得酣畅！

•••• 雷与火

垃圾不减，打怪不息。比起前面的四个属性，雷系垃圾更令人生畏，真的就是个"雷"，似乎怎么也排不干净。我们在地里从不会使用它们，但在环境中还是随处可见。归纳起来，最常见的有三类，即农药瓶（袋）、化肥袋和碎农膜。这些雷系大佬们，先通过新款化学品年复一年地进入果园农地，再随着雨水的带领，走进土壤，步入自然的节律。与此同时，"甩手"掌柜们的满不在意，也让使用后的各色包装物留在地里争奇斗艳。时间长了有的被土埋去大半，露出一角，有的通过机械翻耕转入地下，从此隐姓埋名。一阵风吹过，几片残破的农膜也会藕断丝连，携手从田垄飞上山坡，留在地里的破败母体，则渐渐地碎，慢慢地作。有时它们也会被人主动收集起来，多半是作为烧柴的引燃材料，虽解了一时的燃眉之急，但总会附送雷人的有害气体。

今日雷系垃圾的种类浩如烟海，但无论对付哪一种，手套、口罩和夹子都是必备武器。切不可赤膊上阵，杀敌一千，自损八百。面对宿敌，我们的一贯战术是：路边小雷看见就扫，全面排雷主要靠聊。扫雷的时候，如果恰逢有好奇的邻里过来瞧瞧，那就自然而然地就着环境这根线唠上两句，雷的危害说说清，感情也拉拉近，团结协作自是比单打独斗强。

随着食品安全与环境问题的日益严峻，还有人们对于旧体系的反思，更友好的耕种方式正逐渐兴起，对无雷的里山我们一直充满信心。

● 雷系垃圾　每次土狗"海盗"欢快地叼回农药瓶，我们都为它捏把汗

吸油麦麸
拥有超强吸油力的干燥麦麸，是山上的"洗碗剂"，油油的碗盘用它搓一搓后再冲水，便能洁净如初，而裹了油的麦麸配上新鲜的厨余，既省去了化学洗涤剂，又让小鸡的加餐更加肥美。

● 火系垃圾　爆仓而难于处理的其他垃圾

可比起一时难缠的雷系，无穷无尽的火系才是这场战局里的最难缠。这火系指的不是山上烧柴后剩余的灰烬，柴火留下的灰虽不能燃尽，却可以重新还田，化作春泥种出美味，生活留下的"灰"（即其他垃圾），却再也难归故里，随着不堪重负的土地（填埋）将接力棒传给了一烧了之的快意（焚烧），看似化为乌有的火系垃圾，也许并没有真正离去。

不同于城市生活，山上的火系垃圾有着不同的转化逻辑，人吃剩的大骨头请狗出山，扫了土可倒门口直接还田，卫生纸动物便便一起堆肥，用木屑作猫砂没有负担。但即便如此，还会有一些火系在我们的生活中反复出镜，比如"恼人三Dai"——食品包装袋、快递包装袋及其上面缠绕的胶带，它们加在一起占了山上火系垃圾总量的八成以上。打怪打到这会儿，我们也不免黔驴技穷，拿不出什么两全之策，在每日心心念念"少即是多"，督促自己"买少用精"之外，只能将它们收集起来，任其一次次汇入城市其他垃圾的洪流当中。

思来想去，在无止息的欲望和有限的空间、资源之间，人们到底该如何自处？在这个水木土火风雷无处不在的世界里，也许每个人要对付的终极大boss就是我们自己。

客

午夜凶萌 "鸡鲜"超市血案

眼鼻间有白色纵纹 ◄

身上布满深色斑点或条纹 ◄

　　半山梯田的果园里，花阴凉儿的杏树下，无忧无虑的溜达鸡，捡到手软的柴鸡蛋。这是我们上山后对养鸡这件事最初的美好愿景。为此我们建棚舍、搭栖架、立围网、备食水，终于在果园的一角给小鸡们安了家。在业务上，蚊滋滋拥有从小儿在姥姥家照料两只母鸡的傲人资历，那时一早撒鸡，天黑前等鸡回窝，关窝门，是她每日的功课。这让我们觉得，利用鸡的归巢习性，让它们往返于果园和鸡舍之间应该行得通。就这样，在隔开鸡舍与果园的围网底部，我们自作聪明地剪开了一个小洞，让小鸡们自行早出，自觉晚归，既保证了它们每日神溜的权利，也省去了我俩开关鸡舍门的麻烦。试了些日子，居然效果还不错，小鸡们很快适应了"懒人洞"，每日早出晚归，一切尽在掌握。正当我俩沾沾自喜时，殊不知鸡舍里一场血雨腥风即将到来！

　　记得那是七月的早上，我提着半桶择卜的菜叶，上鸡舍溜达一圈。刚一进门便感觉气氛不对，满满的食盆边，横竖躺着两只鸡一动不动，看样子死去有些时间了。第一次面对这样的状况，我在惊讶之余赶紧一个劲儿回想：不对呀，昨天上来时还没事，怎么这一下就死了俩？难道是得什么传染病了吗？

　　接下来的日子里，遭遇不幸的溜达鸡数量与日俱增且景象惨烈，有的躯干遭到啃咬，有的身首异处，还有的干脆"鸡间"蒸发，全然不见了踪影。愈演愈烈的诡异剧情，让我们意识到也许对手并非疾病，而是藏匿在这山林深处的某某某，它每日在鸡舍肆意杀戮，且作案时间清一色在夜里。为了弄清是何方大神，我们在鸡舍中布设了

耳型偏圆，耳背黑色有白斑

尾巴粗而直

野外使用的红外相机，接下来的一个个暗夜里，它的样子逐渐清晰了起来。影像中，这位大神个头赛过黄鼠狼（我们之前猜测的头号嫌犯），走起路来轻盈柔软，披着一身豹子斑纹，脸却像极了我家的猫小北和秋裤。白天溜达鸡们的出入口，晚上便成了嫌犯通往"生鲜超市"的绿色通道，我的神哪，你不会就是只流浪猫吧？这传扬出去我们也太丢人了！

经过一段时间的拍摄分析，我们总算对它昼伏夜出的规律掌握一二，做好了过招的准备。一番思量后，我们选择了使用无伤害捕兽笼，把它设在鸡舍的出入口——大神每次作案的必经之路。设下的头两天没啥动静，但从拍摄的视频中我们发现，这位大神在察觉到捕兽笼后一度在鸡舍前来回踱步仔细查看，犹豫再三还是转身离去，那是相当谨慎。到了第三天，估计实在饿得发慌，最终铤而走险，只身入笼触碰了机关，只听"啪"的一声笼门关闭，首战告捷！红外相机记录下的这段无比珍贵的抓凶视频，现在再观看还是会心生激动。

次日清晨，我们终于有幸在鸡舍与大神隔笼相会，初次见面与想象有点落差，这不就是只穿着豹纹的小猫咪吗？很难相信它在一个月的时间里连吃带要，把我们二百多只鸡的队伍折腾到不足半数。

经鉴定，这位大神名叫豹猫，而我们捕到的是一只豹猫的雌性亚成体，充其量算涉世未深的小青年儿。我们给它起了个名字叫"瘦牙"，别看它的身量与一般家猫差不离，可算得上里山中的顶级捕食者。考虑到附近都是农地果园，人的活动频繁，专家认为有自然豹猫种群分布的可能性不大，这只估计是外出游玩迷路，碰巧流落此地。

豹猫

Prionailurus bengalensis

猫科豹猫属，是北京本地目前仅存的野生猫科动物。我们在山上拍到的北方亚种，虽没有像生活在南方的豹猫那般毛色鲜亮，斑纹俏丽，但身材更为彪壮，气场十足！今天的它们，有幸逃过了20世纪那段皮毛贸易的疯狂年代，但一身炫酷的豹纹还是受到了宠物市场的极力追捧。为此，常有一些野生豹猫被无良商贩捕获，非法繁育出野性难驯的"半成品"，假冒另一种经过了严格选育和认证的宠物——孟加拉豹猫，从中牟利

我们本想给它这次教训后就地放归，量它也不敢再来。可仔细一想，万一它今后把持不住，又去偷邻居家的鸡，估计就没这次好命啦——套索、兽夹，再配上口毒饵，这些量身定制的"黑"科技，任它有九条命都不够用。思来想去，我们最终选择当日驱车把"瘦牙"带出几十公里外，放归在有豹猫自然分布的保护区里，并天真地以为故事可以就此告一段落……

睡醒第二天，当我迷迷糊糊来到鸡舍准备拆卸红外相机时，一条新拍的视频引起了我的注意。嗯？昨天夜里拍的？这这……这不还是豹猫吗？难不成翻山越岭几十公里，"瘦牙"又跑回来啦？带着一脑袋疑惑，我俩只好再把捕兽笼重新设置好，几天之后，二号凶犯"胖尾"落网。这只成年雄性豹猫，比"瘦牙"更膘肥体壮，分量近似于肥宅猫，只不过一身都换成了腱子肉。它尾巴粗厚，身上的毛色更加暗沉，脾气大得很，在笼里时而冲撞时而低吼，显然大白天被人隔着笼子上下打量，让它焦躁不安。其实这会儿焦虑的不止它，我俩也质疑起之前的判断来，说前一只是误打误撞来到此地，那这次难不成是表哥来找表妹？二话不说，还是照例当天将"胖尾"放归。可还没来得及松口气，几天后相机又拍到了新来的"大表姐"……

第三只豹猫的出现，让我们确定"瘦牙"和"胖尾"的出现并非偶然。后经多方打探得知，这里本就自然分布着野生的豹猫种群，它们是"原住民"，我们才是后来人。这新人一来，就把山野里的老邻居们一个一个转移走，于情于理都有点说不过去。豹猫，如同我们一样，是里山的一部分，以邻为友，在相互依存中各自安好，也许才应该是我们之间的相处之道。于是我们转换了思路，回过头来认认真真加固鸡舍，把鸡猫共用的"懒人洞"换成了定时开关的插销门，每天早晚按时上下鸡舍，不犯懒，豹猫偷鸡的事儿自此再没发生。

伴随着"超市"歇业，豹猫们又回到了打野食儿的日子，山林里布设的相机还是常拍到它们矫健的身影，里山的秩序又重回井然。被一场美丽误会送走的"胖尾"和"瘦牙"，希望你们在他处安好，日后吃鸡加小心。

里山客

丛林大咖　红外相机什么都知道

豹猫事件已经平息，溜达鸡们也从噩梦中走了出来，那一年，我们收获了上山后的第一枚鸡蛋。那段斗智斗勇的岁月，除了让我们与豹猫结缘，也激发了我们的无限遐想：里山中，究竟还有哪些神秘邻居？作为丛林之眼，红外相机被布设在了盖娅峰顶部的一片栓皮栎林间，经冬历夏，悄无声息地替我们注视着这片貌似沉寂的山野。起初频繁入镜的都是些"老朋友"，除了自家的狗黑头、海盗、大耳贼，就是附近农家的小黄猫和大黑猪……让我俩有些汗颜，难道邻居们都被它们吓跑了？还是除了豹猫，这里压根就没别的邻居？还好没过多久……

"蚊滋滋，快看，来了一胖子！"记得那是走入我们视线的第一位山野来客。镜头中的它像极了中年发福的土狗小毛，圆滚滚一身贼肉，走起路来晃晃荡荡，弹性十足，它就是狗獾！别看它胖乎乎的，要说这山中的挖掘机技术哪家强，狗獾那是当仁不让，果园围网底部的那些个地洞，基本拜它所赐，它前脚挖好，后面其他小动物紧跟着都来借光。有时就连飞飞都嫌累的环颈雉也来蹭洞走走，让人无语。

一个六月的午夜，一只狗獾妈妈带着三只小狗獾走进了我们的镜头，娘儿四个在树林下的山石间四处嗅闻寻找食物的暖人画面，让观看的蚊滋滋顿时心生美好。我在一旁忙着手里的事，随口说了句："仨孩子才这么点儿，就已经圆咕隆咚，一定是没少偷吃园里的果子吧？"一语即出，屋内的温馨气氛顷刻土崩瓦解……其实，每到秋收

狗獾
Meles leucurus
鼬科獾属，在北京还生活着同样喜好
夜间出没的猪獾，其特色鲜明的 "猪鼻
子"，与狗獾有着明显区别

果子狸
Paguma larvata
灵猫科花面狸属，又称花面狸，主要分布于热带、
亚热带地区，华北地区算是其自然分布的北缘

果园里的红外相机今年新拍到大
家伙，目前尚不确定是纯种野猪
还是野猪与家猪的 "串儿"

季节，总会听到邻居抱怨，说自家的农地被獾刨得乱七八糟，里面种植的花生红薯一成熟就被偷吃，不熟还不来，实在太可气！同为种地之人，他的感受我很是理解。可安抚之余，又觉得哪里不对，既为邻里，我们种的红薯和花生也有不少，更没严加看管，为何这些年从没有獾来肇事？会不会是问题出在了种植地点上？我们的作物地在山脚之下，远眺山林，四下开阔，在这般暴露的环境下长途跋涉讨口饭吃，实在不是狗獾的行事风格吧。而邻居将农地开在了半山之上，把那么多好吃的种在狗獾家门口，还要求人家洁身自好，细想，是不是我们人类先越过了边界，把自家大食堂修到了人家的欢乐场？

当然，论吃水果，狗獾只能算小弟。真正的大哥还得是 "白鼻心" 果子狸，两眼之间醒目的白色条带从鼻尖一直延伸到额头，便是它的身份ID。镜头里的它扭着大胯径直向我们走来，胀鼓鼓的肚皮感觉随时可能拖地，还好它尾巴超长，不然简直就是山野版的胖猫秋裤。作为食肉兽大家庭中的果蔬爱好者，果子狸平时也沾点儿小荤（蛙、鼠、

貉
Nyctereutes procyonoides
犬科貉属，算是唯一拥有冬
眠习性的犬科动物

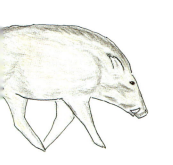

西伯利亚狍
Capreolus pygargus
鹿科狍属，多见于冬季寒冷的北方地区，是森林
中大型食肉动物的主食之一，个头不算大的它也
是目前在北京生活的唯一野生鹿科动物

昆虫等），但素食才是它们的大爱，再加上爬树在行，是与我们分享果园的绝对主力。曾几何时，它们的先辈可没这么幸运，被追求十全大补的野味风潮无情对待。我诚心希望这些饱经沧桑的小伙伴今后可在山野安好，无人打扰。

本以为盖娅峰上的大咖秀差不多快要落幕，可没想到，彩蛋来了。第一次看见它在镜头里溜达时，我们也有些蒙圈。它不是獾，也不是果子狸，有点像狐狸吧，怎么又有些——干脆面吉祥物——小浣熊的风采？不对，浣熊咱这儿根本就没分布呀。但它尖嘴猴腮，浑身上下乌乌涂涂，实在像极了掉进烟囱的小浣熊，自带哭花"烟熏妆"。相比前面这几位，这四不像邻居的知名度似乎不怎么高，向别人介绍它时经常需要借个成语才能说明白，它便是拼命把自己喂胖准备迎接严冬的一丘之"貉"。

冬去春来，转眼就来到了里山的四月，在屋旁菜地还是素面朝天时，背后的山野却已然绿上身来。我一早闲来无事，上盖娅峰取回了红外相机，准备看看邻居们最近又在搞啥事情，没等翻看几条，眼睛嘴巴全张大了，这——不是真的吧？蚊滋滋在屋外问我："怎样？有收获吗？"我强摁住心中即将引爆的小宇宙，故作镇定回了句："没什么，都是些小同志，想看就来看看呗。"蚊滋滋凑到我背后："都啥呀？神神秘秘。"我四平八稳端坐台前，看似随意地点开了一个刚看了好几遍的视频，然后把脸转向蚊滋滋，静观其变。"你不看吗？没什么是吧……啊？！哇！这是——鹿！是鹿！"刺激来得太过突然，她瞬间手舞足蹈，还有些不敢相信，"这真是咱山上拍的？！""当然啦！今天刚发现的！"我也绷不住了，站起身来，两人一起乐得直蹦。

蚊滋滋说的没有错，镜头里闲庭信步的，正是一只雌性小型鹿，名叫狍子。那时正逢它刚换去暗沉冬毛，长出棕红鲜亮的夏毛。边啃草边时不时抬头，大耳朵支棱着，探听着四下，屁屁上雪白一大撮，与周边的色彩完全跳脱，在春日林间显得分外醒目。不久后，我们又发现了雄性的狍子，头顶着三叉小角，傲娇地走在山间小路上。期待不久能透过镜头见证它们孕育出的下一代，在我们身边长大成狍。

这几年的影像记录显示，原本盘踞在山后，对我们这些两脚兽警惕有加的邻居们，如今也开始出现在离人不远的梯田间，露一小脸儿。我们白天行走的上山路，晚上变成了它们的下山道，共享里山、以邻为友不仅让日子丰富多彩，也让它们的脚步从容不迫。今后大家继续相约互不打扰，影像中再见吧。

● 我们安装在林中的红外相机拍到了狍子自在路过的身影

仙邻出没　放屁精、长虫仙、刺儿头

在山上住久了，和附近的邻居也愈发相熟起来。劳作的间隙，遇见面熟的婶子大娘，总会闲聊两句。日常的对话，无非嘘寒问暖中间杂着充满好奇的打听。

"在山上住，不害怕呀？"

"山上多好呀，有啥可怕的……"

"哎哟，哪个不怕呀……这山里头啥都有。碗口粗的大长虫，还有黄鼠狼子……那是大仙！"

"哦，黄鼠狼，有！前几天还在我们库房里逮耗子呢。长虫也有呀！还有毒蛇呢……不过碗口粗的没见过，要是真有那么大的蛇，估计就该有记者来拍新闻啦……这些都是拿耗子的专家，是咱农民的好帮手，不怕不怕。"

"嘿，这俩人儿，真行，胆儿真够大啊！"

北方农村对经常出现在人居环境中，又行踪神秘的一些野生动物，往往有着种种传说。最普遍的说法是"胡黄白柳"四大门，指被认为有灵性、能修炼成仙的四类动物。其中，胡门是狐仙，黄门是黄鼠狼大仙（后文简称"黄大仙"），白门是刺猬仙，柳门是蛇仙（亦称长虫仙）。在传说中，四大门有好有坏，有的骚扰人命，有的则知恩图报、守家安财。不过无论如何，民俗教化总是让人们对这些动物采取敬而远之的态度。在与旧社会决裂的烽火中，这些捕风捉影的迷信传说，也已被统统破除，剩下的更多是人们对这些动物的畏惧和误解，乃至因为利益冲突，有意无意发生的杀戮。

如今，由于遭遇猎捕和栖息地丧失，四大门中的狐仙们应该已经在北京的山野中绝迹，偶有在山林里撞见，往往都是从养殖场逃脱的北美赤狐。长虫仙也命运多舛，村里人基本遗忘了"白娘子"们守家安财的神力，对其更多有着"滑不溜秋"的不适感和不知从何而起的忌讳，"见面就是一铁锹"的惯常做法，让很多长虫仙丧了命。比起它们，刺猬仙的境况算好一些，人畜无害的低调保守，让它们在与人类"井水不犯河水"的相处中得以辗转生存。同是昼伏夜出的黄大仙，则只能靠着盖世轻功，顶着"偷鸡贼"与"放屁精"的帽子，艰难地穿梭于各处。

在山上生活这些年，比起盖娅峰上的大咖们，四大门的众仙（除狐狸外）确实和我们的生活靠得更近。也是这些近距离的交道，让我们对它们有了更清晰的看法，消除了一些误解。首先说说神出鬼没的黄大仙。它姓黄，名鼬，字鼠狼，由于给鸡拜年的故事过于深入人心，加之村里大叔大婶们总是声情并茂地控诉，在众多偷鸡事件后，黄鼠狼常被我们视为头号嫌犯，也难免成为"替罪狼"，最终结果便是毒药夹子双管齐下，大仙冤魂绵绵不绝。然而，只要见过它的真面目，你绝对会把它奉为食肉界的小萌兽。那一双小豆眼配上小扁耳，水蛇腰儿走起来还总是一蹿一蹿的，妖娆中透着机警，敏捷程度五颗星。虽然是食肉兽无疑，但凭借多年的红外相机记录，我们发现黄兄的铁蹄竟然未曾踏足鸡舍（也可能鸡舍的资源被豹猫一伙垄断了……），连盖娅峰和果园都少有造访，影像中的它们似乎更偏爱在与房屋邻近的库房和大棚周围转来转去。

● 至今在北京恭王府中还能看到供奉着四大仙的小庙

关于黄鼠狼的意外知识

说到这里插一句嘴，为什么研究者能收集到那么多黄鼠狼的胃呢？因为当时人们对它们的捕猎十分普遍，就只为了那一点皮子和尾巴梢上几根能形成完美笔锋的毫毛！可怜可惜！

黄鼠狼

Mustela sibirica

鼬科鼬属，又名黄鼬（Weasel）。之前曾有美国的伙伴来山上做客，在刚听说这种擅长喷射臭气的亚洲小兽时，误以为是自己家乡的北美臭鼬（Skunk）跑来了中国。看了照片才发现一身金毛的黄鼬与黑白分明的北美臭鼬根本不是一回事。现实中为了自保，许多种类的鼬科动物身上都长有臭腺，因此放“臭屁”绝非黄鼠狼的专利（插图素材来自门前被自家土狗们群殴致死的一只青涩黄鼬）

究其原因，不过是人的生活带来了食物，食物又引来了老鼠的聚集，黄兄这才来此串门儿呀。更有专业学者，在20世纪80年代就做了认真的研究，收集了近五千个黄鼬的胃进行食性分析，最后只在两个样本里发现有家禽的成分，揭晓鼠类才是黄鼠狼的绝对主食。近些年，甚至有一些城市看上了大仙的捕鼠实力，专门引入黄鼠狼种群，到社区里控制鼠患，效果斐然。至此，黄大仙的“偷鸡贼”骂名看来可以推翻啦！今后再遇见他老人家，不如拱手一揖，毕竟远亲不如近邻。

比起黄大仙和人难免“马勺碰锅沿儿”，“白门”刺猬仙算能与村里人相安无事。刺猬同样佩有一双豆儿眼儿，滴溜溜透着机灵，再配上一身刺儿头，个性十足。由于天生身材浑圆、四肢短小，行动总显得笨拙而缓慢，它们总自带憨态可掬的亲切感。要问为啥行动迟缓，想想人家一身锋芒毕露的行头，便知这叫有恃无恐呀！但凡遇到风吹草动，就在原地蜷缩一团，任凭那些个大胆包天的捕食者抓耳挠腮，刺猬仙就只有一句潜台词：“来呀！相互伤害吧！有本事你给我一拳，踢我一脚……要是动动地方，我都不姓刺！”这份以静制动的沉着，让它瞬间封神。

当然，苍蝇再小也是肉，刺猬再尿也是食肉兽！千万不要被刺猬偷枣的桥段误导，人家可是食量惊人的大胃王，除了摄取少量植物性食物，更爱吃各种虫虫，连一些两栖

东北刺猬
Erinaceus amurensis
猬科猬属。山上的相机曾拍到过一只奋力钻出围
网的狗獾，嘴里叼着一只晃晃荡荡的肥刺猬，真
不知它是如何做到的

爬行小动物，也得统统到碗里来！就问，传说中那个偷偷摸摸摇晃枣树，还扎一身果子满世界浪的二百五是怎么被杜撰出来的？不过，刺猬仙虽有一袭刺皮傍身，让许多捕食者干瞪眼下不去嘴，米粒大小的蜱虫还是找到了其"金钟罩"的破解术，游走在根根尖刺的缝隙之间大肆吸血。我们在山上便遭遇过这样的场景，如今回想起那只身量小小的刺猬身上，密密匝匝叮着黄豆大小的蜱虫，仍不免起一身的鸡皮疙瘩——绝对是密恐人士的噩梦。那些被迫在城区里混的刺猬大仙，为了谋生，甚至在爱心人士施舍给流浪猫狗的食盆里吃起猫粮狗粮。昔日大仙沦落至此，怎一个惨字了得。

幸好，在北京这座巨型都市背后，还有着层层叠叠的山坡沟谷。这样平凡朴素的里山，不仅是繁华都市的宁静后花园，也是黄鼠狼、刺猬这样的野生动物得以避难求生的港湾。枝丫密布的荒野里，有的是暖烘烘的缝隙，可以让这些忙碌奔波的灵魂寻觅到心满意足的安乐窝；农家的田园、房舍和牲畜圈棚间，也有充足的食物等着它们去探索发现。

平和的月夜，莽莽树影之下，一串串细碎的脚步来来回回，是我们的大仙邻居们在忙着生活，更为里山裹上了一层淡淡的仙气。

鼠兄鼠弟　大可不必赶尽杀绝

"硕鼠硕鼠，无食我黍……"估计对这两句古文，很多人早已烂熟于心。的确，受悠长的农耕文明影响，似乎一切鼠辈都被自然而然地当成我们完美生活的绝对阻力，唯有人人喊打而后快。也正因为此，铺天盖地的各种捕杀大法，差不多已让大部分鼠辈从繁华都市销声匿迹，至少在霓虹灯的Bling-bling之下，已经看得没那么清楚了。当我们偶然提及"鼠"字，要么换来一声尖叫后的悻悻然，要么让人们想到那些习惯了脚蹬转轮刻板奔跑的超重仓鼠和豚鼠。

自从搬到山上住，我们和这些精灵鼠小弟的距离似乎一下子拉近了。不大的农舍之外，是空旷的菜园、农田和山野，那里面有的是瞪着一双小圆眼儿，龇着两颗大板牙，躲藏在隐秘角落里的鼠兄鼠弟。据说在东北，人们对这些常常出现在房前屋后的鼠类曾有一番原始的顶礼膜拜，在四大门（仙）的基础上，把它尊为位列第五的灰仙。这也不难理解，鼠类繁殖力超级强，又有着几乎无所不吃的超强"食力"，从古到今保持着旺盛生命力，还常年与人密切伴生——就冲这些，人们也得对鼠爷敬畏三分吧。

我们房前屋后最常见的主要是小家鼠和褐家鼠（大家鼠）两种。鼠如其名，它俩虽然体型差异明显，但都乐于与人类相伴而生。"龙生龙，凤生凤，老鼠的儿子会打洞"说的就是它们的本领了。小家鼠大家鼠还都是重要的实验室动物，经过选育的它们世世代代都为人类在生命科学等领域的探索做着贡献，所以面对里山中的鼠爷们，我们一直有着几分敬意。此外，也不得不对它们的生存智慧暗自钦佩。

● 钻进玉米桶里的老鼠，不知自己大限将至

首先说说鼠爷的安居选址。截至目前，我们在山上目击鼠类最多的位置有三个。一为温室大棚（兼用于存放动物食料），二为动物厩棚，三是堆肥栏。鼠爷选择温室大棚和动物厩棚的原因好理解，两个地方都有充足的食物（玉米、麦麸等），可谓吃喝不愁；而堆肥栏里除有丰富的食物，还散发出较多的热量，吸引不少昆虫到来，这些也是鼠爷来此定居的充分理由吧。另外，这三个地方还有的是柔软细密的筑巢材料，很方便鼠爷在吃喝玩乐的同时盖房、娶妻、生娃娃。

说到巢穴，更要赞许鼠爷的手艺和品位了。有一次，长角羚自己在温室大棚里整理物资，没一会儿，我就听见里面发出情感复杂的喊叫——"快来看！"我赶紧放下手中的活儿，三步并两步冲进去一看，是一窝刚刚长毛还没睁眼的小鼠仔。肉丸子一般的鼠仔们弱不禁风，但鉴于农夫与鼠势不两立的传统……此处还是省去长角羚处理小鼠的一千个字吧。其实，比起萌萌鼠仔，那一团看似杂乱无章的东东更加引我注意。这乱扎扎、毛茸茸的一团，形似一个椭圆形的橄榄球，是长角羚挪动农具时在缝隙里发现的。它的最外层是各种干枯的野草，有些凌乱，但显然通过编织形成了一个整体；里面是相对柔软密实的一层，仔细看，好像是由一些粗粗的兽毛絮成，再定睛观瞧，咦！好像有羊毛，还有塑料线绳和塑料布等成分，这不就是一个保暖层吗？！最里面与小鼠仔亲密接触的那一层，应该是更加柔软细密的灰色绒毛，估计是鼠爹鼠妈亲身奉献给孩子的礼物吧！

不过，再仙气十足，也是偷粮毁物的"鼠东西"。作为在土地上生

活的农民，即便对自然万物再怎样尊敬，如若任由鼠爷肆虐，无异自寻绝路。坦白说，对只是偷偷摸摸的行为，我们还可以睁一只眼闭一只眼，可鼠爷出身啮齿类家族，统统长了一副一辈子不能停止生长的大板儿牙。什么意思呢？就是如果鼠爷们找不到坚硬的物体每天磨磨牙，门齿就会一直生长，以至于最终长成让它们不能闭嘴进食的螺旋形。于是乎，但凡鼠爷可以找到的物件儿，无论大小轻重，都无一幸免地被"咔哧咔哧"嗑咬一通。要问这些年长角羚损失了多少宝贝，那真是说多了都是泪呀！

当然，即便要对鼠爷展开反制，也大可不必赶尽杀绝。事实证明，老鼠药等有毒的人类智慧结晶面对鼠爷强大的繁殖力和生存力从未真正占过上风。倒是那些大自然中本就存在的鼠类天敌往往因此受害，结果得不偿失。根据我们的日常观察，黄鼠狼和蛇类，经常出现在鼠爷的地盘，它们修长灵活的身体，可以尾随鼠类直入洞穴将其

小家鼠
Mus musculus
鼠科小鼠属，House Mouse 本尊，
与大家鼠是两个完全不同的物种，
并非大家鼠的童年款

褐家鼠
Rattus norvegicus
鼠科家鼠属，又称大家鼠，个头大，与
小家鼠一样最初起源于亚洲，如今扩散
至全球，英文中被称作Brown Rat

歼灭。农地里散养加流浪的猫也是名副其实的捕鼠能手，它们具有敏锐的感官，可以轻松发现鼠类的藏身处，还有超久的耐心和潜伏本领，可在鼠类放松警惕时，给予致命一击。讲真，我们布设在农舍旁的红外相机经常捕捉到家猫叼着老鼠匆匆路过的画面，频率绝不输给黄大仙！你看，自然不只有弱肉强食的丛林法则，这种"一物降一物"的生态关系，似乎更值得我们借鉴。

除了大小家鼠，在我们的田野里还能看到松鼠家族的两大门派弟子。一种是岩松鼠，俗称扫毛子，圆圆的脑袋上一双小小的耳朵，有着土壤颜色的皮毛，要不是背后

一条蓬松的大尾巴摇摇荡荡，很容易被误认为一般鼠类。岩松鼠体型中等，虽不比欧洲和北美亲戚的大个头儿，却是真材实料的攀爬高手，即便是在地面上活动，也能瞬间找到最佳着力点，无论凭借岩石还是树枝，三两步就能蹿出老远，轻轻松松把危险甩在身后。另一种叫作花鼠，又称五道眉，没有岩松鼠那般高频亮相，我们每年在山上也就是见它两三面。它们的个头儿比岩松鼠小一些，但同样能"高来高去"，背后披着五条非常明显的黑线，很是抢眼。

终归是懂得人间险恶的野生动物，不管岩松鼠还是花鼠，都警惕性十足，与我们之间的安全距离也保持得远远的。不过，到了秋冬，在我们采收农作物后，它们还是会挨不过美食诱惑，以及受生物钟驱使（松鼠们在入冬前会大量搜集食物并四处埋藏储存，以备冬日食用），经常到房前屋后顺手牵粮。

身为鼠族，最难抵挡的诱惑，自然是富含油脂或者碳水的食物，花生米和玉米粒都是它们无法释怀的偏爱。上大学时，参加动物课实习的我需要在野外布设鼠夹调查啮齿动物的种类和数量，那时为了半颗花生米命丧黄泉的各路鼠杰可谓不计其数呀！在家门前，也曾经撞见过岩松鼠偷盗我们晾晒的花生，也许是我们在山上这几年太过与邻为善，被撞见作案现场的岩松鼠竟然毫无惧色，在我的眼皮子底下，又往腮帮子里塞了两颗大大的花生米，才得意地转身离去。那种被无视的失落感我至今记在心头。

不过，岩松鼠和花鼠的功夫再了得，生活还是异常艰辛的。虽然食物不算匮乏，但在天上猛禽地下兽的各路夹击下，仍得夹着尾巴求生。人类也时常在冬季对它们展开猎捕，被抓去的，沦为流入市场的笼养宠物还能保命，被当作偏方灵药出售，结局才叫凄惨。在本地就有"扫毛子治跌打损伤"的民间偏方，据说要把整只岩松鼠放在炭火

玉米粒

核桃

上用瓦片焙干后磨成粉，然后给骨折后的病人服用，说是可以加快病人恢复的速度。讲到这里，我不由得脊梁根儿一个劲儿发凉……

在我们的文化中，鼠确实一直不受待见。从"胆小如鼠""鼠目寸光"到"贼眉鼠眼""獐头鼠目"，再到"老鼠过街，人人喊打"，几乎与鼠关联的成语都给人避之唯恐不及之感。然而，各样的鼠几乎占据了哺乳动物界的半壁江山，是我们无法彻底摆脱的存在。不如转念想想，鼠这一强大的族群在以超强竞争力抢夺资源的同时，不也关系着整个生态系统的稳定发展吗？曾经有一个发人深省的问题：如果有一天蜜蜂不存在了，世界将会怎样？换成"鼠类"也同样令人深思吧。既然无法也不必要将它们赶尽杀绝，不如探索如何在相生相克的世界中与其共存。

板栗

岩松鼠
Sciurotamias davidianus
松鼠科岩松鼠属，
为中国特有种

花生仁

松塔

花鼠
Tamias sibiricus
松鼠科花鼠属

● 生活在山林中的松鼠更喜欢食用核桃、松子，而在农舍附近出没的家鼠们往往先从粮食下手

蛇惊病　狭路相逢离者胜

　　也许是承继了习惯树栖的老祖宗遗传下来的本能，人们对蛇的恐惧似乎与生俱来。在众多的文化中，蛇也常常是神秘、令人生畏，甚至邪恶的形象。即便当下蛇族受累于环境恶化以及种群濒危，早已难觅踪影，那条弯弯绕绕没有四肢却仍能灵活游走的光滑身体，还是常给人们带来一阵寒战。

　　我们所在的小山经常干旱缺水，两栖和爬行动物的种类及数量都不是特别多。这也意味着，能在这里生存下来的，一定都是适应力超级强大的狠角色。在地里干活的时候，和大叔大婶们闲谈，难免会聊上几句有关蛇的话题。言谈话语之间，当地农户对蛇的敬畏显露无遗，很多人坚信在山里更深的地方，仍有庞然巨蟒盘踞。不过，对蛇的畏惧，也往往转变成过于激烈的反击，经常听大叔大婶提到，要是在房前屋后看见蛇，就该二话不说，上去便是一铁锹。听到这里，我们心里常常不是滋味，因为我们知道有些蛇并非要来害人，实实在在只是来混口饭吃。

　　在山上生活这几年，先后见过三种蛇：身体粗壮的是赤峰锦蛇，喜欢潮湿环境多在山沟里游走的是赤链蛇（很遗憾，目前为止还没见过活的），个头不大、灰头土脸的则是短尾蝮蛇。关于它们的特征样

赤峰锦蛇
Elaphe anomala
游蛇科锦蛇属大型蛇，
体长1.5至2米，无毒

貌，可见手绘。这里想强调的是，在北京这样的地方，看到大蛇（特别长度超过一个成年人身高的大蛇），不必急着大惊失色，它们反而常常性情温顺，那些小个子才可能是暗藏杀机的毒物，对其应该多加小心。

我们山上最常见的大个子非赤峰锦蛇莫属。虽然个头儿大，但天性害羞，很少能在野外见到它们大摇大摆、招摇过市的样子。有时候看到了，往往也是一段蛇蜕，或是一节露在洞穴或缝隙外的尾巴——本尊应是在洞中探索老鼠的踪迹吧。正是因为蛇有神龙见首不见尾的特点，会被心生忐忑的目击者传说成无比巨大的怪蟒形象。和蛇相关的夸大其词、以讹传讹现象很普遍。赤峰锦蛇是我们这里首屈一指的捕鼠大户，特别是对付个头大的褐家鼠，赤峰锦蛇的身材有着明显优势，无论力气还是速度都很厉害，再加上那么一点细细搜寻的耐心，简直无往而不胜。

因为赤峰锦蛇嗜鼠如命，更偏爱在农家房舍周围活动，常常受到人的伤害。有一年端午前后，和我们相熟的一位大婶来电求助，说在自家的窝棚里发现大蛇。赶到现场，见到的是一对正在交配的赤峰锦蛇。蛇被抓住后，大婶一脸惨白抄起铁锹就要拍，我们赶紧拦下，用尽浑身解数介绍了赤峰锦蛇的温顺可爱，大婶才松了口，千叮咛万嘱咐不要把蛇放在附近，务必越远越好！于是，我们连夜开车带着大蛇，走了十几公里，最终将它还给山野。唉！怎么就想起了许仙和白娘子……

比起赤峰锦蛇，短尾蝮绝对是蛇界小个子。毒性强的它们，往往不会主动追击猎物，而是在咽喉要道处选择个隐蔽位置守株待兔，给从旁经过的猎物来上致命的一口。凭借这手功夫，它们在山上生存得心应手。隔壁山头儿的大叔，曾经在一个清冷的早晨遭遇蛇咬。大叔的形容简单又直接："疼，疼得我呗儿呗儿直蹦！"除了疼以外，根据大叔描述，伤口周围发黑、被咬手臂水肿等症状也会迅速地出现（蝮

赤链蛇
Lycodon rufozonatus
游蛇科链蛇属微毒蛇，
体长1至1.5米

蛇的毒素包括了神经毒素和血液循环毒素，以上症状都是这两种毒素起作用）。大叔是非常有经验的山里人，据说年轻时套兔子打狐狸都不在话下（现在，想都别想哈！），可面对这蝮蛇的咬伤，丝毫不敢怠慢，尽量让自己不乱动，以减缓毒素扩散，同时叫了120送到解放军总医院第一附属医院救治（那里有专治毒虫毒蛇咬伤的科室，长期存有抗蝮蛇蛇毒血清，请牢记）。

看完上面惊险的一幕，估计很多人的"蛇惊病"要爆发。想想遭遇毒蛇咬伤的痛苦，在看那些绿水青山，是不是瞬间变得不那么美好了呢？其实不必惊慌，因为"天下毒虫，治不如防"，而防不如"以邻为友"。要知道，在北京，某个地方能看到蛇，意味着这里仍有一个自成一体的小小生态系统，可以支持这样的捕食者在其中安身立命。以短尾蝮为例，它的日常食物无非是小型两栖爬行动物（蛙、蟾蜍、蜥蜴等）、鼠类和鸟类（含鸟卵），再加上个子不大又懒得动，并不是那种争强好胜的性格，平时没事儿不会和人过不去。而且人家是晨昏型蛇类，这意味着响晴薄日的大白天，它们通常躲在洞里休息，只在一早一晚出来觅食或者社交，所以在野外目击短尾蝮的概率并不高。大叔被咬，恰恰是因为他在凉爽的大清早去果园蹚湿漉漉的野草，又省略了打草惊蛇环节，结果与躲在草丛中的蝮蛇撞个正着，意外"中彩"。

当然，真的与它狭路相逢了，我也劝各位远远绕开，咱们各行其道才能相安无事。切不可聚众凑近了逼视人家，更不能拿棍子挑拨人家，捡块石头又砍又砸。因为当短尾蝮感受到威胁，又退无可退之时，一定会果断而快速地给你一口。

根据上面的描述，你可能觉得短尾蝮像灭霸一样无敌了吧？请相信我，在万法归宗的大自然里，能称王称霸的往往都"化石"了，一条普通的山路和一辆疾驰的车就足以要了它们的命。在我们这里，短

● 大地烤窑上惊现蛇蜕，凹凸不平的石砌基座竟被智慧小蛇玩出了新花样

短尾蝮
Gloydius brevicaudus
蝰科亚洲蝮属小型蛇，体长 50～80 厘米。
北京附近山区自然分布着三种剧毒蛇，除
短尾蝮外，还有同一属下体型相近的华北
蝮和西伯利亚蝮

尾蝮的活跃期一般是夏季，特别端午节前后，正逢它们交配繁殖的时节。由于喜欢在光线不是很足的晨昏活动，山间的水泥公路傍晚多又温暖，不管是为了浪漫邂逅还是借火取暖，短尾蝮容易在这个时段成为"路杀"的受害者。

交配之后，经过一段时间的孕育，短尾蝮妈妈会诞出小蛇（短尾蝮为卵胎生：肚子里是卵，生出来是蛇）。一条年幼的短尾蝮想活到成年，得先逃过一切天敌的围剿。这些天敌包括但不限于黄鼠狼、獾、刺猬、红嘴蓝鹊以及家猫。我们养在山上的家猫秋裤和小北——待在库房足不出户的大小姐，每年出手猎杀的短尾蝮幼蛇，大概不少于三条……小蝮蛇，长点儿记性吧，没事儿别瞎往小黑屋里钻。

窥一斑见全豹，有剧毒护身的短尾蝮尚且如此，那些相对温顺无毒的大个子，日子就更艰难了。生命的形态多姿多彩，无论艳丽华美还是丑陋凶悍，都是因为活命而各自演化出的生存之道。它们之间，不管是和谐共生还是博弈而食，都已经弥合出了某种平衡的秩序，与其因为对不同生命的未知而惊惧误解，不如多去探索发现。

03

隐于棕色

疏松的土壤、粗糙的树皮、脚下的岩石、萧瑟的枯叶……棕，这种自然而普遍的底色，为藏匿其间的生灵提供着庇护，也衬托出里山万物的多变质感。

● 家养大鹅们在自己用干草修筑的巢里孵了一窝臭蛋

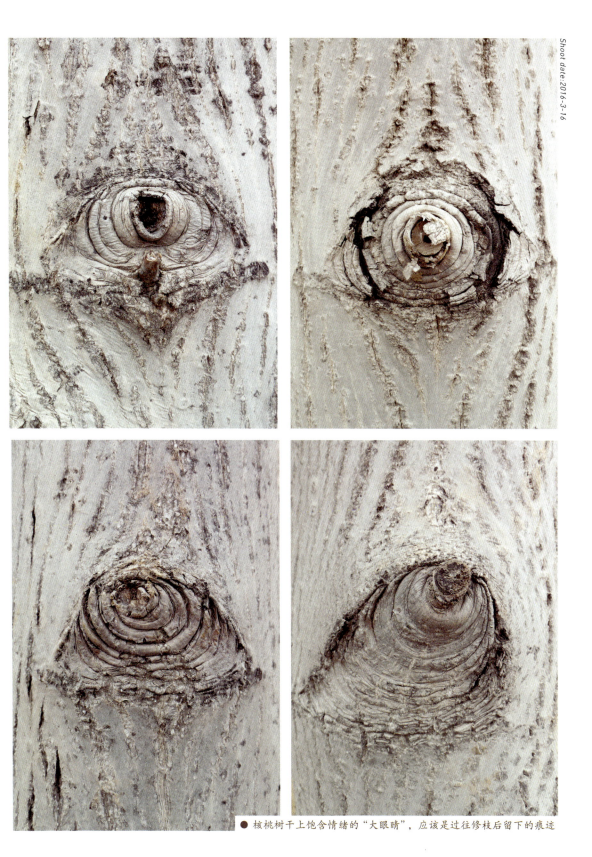

● 核桃树干上饱含情绪的"大眼睛"，应该是过往修枝后留下的痕迹

● 1.受惊的天幕毛虫蜷成一团，平时的霸气去哪儿了？ 2.清晨在路边发现一只黄纹石龙子，等待太阳升起为身体加温。 3.尺蠖？树枝儿？好吧，伪装大师尺蠖，你赢了！ 4.有粮的地方就有鼠，有鼠的地方就有洞。 5.曾经在果园的红外相机里看到过一只狗獾叼着一只刺猬，不会就是它吧？ 6.在林中散步经常能看到掉落的羽毛，这该是我们与飞鸟最近的距离。 7.土狗海盗的黑面白臀，永远那么让人着迷，猜猜看另一侧的配色吧。

● 1.每一只耀眼甲虫的童年都是一枚土肥圆。2.有点凶的短尾蝮,被猫咪见一次削一次,但依然前赴后继。
3.明明只是粒苍耳果实,却有种史前怪兽的霸气。4.螺蠃用泥巴垒砌的生态育儿室,结实又保暖。5.锯开
枯死的桃树,多半会发现这样的孔洞,蛀干昆虫的家就这样被强拆了。6.一只被拍打在地的红颈天牛,它
可是许多果树的灭霸,每年盛夏,长角羚都要在大中午巡查果园,对它们实施抓捕。

●7. 顶着一对彪悍大颚的褐黄前锹甲，别看是素食者，打起架来可不含糊。8. 一只中华大蟾蜍被我们从土里刨出来，明显不高兴了，耳后腺上残留的白色毒液（蟾酥）说明了一切。9. 一到秋天，外面的壁虎就开始玩命往屋里钻，这不，又扔出来一条。10. 一早在库房的砖地上发现一坨蚯蚓粪，但愿本尊没被房里的猫拍扁。11. 昼伏夜出的黄大仙，于小花园里被忠于职守的加班狗K.O.。

Shoot date:2018-5-6

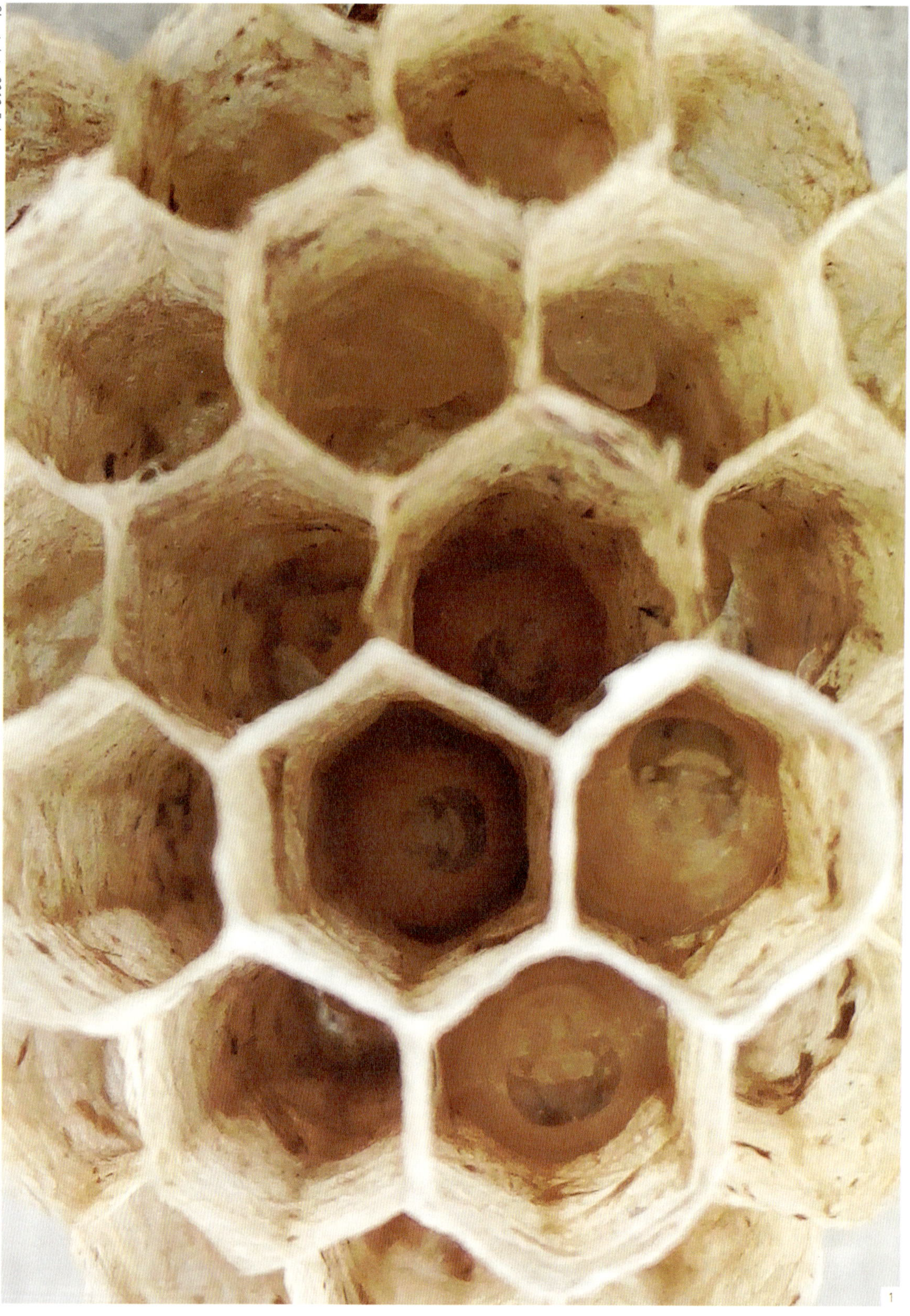

1

● 1.山下村中偶遇一块鬼斧神工的蜂巢,以植物纤维砌筑成严格的六角柱状体,有瓦楞纸箱的质感。2.横在山路中央的棒络新妇正企盼着下一份肥美的食物"过网",却被我俩的登山杖搅乱了布局。3.喜欢在阴暗潮湿角落活动的蜈蚣,被两只家猫溺毙在了水盆里。我只是把它捞出来,拍了张遗像。4.大清早还有些凉,一只金凤蝶落在门前的石子路上,好像在晒太阳取暖。

北方狭口蛙和山地麻蜥　气鼓鼓与行如风

　　作为北京的地标建筑，北京动物园承载了太多小伙伴儿时的向往。记得北京市政府曾经提出过将动物园搬离市区的议案，一时间激起千层浪。虽然正反方各执一词，当一句"没有了北京动物园的北京城，您能想象吗？"划过长空，一切喧闹一下子平静下来。

　　在下不才，正是北京动物园的铁粉一枚。记得小时候周休一日，每当爸妈问我礼拜天去哪里玩儿，我都会毫不犹豫地说出"动物园"三个字。看狗熊作揖，猴王搔痒，到小动物园喂喂山羊顺便和它们比比力气，都是儿时乐此不疲的游戏。当然，每次必游的还要数巍然矗立的两栖爬行动物馆。在儿时的记忆中，两爬馆算是北京动物园里数一数二的现代建筑了。那里不仅展示着许多安静低调的冷血动物，更尽量营造出了适合它们生活的模拟生境，当时的我觉得老高级了！

　　不过，自从大学念了生命科学，我的想法渐渐转变。那些有着恒温恒湿人工光源的笼舍被我疏远，反而那种在自然生境中与另一种生命不期而遇的惊奇成了心头好。搬到山上住的这几年，农舍周围的草地、田野、果园和紧挨着的小山，大大地满足了我对这惊奇之心的渴望。当我再次遇到那些可以一直保持冷静低调的两爬动物时，心一阵怦怦乱跳，因为这次，我是站在了它们的家门口呢。

　　北方狭口蛙的名字听上去有些拗口，是一种相貌平平又着实了不起的家伙。出身姬蛙家族的它们，个子不大却似乎比更多的蛙类懂得在陆地上生存的奥义。每年的

北方狭口蛙
Kaloula borealis
姬蛙科狭口蛙属，别看肚儿大腿儿短不咋跳，但从它 Digging Frog 的英文名就能感受到其深厚的挖掘功力

从小我就和其他蝌蚪很不一样

对水的依赖性
在山上，身为两栖类中超耐旱的北方狭口蛙，在骄阳的炙烤下，纵然可以钻入土中防晒保湿不问世事，但到了繁殖时节，终究还是离不开水。而山地麻蜥作为爬行动物的小代表，生娃时却不需要看"水坑"脸色，还是可以随心所欲畅游山野，产下的蛋（羊膜卵）俨然是有外壳保护的小小水世界。

七、八月份，借着北京雨季的倾盆而下，哪怕是地里一个短暂积存的水坑儿，只要能维持三个星期以上不干掉，就能成为它们结婚生子的欢乐场。

最早留意到这些小家伙的存在，是在一场大雨过后的夜晚。一天的闷热刚刚被风雨交加急促洗涤一空，我们把农舍的窗子全都打开，想让穿堂风灌满一屋子的清爽。没承想，随风而来的，还有一阵阵此起彼伏的呱呱声。虽能听出是蛙类求偶的鸣唱，但和我们熟悉的蟾蜍声大相径庭。感觉这些吹鼓手都特别卖力，以至于喇叭里有些进水，起头高亢响亮，却难免有闷哑的余音。求教了高人，才明了这就是北方狭口蛙了。

自从得知有北方狭口蛙为邻，我们就一直留意农舍前的小型人工湿地，希望能一睹神秘邻居的花容月貌。功夫不负有心人，一次偶然的松土，让一个浑身滚圆、四肢弱小的黏腻小家伙儿暴露了它的所在。捧在手里仔细观察，见它后足自带挖土"小铲"，确认是北方狭口蛙无疑。更有意思的是，上手不过一两分钟，人家已经把自己气成了一只皮球，俨然"蛤蟆神功"既视感。不敢慢待大神，赶紧将它放归草丛，竟然三两下工夫就又遁入土中了。在有幸偶遇了成年北方狭口蛙之后，心下还一直惦记着看看它的宝宝，于是，每逢大雨过后，我都会不自觉地留意那些长期存在的深一脚浅一脚的水坑儿。然而这举动除了引来地头大叔大婶儿们狐疑的眼神，并没带来特别的发现。

突有一日，从鸡舍捡鸡蛋回来的长角羚兴奋地告诉我，他在鸡舍所在的果园里看到了一些蝌蚪。当我听到他评头论足，说那些蝌蚪"长得怪怪的"时，心中立刻一个激动，二话不说来到长角羚说的水坑儿查看。原来，这里是我们为防止鸡舍倒灌雨水挖掘的引水沟渠，在沟渠的集水侧，想着可以给大鹅安排个戏水的季节性池塘，铺设了一块防渗布。没承想，大鹅毫无兴趣的水坑儿，今天成了北方狭口蛙部落的育婴堂，也算是歪打正着的功绩一件吧！可喜可贺！

俗话说"人往高处走，水向低处流"，既然容易积水的低洼地可以容得北方狭口蛙这样的两栖动物栖身，那么山路弯弯、怪石嶙峋的干旱山坡也应该能让"繁殖无须水"的爬行一族安居乐业吧？没错，行如风、静如松的山地麻蜥在此！

每当越过鸡舍，沿着狭窄的山路上行，经常能在岩石风化形成的沙砾小路上，看到一闪而过的山地麻蜥。够幸运的话，还能看到三两只一起出现。随着你的脚步，它们似乎在用风驰电掣的疾奔逃窜，又并不跑远，以进三退二的步法平行于你的视线，让人想到《侏罗纪公园》里智力超群的恐龙猎手。特别喜欢在行山时遇见奔跑的山地麻蜥，眼睛紧追着它们轻快的步点，徒步中的枯燥与疲惫荡然无存。循着那似有若无的细长身形，几乎可以听见它们的脚爪与沙砾摩擦出的动静。一下子，那个流线型的身体就隐遁无踪，却也能让人端详片刻那去处里一朵小花正开得粉红。

春夏时常常看到一些山地麻蜥的身体两侧变得通红，映衬出脊背上夺人眼目的斑点，想来是爱情的力量吧。如你恰巧看到一只，又细又长的尾巴末端有淡淡的蓝色，它可能还是没满月的小小少年。每年春夏都能在门前的香草园里看到个把山地麻蜥，也许是长角羚最爱的砌石把它们吸引至此，毕竟它们需要借助石缝中的洞穴孵化后代。看到我们的工作能收获山地麻蜥们"用脚投票"，还真是欣慰呢！你可知，当我在网络上查阅关于它们的资料，竟然有大量内容在描述如何野捕贩售。每每读到，心中总会浮现出一个个瑟缩微小的身影，还有那枯萎的粉红小花。

幸好，当下我们家还能与这些冷静低调的邻居为伴。我们听得到，北方狭口蛙那卖力的歌唱；我们看得见，山地麻蜥恋爱时那羞涩的两抹绯红；我们也深深知道，那些都不是也不必是对我们的讨好。

山地麻蜥
Eremias brenchleyi
蜥蜴科麻蜥属，多见于华北地区

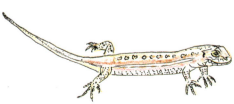

北红尾鸲　屋顶上的秘恋

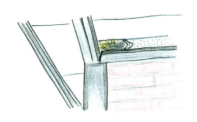

● 在户厕的吊顶里，北红尾鸲占领了头年麻雀啄开的洞，在此安了家

大概是十几年前，参加过一次环保观影会，活动中放映的是法国著名导演雅克·贝汉的作品《迁徙的鸟》。影片一开场，典型的欧洲田园风光中，一只羽色鲜亮、身姿灵动的欧亚鸲正在哺育幼鸟。虽多年过去，这样温馨的场景一直留在心间，念念不忘。

在我们的花园里，也有一种类似欧亚鸲的小鸟，名为北红尾鸲。它们最突出的特点是那席橙红色的、会微微上下抖动的尾羽，以及停落时发出的"滴 —— 滴 —— 滴"的清脆鸣唱。雄鸟的羽色更为艳丽，灰色、黑色和橙红色碰撞得十分高级。每年春天，北红尾鸲便来到山上，一入深秋就不太容易看到了，如此这般年复一年。

北红尾鸲个子较小，却绝对是个"食虫控"，估计因为这个原因，常看见它们在农田与野地交汇的区域活动及觅食。与其他那些胆小怕人的鸟儿不同，北红尾鸲似乎对人有天生的好感，不仅不会在发现有人后惊慌失措，更常常选择农舍隐蔽的角落筑巢繁殖呢。

这些年里，我们在房前屋后一直都能看到北红尾鸲的身影，甚至还能见到雌雄二鸟在枝头温婉叙鸣、比翼双飞的美好画面，但一直没发现准备孕育宝宝的北红尾鸲夫妇窥探我们农舍寻找巢址的举动。也许，是我们在这里居住得还不够久，还不能让它们放心和我们做邻居？

直到一年初夏，我们发现一只北红尾鸲先生经常在长角羚的香草花园里来回巡视，有时，甚至叼着小树枝或者草茎在一些狭小的缝隙前试探。这个典型的筑巢行为一下子让我们乐开了花，似乎北红尾鸲夫妇到我家生儿育女的日子不会太远了。留意了一段时间，发现北红尾鸲的小心思很快被本地"老炮儿"麻雀们给识破了。要知道，我家农舍屋顶上，大大小小能够给这些小鸟筑巢使用的孔洞，都是这些老家贼一口一口嗑出来的呀！麻雀一族的老老小小，岂能容忍这个外来户顺手摘桃？经过一个夏天的拉锯，北红尾鸲先生始终没能占据一席之地，七月一过，这一年的繁殖季也就全剧终了。虽然很为它遗憾，但是想想，大自然里的你争我夺远要比这样的结局残酷很多。无论如何，那个夏天的北红尾鸲先生还是在我们的花园里吃到了足够多的虫子，如果可以活下去，就一定会等到机会吧。

果然，一年后的春夏之交，我们惊喜地发现，那只北红尾鸲先生（希望还是原来那位……）成功避过了一众麻雀的围追堵截，迎娶到

"声优"大杜鹃

每年在与众多夏候鸟的交集中，有许多鸟是只闻其声，难遇本尊的。其中有大杜鹃（*Cuculus canorus*），又名布谷鸟，它"布——谷——布——谷"的鸣叫声在整个夏天响彻山谷，抓人耳朵。一位挪威作曲家还根据这一自然的韵律，创作出了举世闻名的《杜鹃圆舞曲》。

亲鸟的修养

在孵卵和育雏期间，北红尾鸲的亲鸟都会频繁进出鸟巢，但为了避免暴露位置，减少天敌对幼鸟的伤害，亲鸟会表现得相当谨慎，直到它们认为是最佳时机才会迅速地完成进出鸟巢的动作。

居留类型	特点
候鸟	夏候鸟：春夏季迁徙来到本地进行繁殖，秋季离开，飞往越冬地。如常见的家燕和苍鹭都属于北京的夏候鸟。
	冬候鸟：秋冬季迁徙到本地越冬，春季离开，飞往繁殖地，冬季常见的绿头鸭、灰鹤等，都属于北京的冬候鸟。
留鸟	不迁徙，长期在本地生活，如我们一年到头都能见到的麻雀、喜鹊等。
旅鸟	既不在本地繁殖，又不在本地越冬，而是迁徙途中的"过路鸟"。北京位于鸟类迁徙通道上，每年来往的鸟种繁多，一春一秋的迁徙季往往是观鸟的最佳季节。

北红尾鸲
Phoenicurus auroreus
雀形目鹟科。在国内广泛分布，多以长江
以北地区为繁殖地，以南为越冬地。在北
京为夏候鸟，也有作为留鸟的记录

了美丽的新娘，在我们户外厕所的房顶隔层里安了家。起初我们还不是很确定，只觉得最近这对夫妇总在房前屋后装神秘，一会儿在大桑树枝头盯着我们的一举一动，一会儿又不见了踪影。突然有一天，它俩开始衔着满嘴的虫虫停落在房前，我们这才意识到，鸟宝宝应该已经诞生了！一天天过去，随着对北红尾鸲夫妇的关注度越来越高，我们发现，这对鸟爸妈照顾宝宝时还真是开启了拼命三郎模式！

首先，是每天高频次的喂食。透过红外相机的记录，亲鸟们在那段时间天没亮就出门，一路忙乎到天擦黑，中间快的时候几分钟就能来回一趟，据说最多的时候一天喂食超过200次，那一嘴一嘴的都是肉呀（看到这里，农夫长角羚肯定乐坏了）！而宝宝们的消化道都很短（就是我们常说的直肠子），吃了虫虫很快就会拉臭臭。育雏期间，亲鸟们不仅要轮番给宝宝喂食，还要将这些臭臭统统衔出巢外丢弃，真是一把食一把屎把孩子拉扯大啊！百忙之中，这对夫妇还要时不时和周围的麻雀对峙一下，放放份儿（北京方言，形容显示一下能耐——编者注），毕竟是从人家手里抢来的婚房啊。就这样，大概经过了两周高强度的育雏工作，北红尾鸲夫妇和它们的宝宝们终于在一个仲夏的傍晚陆续飞离巢穴，飞入林间，如同从未来过一样。相机记录下了宝宝们一鼓作气的首飞画面，一个掉链子的都没有，它们的爸妈估计已是精疲力竭，这一年的繁殖季已近尾声，赶快到农田里给自己抓几条虫补补身子吧！

这之后，每每看到院子里来了北红尾鸲，无论雌雄长幼，我们都会生出一份亲切，就好像当早先的街坊邻居出游回来，大家自然要打个招呼，然后各忙各的故事去了。

留鸟集　华服歌姬与悬停猎手

　　陪伴我们在山上生活的鸟儿不少，像北红尾鸲那样的夏候鸟，只到了繁殖季节才飞来。它们在农舍的缝隙里絮好窝，门前的花园、菜地到处是肉乎乎的虫子，可以喂饱嗷嗷待哺的幼雏，更能为疲于照顾的亲鸟迅速补充体力。然而，与这般定期南来北往过着旅居生活的它们截然不同，有些小家伙儿却选择留下，从春到夏，再至秋冬，它们在枝头雀跃的身影始终如一。

　　农地里，在劳作和行走的空间之外，我们有意无意地保留了很多自然生长的本土植物。地边上影影绰绰、高高大大，肆意伸展着枝丫的是生长迅速的榆，细小的绿叶拼贴在一起遮蔽着头顶的天空。比榆稍矮些的是新发的黑枣枝和有些发黄的桑树条，有时也间插着点带刺的花椒幼苗，在缝隙间寻觅着光亮。更低矮一些的，是密密匝匝的灌木，有着粉红色蝶形花的胡枝子、会结出红色浆果的孩儿拳头、酸甜的欧李和酸枣，以及不知什么时候蹿出来的一小片枸杞，都紧紧地挽着手，让人有点儿挤不进去。还有一些边角空地本来堆放着果园里修剪的树枝，等着干燥后用作薪柴，可那些野草才不会给你留任何余地。荻草的长条大叶、野苋和灰绿藜那粗壮生筋的茎秆会首先簇拥过来，紧接着萝藦、牵牛和拉拉秧那或柔韧或粗糙的藤蔓就会爬上这些柴禾，只要一个夏天就可以把后者完全掩盖起来。就这样，年复一年，随着时间而沉淀，自然力这只看不见的手，似乎在一点一滴地从野蛮中纠缠出头绪，勾勒着属于这片土地的风景。

　　最懂得"风景这边独好"的，必是那些选择一年四季都留下来讨生活的鸟儿了。看

● 一场急雨之后，发现一枚掉落的鸟卵，据朋友说是棕头鸦雀的宝宝

棕头鸦雀
Sinosuthora webbiana
雀形目鸦雀科

早成雏与晚成雏

早成雏指一破壳身上便有绒羽覆盖，稍事休息后，很快能跟随亲鸟四处溜达觅食的"自理型"，如我们饲养的家鸡、大鹅。

晚成雏指出壳后一身秃或被有少量羽毛，眼也睁不太开，只会"饭来张口"，全靠亲鸟喂养慢慢长大的"不能自理型"。本篇除环颈雉外，其他均为晚成雏。

似低矮杂乱的草丛与灌木，在棕头鸦雀和山噪鹛的眼里可是乱中有序的"小森林"呢。棕头鸦雀披着一身褐色系外衣，头部、背部和两翅的棕红，给有些灰暗的身影增添些许顽皮。它们的个子很小，圆圆的头和圆圆的身子之间，几乎看不太出颈项的痕迹，搭配从臀部笔直延长出的尾羽，真有几分滑稽。不过，千万别小看这群小家伙儿，它们有着基部厚实、尖端带钩儿的喙（鸟的嘴部），就像是一把小指甲钳——学生时代进行鸟类环志工作时，这样的嘴曾狠狠给过我一口，疼得我刻骨铭心。它们还经常凭着鸟多势众来提振声势，每每家养土狗带着好奇心闯入它们的地盘，都会被粗声粗气地骂个狗血淋头，悻悻而回。循着喊喊喳喳的声音望去，见小鸟在离地不高的草茎、树枝上发飙，像极了一支支殷红冒火的烟斗，简直笑死个人。

一开始，还觉得小烟斗们的霸道作风纯属蛮不讲理，可一个特别的发现彻底改变了我的想法。那是一个大雨之后的晴朗早晨，阳光透亮地从湛蓝的天空洒下来，给地面投上了树影的斑驳。突然，山路旁一些细小的碎片吸引了我的注意。走近一看，原来是一枚拥有蓝色外壳的鸟蛋摔碎在了路上，蛋清和蛋黄流淌出来，还很新鲜的样子。这好像从夏日晴空中裁剪下来的湛蓝，在我们这儿，非棕头鸦雀的卵莫属。抬头看看路旁的草坡，恐怕就隐蔽着棕头鸦雀的碗状草窝，很可能在刚刚结束的那场暴风骤雨中，剧烈的晃动让这枚小小的卵跌落触地，留下一旁无奈的双亲。原来棕头鸦雀叫嚣守卫的不仅仅是它们嬉戏的场域，在那里，凌乱的草茎被编织出生动的造型，迎接一个个鲜亮的生命呱呱坠地。

山噪鹛与棕头鸦雀有着相似的身体色调，只是前者更加灰暗，体型也大出许多。它们同样乐于在草丛灌木间穿梭觅食，繁育后代，更善于蹦蹦跳跳地在地面活动。那细长而略弯的喙，像根探针，频繁在草叶间翻找着什么，也许会遇到一条逃跑的蠕虫，或几粒掉落的种

● 随着塑料袋等现代化材料现身农地，竟也被鸟类用作筑窝和保温材料了

喜鹊
Pica serica
雀形目鸦科

灰喜鹊
Cyanopica cyanus
雀形目鸦科

山噪鹛
Pterorhinus davidi
雀形目噪鹛科，为中国特有鸟种

大嘴乌鸦
Corvus macrorhynchos
雀形目鸦科

子，总之无论荤素都可以填饱它们不挑剔的胃口。与棕头鸦雀不同，山噪鹛虽名中带个"噪"字，却是一位通晓音韵、声调婉转的歌者。即便是遭遇了同样的冒犯，它们也坚持用歌声将不满娓娓道来，随着音调高低变化，声音时而浑厚时而悠长，再加上节奏的变换和边唱边跳的台风，让来犯者错以为它们身后埋伏着雄师百万也算情理之中吧。

等到它们出双入对谈情说爱的季节，两只前前后后、卿卿我我的叙鸣更让人听得出神。有一回，我独自去柴棚忙活，翻动树枝的当口，忽见两个灰影一下子蹿开，仔细一瞧，原来是两只正在幽会的山噪鹛被我搅了兴致。于是，我赶紧加快了动作，迅速收工，一边往回返一边又不由自主地偷看两眼。只见它俩，一只镇守在柴棚屋顶附近的树枝上，上下打量着被我翻动过的地方振振有词，另一只则雀跃在我身后的树枝间，窥探着我的动向，同时似乎在用非常低的频率诉说着什么，听上去有些迟疑有些犹豫。突然意识到，也许它们原本是准备做个决定，在柴棚某个角落安家，可现在被这么一搅合，只能把愤懑与抱怨都歌唱给了我。

留鸟中还有一些大个头儿，也喜欢宅在这片山林里，一年到头哪儿也不想去，且往往驻足在更高一些的树枝间，其中有黢黑的乌鸦、黑白撞色的喜鹊和瓦蓝的灰喜鹊，更有一种同样出身鸦科家族，穿搭艳丽的大鸟红嘴蓝鹊。后者最引人注意的便是那一袭湖蓝色的长袍，从肩到背直至修长的尾梢披挂下来，一气呵成。长袍之上，是仿佛有黑色面纱遮掩的头颈，顶部似有细碎的花边装饰，衬出炯炯的眼神和那一副猩红夺目的喙。红嘴蓝鹊的脚爪同样是鲜艳的红色，像一双轻便秀气的薄底快靴，为俏丽的主人增添了几分英武之气。个头儿大，力气就大，当然饭量也大，从小就过惯了集体生活的它们，在这片山林里可谓天不怕地不怕。地里的草籽、野果和小虫算什么，去别家窝里掏个雏鸟，或者在地里抓条长虫开荤也是不在话下，更别说团伙抢劫园子里熟成的应季水果了。没必要大惊小怪，正是凭借着这份骁勇，红嘴蓝鹊们才能一直留守在这片山林，立于不败之地吧。

当然，鸟界中长得俊俏的不一定都能飞上枝头变凤凰。飞这件事对于身子圆、翅膀短的环颈雉来说，更像是用来过过马路的三脚猫功夫。出身鸡形目这个大家庭，一双粗壮的大长腿以及同样强健的双脚暴露了它们善于奔跑的特长。平时在山上，想和生性谨慎的环颈雉们撞个正脸儿还真不太容易，更多的时候是听见雄鸟在它们的地盘周围嚷嚷出高昂的调调宣誓主权。"叩——叩"两下连贯的鸣叫十分响亮，有时还能借着山谷飘飘晃晃的回音，迷惑对手和敌人，仿佛脚下的一切都莫非王土。然而，不善飞终究是永远无法弥补的短板，所以雌性和未成年的环颈雉就显得十分低调，满身的羽色和周围的草木可以不费吹灰之力地融合在一起，可谓非常会施展隐身术了。对我们来说，大白天在山路上行走，从脚前头扑棱棱惊起只环颈雉简直是家常便饭，可就是哪回都没办法提前看穿它们的戏法儿。在原地留下的是我们的惊喜和遗憾，而空气中好似飘过了环颈雉一连串急促的嘲讽。

不过，环颈雉的雄鸟却完全彻底地长出了一副雄赳赳气昂昂的架势。一身华丽的羽毛排列紧密犹如铠甲，闪闪发光的同时，还能时而墨绿时而古铜，再又紫红地变幻颜色。这还不算完，长枪一样的尾羽总是斜向上挺立着，横截的黑斑在黄褐的底纹上排列整齐，虎虎生威。

环颈雉
Phasianus colchicus
鸡形目雉科，又名七彩山鸡

红隼
Falco tinnunculus
隼形目隼科，城市中常
能目击到的猛禽之一

红嘴蓝鹊
Urocissa erythroryncha
雀形目鸦科

再看它的头脸儿，两块通红贯顶的肉髯（下颌部长出的肉质隆起，左右对称）上，有一对烁烁放光的眸子，额头的羽簇向后枕部微微翘起，粗壮的喙先端略弯，仿佛随时都会探出的匕首。在"叩——叩"鸣叫时，环颈雉雄鸟会鼓起胸部的羽毛，展示强壮，同时用力拍打两翅发出"啪啪"的声响，这一连串的招式，让人想到出征战士舞动时的威风凛凛。千万不要觉得，小名七彩山鸡的环颈雉是虚张声势哈，能有这样的扮相儿一般都是不好惹的主儿（小时候被它的表亲大公鸡追着跑的请举手！）。由于祖祖辈辈在地面上奔走刨食儿，它们演化出随身的长短兵刃：粗壮的喙和一对强健的脚爪。雄鸡跗跖部（类似人的脚踝与脚趾之间的部分，一般没有羽毛覆盖，代以排列紧密的鳞片）上生长的长距（角质突起）更是大大增加了杀伤力，让双足如虎添翼。不过，环颈雉们平时不会轻易动刀动枪，更多是把自己的兵器当成农具使用，连刨带挖，每一下都是为着活下去的努力呀。

这草丛、灌木和高耸的树枝编织出来的不都是平平安安的小确幸。在选择留守故土的众鸟之中，也不乏爱吃肉肉的老辣猎手。虽然我们这里有时会飞来一两只雀鹰盘旋巡视，在大量猛禽迁徙的日子，还能看到苍鹰、鸢鹰一类的大个子露上一面，但平时和前面提到的诸鸟周旋最多的还要数红隼。看得多了，总觉着红隼的衣品散发着一种为乡间红砖房代言的实在气息。无论腰背还是双翅，都染着暗暗的砖红色，再加上一些棕黑的斑点，越发勾勒出有如砖石般的凝重。雄鸟的穿搭就更进一步，头颈部泛着幽蓝光泽的灰像极了红砖房上的一片瓦，着实有老建筑Cosplay的既视感。

当然，只会穿搭不会悬停的猎手不是好红隼。红隼的个头儿和力量在猛禽界都不算突出，让它名扬天下的，是一手悬停绝技。下地劳作时，我们常看到开阔的田野上空悬停着红隼，这时往往会放下手中的活计，直直腰欣赏一番。悬停中的红隼，双翅不断地快速扇动，尾羽也尽力地展成扇面的样子来帮助增加稳定性，看上去几乎一动不动，仿佛身体被钉在了空中。悬停是件很费力气的事儿，这么拼估计是因为悬停可以帮助红隼提高定位猎物的效率吧。一旦锁定目标，红隼会迅速夹紧尖刀状的两翅，一头扎下去。在重力加速度之下，它们的身体仿佛离弦的利箭，钩子一样的喙和锋利的爪带给猎物的自然是果断又致命的一击。

飞鸟，的确有着令人羡慕的能力。它们能从容不迫地展翅，一瞬间就拔地而起；能自如地穿梭于浓密的树林枝丫间，无论是追捕还是躲闪都游刃有余；还能借着徐徐上升的气流在天空中盘旋、自由翱翔，仅凭一己之力就可以完成跨越世界的旅程。这些对只能借飞行工具偶尔对抗下地球引力的我们来说，只能望尘莫及，也许唯有在梦境里才能感受那纵身一跃的乐趣了吧。然而，这片山林似乎从不偏袒谁。红隼再迅猛有力也会面对着浓密多刺的灌丛束手无策；棕头鸦雀倒是能在灌丛中有来有去，却也可能一夜之间遭遇"危巢之下焉有完卵"的万念俱灰；红嘴蓝鹊算骁勇善战，但它们的小Baby与多数鸟类的后代一样弱不禁风，想从天敌们的爪下脱生，也只能自求多福。您瞧，这就是自然那充满野性的秩序，虽不丝般顺滑，却也不是一团乱麻。

大刀螳螂　作为母亲，她真的尽力了

广斧螳
Hierodula patellifera
螳螂目螳科

　　还是孩子的时候，也曾因为电视动画片深深入迷。放学后一路赶回家，抓紧时间写完作业，一到点就搬着小板凳儿守在电视机前，那个激动至今难忘。身为八〇一代，虽然已有了迪士尼动画的浇灌，但更难忘记那几部经典的国产动画片吧。其中的《黑猫警长》里有个桥段，细想起来，该算是我孩提时代生物课的启蒙老师。

　　说到这里，可能很多小伙伴儿也想到了片中那一幕。一个宁静的夜晚，一轮明月挂在枝头，螳螂先生在一众小虫的吹拉弹唱中迎娶到了心上人。然而，就在这浪漫迷人的新婚夜，一阵惊恐的尖叫后，探照灯下惊现螳螂太太的惊慌失措和螳螂先生遗骸的残缺不全。想想现在仓促上阵的文化娱乐产品中不胜枚举的科学错误，不得不为老一代动画人的严谨点个赞。毫不夸张，螳螂这一类捕食性的昆虫，不仅嗜杀，在交配的季节里还有不少雌性仗着身大力不亏，不时拿雄螳螂开个小灶，一饱口福。在限制级的画面里，雌螳螂一般会从雄性最脆弱的头部开始下口，很多昆虫爱好者在夜晚自然观察时，会撞见那凄惨的一幕：螳螂先生的尾部还继续与螳螂女士的尾部交配着，可此时螳螂先生的头甚至是整个胸部已消失不见……

　　看到这里，可能大家会觉得螳螂太过残忍恐怖，但仔细想来，这也是它们为了延续生命做出的牺牲和选择吧。每到夏天，我们房前屋后总会随时埋伏着几只螳螂，一般有三种：身体宽大翠绿的广斧螳，与广斧螳相似但胸部更纤细的大刀螳，以及体型较小颜色深暗的棕静螳。在田地里工作的间隙，最开心的事莫过于趁着休息的空当，偷窥一下螳螂捕猎的瞬间。虽然网络上的短视频资源越来越多，但大都在过度地展示螳螂的杀戮之威。田间地头的我，可是不止一回地看到，一次迅雷不及掩耳的出击之前，是漫长的潜伏，以及对扑杀距离和出击位置的精确计算。更不用说，一番苦心经营后，可能还是扑了一场空。

再说回雌螳螂，尽管没少亲自"送走"孩子的父亲，却绝对是负责任的好妈妈。每到秋风渐起的时节，螳螂妈妈们自知时日不多，会更加急切地寻找一处安全且隐秘的角落产下螵蛸（螳螂的卵块）。这个时候的她们更加钟爱土地中的建筑物，估计是希望宝宝们在寒冬腊月里可以受惠于农舍的温暖吧。

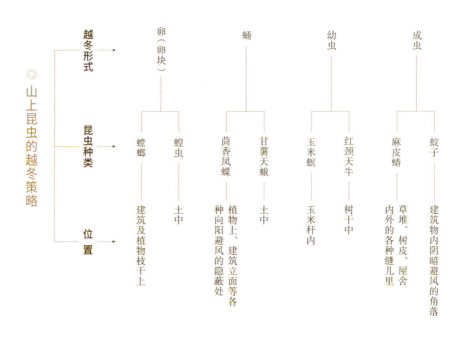

◎ 山上昆虫的越冬策略

越冬形式	昆虫种类	位置
卵（卵块）	螳螂	建筑及植物枝干上
	蝗虫	土中
蛹	茴香凤蝶	植物上、建筑立面等各种向阳避风的隐蔽处
	甘薯天蛾	土中
幼虫	玉米螟	玉米秆内
	红颈天牛	树干中
成虫	麻皮蝽	草堆、树皮、屋舍内外的各种缝儿里
	蚊子	建筑物内阴暗避风的角落

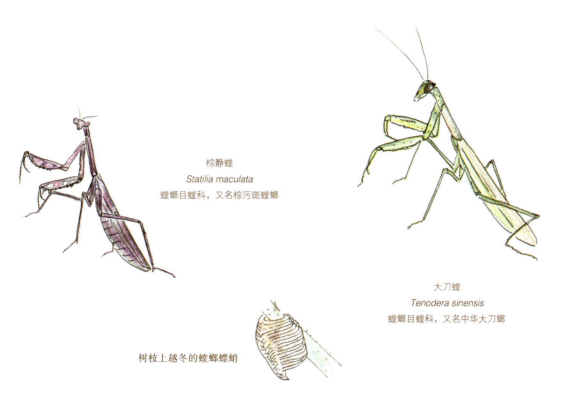

棕静螳
Statilia maculata
螳螂目螳科，又名棕污斑螳螂

大刀螳
Tenodera sinensis
螳螂目螳科，又名中华大刀螳

树枝上越冬的螳螂螵蛸

　　记得一个寒意尚存的春日，土炕上的长角羚和我借着晨光刚刚苏醒，房间里的气温还比较低，所幸前一晚的炕火还有余温，让我们可以在暖暖的被窝里定定神。突然，我发现鼻尖上一个小黑点儿似乎晃动了一下。"蚊子，不可能呀！天还那么冷……"正在我狐疑是怎么回事的当口，长角羚悄悄拉了拉我的被角，同时朝着前方屏气凝神地打量起来。循着他的目光，我突然看到，窗台上、窗帘上、被子上、墙壁上，甚至是天花板上，一只只纤细弱小的棕静螳若虫正眼巴巴地从各个角度观察（瞄准）着我们。它们一边专注地研究着，一边微微晃动着身体，不知那一刻是准备示威，还是想施展障眼法。看清局势的我们，都生出几分惊悚，那是百十来个手舞双刀的猎手呀。花了半天工夫送走迷你螳螂敢死队后，我们陡然发现，不知去年秋天什么时候，一只棕静螳妈妈悄悄溜进了我们的卧室，在窗帘背面留下了一枚螵蛸。这样心机重的老母亲，这样不惜冒险的母子情，真是令人感慨。作为母亲，她真的尽力了。

野性通讯

04

以绿为幕

无论田野还是树林，浓密的绿总给人生机勃勃的昂扬感。当我们俯下身，拉近与这『绿幕』的距离，调出微距视野，就能看到无数细碎独特的生命故事。

● 红蓼叶上的条斑次蚁蛉，纤细的食肉猛将，我们曾目睹它的幼虫（蚁狮）挖地穴、捉蚂蚁的精彩全程

● 茴香上的赤条蝽，偶尔在胡萝卜叶子上也会遇到，又一枚伞形科蔬菜的常来客

● 1.八月盛夏，一只花金龟正贪婪咀嚼韭菜花粉，此刻，果园里还有它们的小分队在鸭梨上集结狂啃中。2.成虫食素的中华食蜂郭公虫，幼虫时代可是以蜂类幼仔为食。3.在炫酷蝶界，灰蝶的个头、色泽都不算出众，却自带一份微微闪亮的小雅致。4.香草园里藏匿的优美苔蛾，难得蛾子在大白天也来走秀，鬼魅的斑纹之下透着一股子不好惹。5.自打目睹了大桑树上惊险的螳螂捕蝉，再见到这样一动不动的螳螂时，总忍不住瞅瞅它又瞄上了谁。

● 6.叶片上的蝗虫仿佛一尊泥塑，要看趁现在，等一跳落地可就不好找了。7.筒喙象，门前红蓼"旅馆"的长住客。8.正疯狂啃食核桃树叶的刺蛾幼虫们（洋辣子），有一回后脖颈子与它们亲密接触，那股钻心热辣，现在想起来还浑身不自在。9.香椿枝叶上的斑衣蜡蝉若虫，蹦来蹦去活像两个"蜘蛛侠"。

● 1. 翻耕菜地时无意挖出了甘薯天蛾的蛹。2. 一只躲在叶背面的红萤被我发现，别看叫"萤"，它可不"闪灯"。3. 趴在野苋菜上的角盾蝽，怎么看都像一张京剧脸谱。4. 门前就种了一盆荷花，还被一对浅褐彩丽金龟盯上了。5. 无论若虫还是成虫，都超爱扎堆聚餐的红脊长蝽。6. 芦苇上的暗褐蝈螽，很常见的一种蝈蝈，尾部刺刀状的产卵器表明它是位母亲。

嗡嗡蜂　蜂生苦短，唯美食不可错过

人们往往羡慕蜂飞蝶舞的田园生活，可真要置身蜂群中，恐怕大多数还是会心惊胆战吧。自打来到山上生活，我们就一直没有使用农药、化肥和除草剂。也因此可以在这里发现很多熟悉又陌生的小动物，特别是各种各样的昆虫。其中有一大类群特别显眼，那就是在白天里上下翻飞的蜂。以前没有特别注意，觉得那些嗡嗡嗡飞作一团的，都没有啥差别。可日子久了，天天抬头不见低头见，对它们的了解也越来越多。

常常在香草园、蔬菜地和果园里围着花朵飞舞的昆虫以蜜蜂、熊蜂和木蜂为多。为什么？人家要取食高能量食物花粉和花蜜呀！虽然它们的尾部都有螫针，但请你相信我，每一只在花丛中忙碌的蜂才懒得理你，因为蜂生苦短，唯美食不可错过。蜜蜂和熊蜂都是社会蜂，几乎从生到死秉持"蜂群利益最大化"的信条，给大伙儿带回更多的食物和帮助女王蜂照顾好后代才是它们生活的意义。木蜂妈妈独居，但所有孩子的育儿室都是自己盖出来的（雌蜂会在粗木中开掘孔洞，并咀嚼木质给育儿室做出隔断），还要给每个宝宝准备足够多的蜜糖（泡在蜜罐子里长大也就这样吧），真心没空理会一旁的我们。发现有人或其他动物在巢区附近逛，它们会很有分寸地悬停在离你头顶不远的高空，虎视眈眈地盯着你。被监控摄像头指着的感觉有没有？还愣着干啥，人家已经给足了面子，咱还是静悄悄闪退吧。

这些嗡嗡蜂中，除了爱吃甜食的，还有习惯单枪匹马的出色猎手，螺蠃和蛛蜂。虽然是百分百的捕食者，但据我观察，它们很少主动攻击领地附近的人群，一般奉行

意蜂入侵

我们山下有一家蜂场，饲养的是意大利蜂（西方蜜蜂的一个亚种 Apis mellifera ligustica）。作为引入蜂种，意蜂如今已在国内被广泛养殖。这也导致多年来，对本土生态至关重要的中华蜜蜂（Apis cerana cerana）的生存空间被这强悍的外来户迅速挤占。目前国内已建起多个繁育保护地，加紧着对中蜂种群的恢复。

井水不犯河水的原则。它们和木蜂妈妈一样，似乎更愿意把时间花在给孩子准备食物和住房上，毕竟生儿育女才是蜂生大事。除了有高超的捕猎技能，无论蜾蠃还是蛛蜂，都能凭着一己之力建造育婴房。蛛蜂可以在你眼皮底下飞速开掘地下洞穴，蜾蠃善用土团垒筑出结构精巧的造型，只为给宝宝和它的猎物一个隐蔽的宫殿。除了精妙的建筑技术，蜾蠃的聪明绝顶也让我眼前一亮。我曾目睹一只蜾蠃穿过纱窗缝隙，沿着相同路径来回于生态旱厕和室外搬运泥团，最后实施"盖房"的全过程。技术好还认道儿，小师傅，您也太有才了吧！

嗡嗡蜂中更不乏作风硬朗强悍的，胡蜂家族绝对可以在典型代表里拔得头筹！首先，它们也是以肉食为主，骨子里本就带着比勇斗狠的杀气。其次，它们群居，人多力量大懂不啦？非洲鬣狗为什么能赶走猎豹，还能勇斗狮子，都是一个道理。所以在野外，胡蜂家族的成员一般都是令人起敬的火爆邻居。

在我们这儿，比较常见的胡蜂有金环胡蜂，它们个子巨大，能拥有4厘米以上的体长。不用多说，当你看到它远远飞来的样子，估计心里就只有一个想法——"躲开，不要去招惹它！"否则，真可能有生命危险。还好根据我们的观察，金环胡蜂在房前屋后出现的概率并不高。它们常选择在干扰相对少的地方筑巢，偶尔来花园里串个门，补补水，打打猎。据说，金环胡蜂为了搜索食物，飞出个几公里

红光熊蜂

Bombus ignitus

膜翅目蜜蜂科。除了各种蜂类，许多蝶、蛾、
甲虫和蝇类也都是重要的授粉昆虫

黄胸木蜂

Xylocopa appendiculata

膜翅目蜜蜂科

蜾蠃亚科
Eumeninae
膜翅目胡蜂科

蛛蜂科
Pompilidae
膜翅目。善于狩猎蜘蛛，并将卵产在猎物身上，等幼虫出生后直接开吃

细黄胡蜂
Vespula flaviceps
膜翅目胡蜂科。之前一直以为是大头泥蜂，后经高人指点才确认了它的真身

长脚胡蜂
Polistes sp.
膜翅目胡蜂科，也称作马蜂

也是不在话下。当然，如果你在山中行走，看到有它们的蜂群总围绕着比较固定的位置飞，那就要提高警惕了。很有可能你已经接近人家巢区，赶紧轻声慢步，绕路吧您。在蜂界，来家里串门儿的往往都是死敌，这是祖祖辈辈遗留下来的"暗默知"（Tacit Knowledge，英国科学家波拉尼提出的概念，又译为"隐性知识"，指存在于大脑和行动当中，通过体验获取但没有形成文本的知识——编者注），请牢记。

除了上面这个大家伙，我们门前还常见到相对清瘦的长脚胡蜂。它们细腰窄背，飞起来轻飘飘的，看上去就温和许多。这种温和，绝不是印在名片上，而当真融入了灵魂。一次田间劳动，我看到一只长脚胡蜂落在不远处一片卷成筒状的秋葵叶上。只见它不慌不忙，像是来打个尖儿的样子，身子几乎没什么大动作，前足和后足时不时在叶筒两头儿轻挠着。正在我准备回去干活儿时，突然从叶筒中蹦出一条绿色的大肉虫（挠挠原来是热身……），此刻的长脚胡蜂，仍然不慌不忙，就那么轻松自如地一抱（和新郎抱新娘一样一样的……），把虫子整个儿揽入怀中，同时，尾针也刺进了后者

金环胡蜂
Vespa mandarinia
膜翅目胡蜂科

● 在水池子里当着我们的面狂啃肉虫的细黄胡蜂，爱谁看谁看，完全没在怕的

的肉身，虫子连挣扎的响动都没有，立马瘫软。此时的长脚胡蜂仍然保持着优雅与克制，绝无就地大快朵颐的贪吃相，而是抱起猎物，飘飘飞离。能体会那一刻我的心情吗？佩服呀，当时就跪了，一顿好肉，就差给它带壶酒走了。

最后，介绍同样是狠角色的细黄胡蜂，它们的个头比上两位都小，脾气倒大得很，再加上嗜肉成性的本质，让它们很容易就突破做蜂的底线。每每我们在大桑树下准备食物时，总会有几只贼眉鼠眼的细黄胡蜂在不远的树梢上偷窥。一旦有肉，它们绝对不会放弃在你眼皮底下一显身手的机会，果断飞来，降落，明目张胆用强而有力的大颚切割，然后抱起一块肉若无其事地离开，就跟在自己家似的。贪吃的本性让它们有了天不怕地不怕的冒险精神，而且是可以和仇家死磕到底的那种。另外，一些细黄胡蜂喜欢在地下筑巢，非常隐蔽，如果在行走中不慎踩到它们的洞口……后果不堪设想。

我们就遭遇过一次意外。当时，因为误踩了人家的地穴（地下蜂巢的出入口，时常有蜂进进出出），群起而攻之的细黄胡蜂拼了命地向我们大大小小一群人扑来！头上、手臂、身上接连中标。蜂蜇的刺痛，引发了人群的尖叫和乱跑，这样的挣扎似乎让杀红了眼的蜂群更加亢奋，并再三发起猛烈攻击。由于个子大，当时的我被蜇得最惨，唉，说多了都是泪呀……

我们从事发现场撤退到安全地带后，第一时间赶到了医院。在急诊，很多人都在那里嚷疼，只有我一个人全身上下一片瘙痒、灼烧之感。医生看到我们后，说了一句话，我至今记忆犹新："被蜂蜇了，疼是一定的。如果只是局部的蜇伤疼痛可以先观察一下；但瘙痒难耐，并伴有急性周身荨麻疹，甚至呼吸困难，就要做好随时进抢救室的准备了。"还好，那次我比较幸运，全身过敏症状止步于荨麻疹，没有出现喉头水肿阻塞气道等危及生命的症状。感谢胡蜂们的不杀之恩，期待下次再见面时，我们都能够不计前嫌地从容应对。

有了这次经历，对防止野蜂蜇伤，我的建议首先是注意户外活动时的分寸。当活动场域里有蜂类出现，无论如何不要惊扰、驱赶它们，这也包括避免受惊吓以后蹦蹦跳跳、大呼小叫的应激反应。这样的刺激都可能让小家伙们感受到威胁，从而引发攻击行为。行走时要仔细观察周围的环境，岩壁、树枝、灌丛以及路边是否有比较多的蜂在往返活动？如果有，更要看一看是否有蜂巢或者蜂巢的出入口，一旦发现还是敬而远之吧！通常在蜂巢附近的蜂更容易发起攻击行为。后来听有经验的村民分享，遭遇蜂群攻击时，要第一时间想办法遮盖住头面部，减少皮肤裸露，迅速撤离现场，不要大喊大叫，更不要试图拍打反击，那样只会引发更大规模的"围殴"。

最后，等远离蜂群后，快速检查身体状况，若只有非常少的局部蜇伤，在移除蜂刺后，清洗消毒伤口，直至痊愈。若出现了蜇伤处以外的身体过敏症状，最好第一时间就医。提示一点，蜂蜇后，由于人体的免疫系统会针对蜂毒启动免疫反应（比如红肿、发炎，严重的过敏症状实际是过度免疫反应所致），康复期间建议尽量素食，特别是控制蛋白质和脂肪的摄入，并大量饮水排尿。我亲眼见过山上的土狗们（海盗、黑头、大耳贼）被蜂蜇后脸肿得赛猪头，自动停食，就喝水，三天左右便见好了。

所谓"路遥知马力"，我们也算是"日久识蜂心"。随着对这些邻居的脾气秉性越发熟悉，我们也更加厘清了相处之道。每日看它们在自家花园里或勤勉劳碌，或巧取豪夺，无论慈爱的、智慧的，还是凶残的，都是在为延续族群的生命而努力。那些日复一日的挣扎故事，于我们，仿佛是看似新奇又再熟悉不过的浮世绘，映衬着耐人寻味的生活。

恼人虫 清道夫、飞行师和盗血贼

在山上生活得越久，越对身边的自然万物倍感亲切。草丛中奔袭狩猎的狼蛛，香草丛里上下翻飞的金凤蝶，夏日傍晚在天上叱咤风云的普通夜鹰，每一年里，在特定的时间，这些老朋友总会如约而至。当然，在自然中的生活常常要比朋友圈里分享的唯美图片辛苦许多。烈日当头，你得辨识顽强的野草，正确的挑拣全都是为了让你辛苦播撒的蔬菜不输在生存的起跑线上；稍有凉意的夏天傍晚，并不都感觉惬意，蚊子早就算计好了时间，等着你提供鲜红的饮料；秋天，凉意渐起，可同样不想受冻的苍蝇们会拼尽全力挤进你的房间，就为多活一个晚上。

真实的山野就是这样，花朵并非都缤纷艳丽，果实也不都鲜嫩多汁，这各色的生命其实总是高矮胖瘦、参差不齐的，因为它们的存在着实是为了讨生活，而不是讨谁的喜欢。

蝇 大师范儿与下里巴

由于地处干旱少雨的北京，山上的水资源特别稀缺，我们决定使用无须水冲的生态旱厕。可客人来访时，一听到"旱厕"二字，往往会显现紧蹙眉头的微表情，这一份来自日常经验的嫌隙，有很大成分源于苍蝇那一大家子。还好有了精妙的设计和勤力的维护，我们的旱厕"不臭、不脏、没苍蝇"，这才让大家的态度有了缓和。只是，这由来已久的骂名还得让苍蝇的子子孙孙一直背负下去吗？

　　说说蝇类这个庞大的家系。它们隶属于昆虫纲双翅目，这个庞大的家系有着五花八门的特异分化。在这样一个多元大家庭里，可不都是一头扎进垃圾堆或粪坑里大吃大喝的家伙，其中也不乏奉行"高尚地吃"的大师级蝇物。比如，经常出现在水果篮周围的果蝇，人家个子虽小，食物却高级得很，那可不是你瞧不上的烂水果，而是遍布水果表面的鲜活酵母菌。天天吃着由水果自然发酵培育的益生菌，你说高级不高级？

　　这还不算，蝇族里也有勤劳勇敢，爱肉又爱糖蜜的食蚜蝇。它们一生都在追求高品质的美食，幼虫阶段大量捕猎肥美甜腻的蚜虫，等蜕变为成虫后，常常会身披类似蜂族的外衣，飞舞在花丛中采食糖蜜，那是蝇界米其林范儿的美食家呀！

果蝇科
Drosophilidae
双翅目，其中的黑腹果蝇乃遗传学研究中的资深模式生物之一

食蚜蝇科
Syrphidae
双翅目

　　看到这儿，可能有人会提出疑问了——"您别总说那些高级蝇呀！那些个总是围着我们团团转，蝇蛆甚至会爬上脚面的家伙，真是膈应人呀！"说到这些看似整日在脏乱差中混日子的下里巴蝇，更要给您展示下它们各有不同和高深莫测的生存智慧了。那些经常往我们屋里钻的小家伙大都是家蝇，它们手脚细弱，一双红豆色复眼，连同柔软微黄的腹部，很好鉴别。家蝇有着"绝对不拿自己当外人"的气质，一边对人类厕所里的黄金万两从不拒绝，一边时刻准备着搜索这个家里的"一切食物"。

　　它们也算守着寄人篱下的本分，飞行时轻声低调，并不张扬。不过，自从人类有了冰箱，大部分能吃的食物都接触不到了，它们就只能投入更多时间在垃圾堆里碰运气了。家蝇的讨人嫌还在于它们似乎特别偏爱和人亲密互动。小时候，炎炎夏日三伏天，好不容易想躺下来纳个凉，就有那小小家蝇前来叨扰。一会儿落头一会儿落脚，无论

家蝇
Musca domestica
双翅目蝇科

丽蝇科（左）、麻蝇科（右）
Calliphoridae, Sarcophagidae
双翅目

你怎样驱赶，就是不停手。之所以这般不屈不挠，并不是它们对我们有多青睐，那是冒着生命危险（随时被苍蝇拍拍稀碎）取食我们汗腺分泌出的盐分呀。如今还记得小时候在院子里，乘凉的街坊四邻拿着蒲扇轰苍蝇的盛大场面。只是自从发明了空调，家宅即便大夏天也可以保持清凉，家蝇的行动在冷气下变得迟缓，自然也就顾不上吃盐了。

在常常闯进我们生活的蝇类中，还有一些大尺码的，最常见的应该是麻蝇和丽蝇两个家族。麻蝇背部有着三条深色纵纹，而丽蝇大都身披溜光闪亮的鲜艳外衣，人常说的绿豆蝇就位列其中。它们飞起来的架势那是比家蝇大多了，仿佛一瞬间家里就进来一架战斗机，横冲直闯惹人烦。千万别误会，它们不是专门来巡航示威的，喜欢肉食的它们，想必是被你家里正躺在砧板上的一条鱼或一块肉的血腥气吸引而来。但若房屋里突然间冒出来一大群，你就要小心检查一下了。如果没有腐败的肉类食物被遗忘在隐秘角落，那就赶紧找找是不是有什么"尸体"没及时处理。（此处省略一万字）

回到苍蝇与人类厕所的不解之缘，坦白说，苍蝇食粪那是天经地义。这个庞大的家系参与着地球上伟大的分解工程，任劳任怨承担着清道夫的责任。无论人类还是其他脊椎动物的粪便中，一般都保有很多复杂的营养物质，无法顺利回到土地。有蝇族子子孙孙祖祖辈辈勤勤恳恳地帮地球消化这些人人嫌弃的废物，可转化加工出更多能被大型真菌和植物利用的营养物质。

另一方面，白花花、肉乎乎、肥嘟嘟、战斗力为零的蛆虫除了专注地吃，从来不躲不藏、不争不斗，就在那里默默地扮演"刀俎间的鱼肉"，又供养了包括但不限于昆虫、两爬、鸟和哺乳类等大佬。这是多么富有牺牲精神的存在呀。当然，厕所里满坑满谷的蝇蛆肯定是不能容忍的公共卫生问题，现代城市生活的水冲厕所大大减少了蝇蛆的产生。但在仍然大量使用旱厕的乡村，这样的尴尬如何避免呢？请耐心翻看本书第一章关于生态旱厕的内容吧。

对于苍蝇，我更愿意赞美它们包裹着卑微的高尚，正是它们"一不怕臭，二不怕死"，为这颗蓝色星球的永续运行夯实了一块基石。

蚊 低吟浅唱飞行大师

也许您觉得苍蝇已经很难缠，但论起地球上对人类有巨大威胁的昆虫家族，拥有嗡嗡之声的蚊子们恐怕算数一数二。同是出身双翅目大家族，无论苍蝇和蚊子都只在胸部保持了一对可以快速震颤、薄而透明的膜质翅（昆虫一般有三对足两对翅），后翅则特化成了一对紧贴体壁的特殊结构，叫作平衡棒。平衡棒因物种不同而形态多样，有的细长如棒，也有的扁圆如盘。目前，科学家们对平衡棒的研究成果，很好地解释了苍蝇蚊子那变幻莫测的飞行能力。如果您没理解，就想想沮丧地挥舞着苍蝇拍却打不到那只烦人绿豆蝇的场面吧；再或者就是某一回，明明觉得蚊子在眼前，两手快速拍击后，刚有点窃喜却发现两手空空，只剩下一旁蚊子嗡嗡的嘲笑和两手生疼的自个儿。

说到蚊子对人类的威胁，和这一家族中嗜血的那些梯队密切相关。虽然苍蝇常常穿梭于人类的厨房和厕所，在饭碗和粪桶间流连忘返，引发人们对于卫生安全的各种担忧，可蚊子在取食人类血液时，带给我们的疫病风险，才更加高深莫测！在与蚊子关联的众多"生化武器"中，让全世界头疼的莫过于疟疾，这种疾病至今仍在折磨着人类，尤其在许多非洲国家。但容易让人忽视的事实是，按蚊和人其实都是疟原虫的宿主，两者在帮着疟原虫完成它的生活史的同时，也同样因此付出着生命代价。一些研究表明，被疟原虫感染的按蚊会从一贯谨慎的机会主义分子，变成贪吃无度的敢死队员，这样一来，自然更容易丧命。

当然，在浩浩荡荡爱国卫生运动和科学家们攻克疟疾的不懈努力之下，如今国内人对按蚊和疟疾的关注在逐渐淡化。只是每到温暖潮湿的季节，蚊子的嗡嗡之声不绝于耳，还是让人心生烦恼。自小在北京长大的我，对屋里蚊子的记忆，是那种飞得不算太迅捷、身体颜色

● 芦苇编制而成的透气门帘配上随手关门，是实用不花哨的防蚊土法，为我们守住了最后一道关卡

淡色库蚊
Culex pipiens pallens
双翅目蚊科

大蚊科
Tipulidae
双翅目

白纹伊蚊
Aedes albopictus
双翅目蚊科

微微棕黄、个头不大、手脚细弱的家伙。正是它们在夜晚的低吟浅唱，成为仲夏夜让人辗转反侧、夜不能寐的梦魇。但我感觉它们似乎生性胆小，战斗力也不是特别出众，基本咬不上几口，就被开灯夜战的爸妈给团灭了。让它们咬上一口，无非是添个红肿小包，抹上老爸最爱的水仙风油精，很快就没啥感觉了。

随着自己慢慢长大，发现蚊子军团里有厉害角色。被咬过的地方也会出现巨大的红肿，又疼又痒，每每到奶奶那里去求安慰，总听到她老人家叨叨念念——"这是让毒蚊子给咬了吧！"后来渐渐留意，发现确实是另一种黑白花纹的家伙，整体比之前的黄蚊子迅猛许多，更要命的是，还有着不屈不挠的战斗精神，简直血不吸到不罢口。等有了些生物知识后知道，无论黄蚊子还是黑白花蚊子，都出身蚊科家族。前者叫淡色库蚊，后者是白纹伊蚊。至此，奶奶口中毒蚊子的身份终于被解开，而我也见证了这种原本生活在温暖地区的白纹伊蚊，在这二三十年间，如何一口口在京城站稳了脚跟。

搬到山上住以后，本以为干旱小气候下，蚊子没那么嚣张，没想到它们的生命力是真的强！仅凭着雨季深浅不一的积水，没几天就可以成千上万地扑面而来！用"扑"

这个动词那是毫不夸张。记得八九月时，和长角羚去捡秋栗子，打我们一踏入果园地界，便感到耳中鸣音不断，原来是成团的蚊子杀将过来，正是白纹伊蚊。一瞬间，我们竟被团团围住，蚊子们上上下下落了一片，更有那些急性子的，仿佛在飞行中就开始发力加速，让整个身体如梭镖一般直接扎在我们身上，脚还没落稳就要开吸。本以为战斗还能僵持一会儿，可面对它们无缝衔接的贴面礼，我和长角羚很快感到了凶险，不敢恋战，踉踉跄跄逃出了果园。回到农舍前，面对手上空空如也的竹篮，全身上下又热辣辣瘙痒难耐，长角羚和我一脸惆怅，心中都生出了同一个盼望："明天，要不你去？"

估计大家看到上面这段描述，要替在山上生活的我们捏把汗，没准儿还会对"到乡下山间走走"这事望而却步。然而，长期和蚊子打交道的我们并不惊慌。在北京这边，蚊子家族里也不都是嗜血成性的主儿。那些仲夏夜晚趋光而来、飞行迟缓的傻大个儿，完全是践行素食的大蚊（没错，这就是人家的大名），人畜无伤哈！即便是那些叮人的蚊子，吸血的也都是Bloody Mary（雌蚊子），雄蚊子命短，且仅靠花蜜和植物的汁液为生，并不害命哟。再者说，即便是雌蚊子们，也不是铁打的吸血机器，是有明明白白活动规律的。它们大都不喜欢日晒炎热的天气，薄薄的翅又不耐受湿漉漉的水气，再加上飞行力量相对弱，因此在气温相对较低、露水湿重的夜晚或黎明，以及多风的日子里，都没那么活跃。不过，貌似这样的天气，我们也不怎么出门……

所以，在和蚊子的相处中，我们果断地划分了楚河汉界。在山上生活，户外劳作是必须的，但仔细想想地里本来不就是蚊子的地盘吗？为了安心在户外活动大量喷洒杀虫剂，蚊子倒死光光了，可也会殃及无辜的昆虫，杀虫剂还会给环境增加负担，甚至影响人的健康，盘算了一番，这些都不是我们想要的结果。既然不忍做灭绝师太，那么在户外与蚊子们交锋时，就不能嫌麻烦。长衣长裤保护起来那是基本的，必要时加个防蚊帽，再喷上可以遮蔽体味的驱蚊液，一般也就差不多了（每次见长角羚图省事一身短衣裤下地时，总会为他静静祈祷……）。除了做好自身防护，还要注意及时清理隐秘角落里残存的陈旧积水（尽量不要超过一周），那里绝对是蚊子繁衍后代的天堂。如果你

也和我们一样，喜欢在院子里放个旧盆养几株荷花，建议顺便放养几条小小的花鲫在里面，小家伙们捕食孑孓（蚊子幼虫）的能力超强的。

不过，以上防蚊术仅适用于还保有正常理性的蚊子，立秋之后的就不算。到了那会儿，什么咬前咬后神仙药，统统不灵。碰见厉害的，就是长衣长裤也未必挡得住它们"紧叮"的决心。若您非要在这个时候秀一秀吹弹可破的大腿，也就别怪人家蚊子不领情咯。它们此时如此疯狂是为了什么？大概除了想赶制出最后一批娃，就是想攒足能量，竭力挨过冬天吧。敢问天道好轮回，苍天又能饶过谁！

牛虻 送你革命的芒刺！

小学毕业时，曾当过语文老师的母亲送了我两本书作为纪念。一本是《红岩》，另一本是《钢铁是怎样炼成的》，当时它们是熠熠发光的时代标志。在《钢铁是怎样炼成的》这本小说中，主人公保尔·柯察金常常提到给了他人生启迪的另一本书，书名听上去很有趣，即为《牛虻》。儿时的小伙伴，出于纯粹的恶作剧心里，经常把牛虻误读为"流氓"，嘻嘻哈哈满足一下各自内心中的小暗黑，却完全不知牛虻是何物，又为何成了那么庄严的名字。

在我的成长经历中，与牛虻较早的正面相遇已经是上大学以后的事（没办法，城里长大的孩子就是这样没见过世面）。记得冲突最惨烈的一次似乎是在秦岭山区的老县城保护区。当时正逢盛夏，我们一行在社区中进行社会调查，每天都要在山清水秀的村子里走街串巷。虽然山区的小气候不乏清凉的风与冰爽的水，但我们行走在林间时，总有大批闹心的牛虻来来回回地滋扰。平时，它们应该都是去偷袭放牧的牛群的，牛群倒有左摇右摆的尾巴护身，可牛虻仗着体大强壮，还是会屡屡得手。不仅如此，它们的强壮，更体现在那套构造精良的刺舐式口器上，边切割边深刺，即便是吹都吹不破的牛皮，也不在话下。自然的，当有细皮嫩肉的人出现时，牛虻们岂能拒绝。

虽然牛虻个儿大还有重武器傍身，我还是想提醒各位在开始恐惧之前，先想想自己和身边熟人，有几个真正领教过牛虻们的厉害，那些锥扎般的疼痛和又红又肿的大疙瘩估计大都是听来看来的吧？坦白说，牛虻对自己的活动区域也是蛮挑剔的。在"干净整洁"的城市里，没有适于繁殖的环境，更没有闻起来香气扑鼻的牛羊，还可能随时命丧于各种杀虫手段之下，谁愿意过这种刀头上舔血的日子？而且，根据我们在山上长期和它们打交道的经验，牛虻们捕猎时还是会破绽百出，并不能次次轻易得手。首先，可能是受累于魁梧的身材，它们飞行时的响动频率不高但嗡嗡之声堪称明显，这绝对是营偷袭吸血之动物的短板，还没出手就目标暴露，轻则被轰赶，重则丧命。再说它们虽然也出自双翅目门庭，可飞行速度、灵活度都远远输给苍蝇和蚊子。当然捕猎时它们还是有着相当锲而不舍的精神，可这只XXXL的"大苍蝇"，往往在和目标经过几轮近身肉搏之后，便跳出圈儿外。有人猜测它们是在谋划下一轮进攻的策略，我觉得那不过是重量级拳击赛间隙拳王们的大口喘气。接下来牛虻们肯定还有得手机会，但在着陆的刹那，体重可能会再一次拖它们的后腿。即便它们已经尽力轻手蹑足了，猎物们还是会有明显的感觉。之后等待牛虻们的，要么是牛羊发达的皮肌震颤，有力的尾巴抽打，要么是人类大手的致命一击。

写到这里，突然觉得牛虻这大块头有点憨了。想喝你的血会明明白白给你发通知，

除了牛虻，山上还有另一类以捕猎各色昆虫为生的食虫虻（Asilidae），常见到它们落在屋子周围的树枝上抱着大苍蝇尽情享用

虻科
Tabanidae
隶属于双翅目，牛虻是虻科昆虫的俗称

孔武有力地血拼是获取成功的唯一路径，打不动了还会叫个暂停，也太骑士风度了吧？这还不算完，根据我们的观察，牛虻最活跃以致袭击人的时间不外乎七、八月份。这种适可而止的生活作风，比之于它的苍蝇和蚊子亲戚，不知高尚多少倍。也许正是由于以上种种，苏格拉底他老人家曾自比牛虻，就算倾尽所有也要不断刺痛世人的思想，百折不挠地唤醒理性与良知，从而推动现世的变革。

牛虻——真是我听到过的最美好的自然名呀。

麻皮蝽 臭大姐 or 浓香大姐

这篇的主角，跟其他几位相比，不仅不叮不咬不带病，更不会自带音效地玩儿攻心战，搅得人坐立不安。它便是恼人虫系列里的一股清流：麻皮蝽，江湖花名"臭大姐"。别看它像蚊子一样，嘴上挂着一根长长的口针，有点吓人，那不过是用来吸食植物汁液的工具，根本伤不了人。连那江湖闻名的臭液，也只是它用来自保的权宜之计，喷完了还是要逃命滴！虽说臭大姐没啥绝杀技，但俗话说得好："癞蛤蟆趴脚面——不咬人，它膈应人！"很多人都有关于它们的负面记忆：身体不硬不软，乌乌涂涂的色调，长得实在不讨喜；飞得不远噪音还大，落身上轰不走，还令人生厌地四处乱爬；倘若你一气之下真动起手来，又不免惹上挥之不去的阵阵臭气和半天也洗不掉的黄色印记。

说到臭大姐飚出的臭气，确实让人吸上一口便终生难忘。可笼统地称之为"臭"，似乎又差强人意。曾几何时，眼睁睁地看着一位小伙伴儿对着一碗牛肉面踌躇不动，问及原因，竟然是那碗中绿莹莹的香菜，让他联想到了臭大姐身上的滋味儿。爱吃香菜的我俩不由得困惑，为啥相似的味道，香菜就得了"香"字，臭大姐却被困在"臭"里翻不了身。好奇心切，干脆在门前的香草园里做起实验，一手香菜一手臭

麻皮蝽
Erthesina fullo
半翅目蝽科。山上还有一种外形与之相似的茶翅蝽
（ *Halyomorpha halys* ），个头稍小，也是冬季钻缝的主力

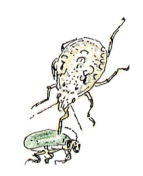

不同于大多数吸食植物汁液的蝽类，在山上还有专吸"昆虫汁液"的蠋蝽（*Arma chinensis*）。我们常在门前生长的红蓼大叶上，眼瞅着它们从口部伸出长长的"吸管"，刺入肥美肉虫或是甲虫身体里，一动不动地耐心嘬到饱

大姐，细细嗅来。果然不一会儿，"臭"与"香"的边界开始模糊，到最后只剩下了浓与淡的分别。突然想到购买香氛时，有人爱清淡，有人喜浓香，爱清淡者往往受不得浓烈，被呛得双眉颦蹙。这么说来，会不会是我们欣赏不动"臭大姐"的浓香，才生此误会呢？今后，也许可以给"臭大姐"更名为"浓香大姐"，也未可知。

　　每年秋天天气转凉，我们都会迎来麻皮蝽大军的组团来访。那段时间，屋子周围飞着的，墙上地上爬着的都是它们，真可谓浩浩荡荡不计其数。更别说烧炕的烟囱、烤窑的窑室、柴灶的炉膛，但凡有些温度的地方，就有麻皮蝽们爬满的景象，还好我俩没有密集恐惧症，不然怕是连门儿都不好出去了。当然即便乖乖待在屋里，也不代表不会与蝽遭遇。麻皮蝽在本地还有个土名儿，叫臭虫板子，为了熬过严冬，它们扁扁的身体很能见缝插针——树皮、岩隙根本不在话下，更喜欢温暖的房间，肆无忌惮通过门窗缝隙一个劲儿地往里钻。我想在它们的头脑里，应该无法理解会有人挤不上去的地铁？虽然我俩一直没少围剿，但它们日复一日，前赴后继，总有一些幸存者能成功藏匿。说起来，人家既不吃喝亦不祸害，不过就是借个宿忍一冬，等待来年春天延续个香火。懂了这小心思，灭杀的执念便渐渐释然，不过该堵的缝儿还是要一个不落，至于那些最终过关的幸运儿，就让我们凑合着，一起猫冬吧。

开车从山间回到都市时，偶有几次，车里会突然冒出只小小的麻皮蝽，沿着风挡缓缓爬行，也不知怎么带上来的。我慢慢摇下车窗，等待着小蝽渐渐走近，随后起飞远去。望着那个渐行渐远的小黑点，忽然意识到，城市里似乎已经少见它们的身影。想到这，竟还生出了几分惆怅。小蝽不送，且行且珍惜。

蜱虫 草间盗血者

"蜱虫"这两个字在很多人心中应该是如同邪灵一般的存在吧？记得有一段时间，网络上流传各种对蜱虫的恐怖报道，诸如"传播多种病毒的蜱虫惊现小区绿地"，或者"男子野外徒步，被致命蜱虫叮咬，一命呜呼"，一时间，人人谈蜱色变。然而，在现实世界，有多少亲眼见过蜱虫真身的，举手我看看！在公园和小区绿地定期消杀的标准化作业下，恐怕蜱虫在城市里早就没有了多少空间，不像乡野山村那么常见。

蜱虫的家族庞大，不同地区分布有不同种类，可生活习性和形态特征一般大同小异。由于生活环境中的猎物有所不同，靠吸食脊椎动物血液为生的蜱虫，有可能透过它们的叮咬在野生动物、家禽家畜和人之间传播一些疾病，但这样的风险，绝对不能以一句"只要被蜱虫咬，就有生命危险"来盖棺定论。

在我们生活的这片浅山地带，蜱虫被当地的大叔大婶称作草爬子，每年夏季是多发期，等雨季一过，便出现得越来越少了。八条腿的它们，像个小蜘蛛一样，芝麻大小，巧克力颜色，可谓其貌不扬，很容易被人们忽视。确实，靠着在动物体表寄生度日，蜱虫最重要的生存法则就是隐蔽。不过用放大镜或微距镜头拍摄特写后，还是能感受到来自蛛形纲的汹汹气势。只是吸食血液的食性让它们放弃了蜘蛛家族强劲的毒液螯肢，口器特化成既能豁开皮肤又能刺向更深处的独特形态，局部表面还附有倒刺，这样一来，它们不仅可以轻松攻克动物们的表皮防线，还可以在开怀畅饮的同时，悬挂其上稳如泰山。

● 烟囱上密布的麻皮蝽。它们总想在人类屋檐下借用一息温暖，哪怕一条缝隙就能帮它们度过寒冬

听到这里，神经敏感的人可能已经毛骨悚然了 —— 难道没被发现的话，它可以这样挂在宿主身上一生一世？多可怕呀！在这里，我要提醒一下各位，讲寄生动物不谈生活史那都是要流氓。首先，蜱虫的体表寄生是暂时性的，它们中的许多在成长的不同阶段会更换不同的宿主，而且完成交配后成虫也是要离开宿主滴。更何况，那些大着肚子的雌虫会在离开宿主后才产卵，宝宝们一落生妈妈们就迅速死去了。蜱虫的卵会在隐蔽的草木间孵化成幼虫，幼虫也要吸血，但并不会对猎物穷追不舍（爬得太慢，真心追不上……），秉承着世世代代"等你撞上门儿"的狩猎文化，它们唯一能做的就是爬上过膝的野草、灌丛，在那里等待此生的命中注定。此时的小蜱会在草尖上敞开怀抱，努力捕捉着空气中猎物的气息，至于能否刚好遇到一头路过的山间小兽或是一只低头啃草的羊咩咩，就只能交给运气了。

在大自然的系统当中，没有谁能轻而易举活着，那些称王称霸的往往都只能在化石里找了。咦，之前我是不是说过这句？没关系，这么重要的话值得一讲再讲！找到宿主的蜱虫也不能说就端上了铁饭碗。有一年，我们的羊群身上出现了一些蜱虫，起初我们没有特别留意，后来逐渐发现，小羊原来也不是吃素的（就这会儿不是），一些粗心的蜱虫，由于没找到足够隐蔽的地方就下了嘴，很容易让蹭痒痒的羊咩咩歪打正着，被挤成了爆浆珍珠小丸子。当然，也不能什么都指望羊自己来，当畜群出现了明显的蜱虫问题，还是要根据当地畜牧兽医站的指导做一些常规处理。

以上说了那么多蜱虫的不容易，并不是故意鸡汤煽情，只是希望人们能以自然系统中一个物种看待另一个物种的视角，去建立感知和理解。要做到"以邻为友"，知己知彼是必须的。如上文所述，既然蜱虫有稳定规律的生活史，那么在人家呼啦啦一群在草丛中翘首以待的

吸血后的状态 ←

蜱总科
Ixodoidea
属于蛛形纲蜱目，长着八条腿的蜱虫和螨虫，与蜘蛛一样，都不能被称为昆虫

被蜱虫叮咬之后

根据疾控中心的建议，如果您发现被蜱虫叮咬，附近又方便就医，还是建议第一时间去医院请专业的医生处理。如果身在野外，没有就医条件，可做如下处置：

1. 用碘伏或酒精给蜱虫叮咬位置周围的皮肤消毒，注意不要刺激蜱虫。
2. 用细尖头镊子，尽量贴近皮肤，紧紧钳住蜱虫的口器，仔细地将整只轻轻拽出，过程中尽量保持稳定，减少晃动（要注意蜱虫的口器会插入皮肤深层，所以一定要先找到蜱虫的头部，用镊子尽量钳住更深处的坚硬部分；切不可去刺激蜱虫柔软的腹部，那样做有可能让蜱虫把体内未消化的食物反吐入人体）。
3. 用碘伏或酒精再仔细清理 2～3 次创口流淌出的污物和血液，并在之后持续对创口进行消毒处理，直至伤口愈合。
4. 拉出的蜱虫可暂时冷冻封存，之后的几周里注意观察身体情况，如出现创口红肿溃烂、头痛发热等症状，带上留存的蜱虫及时就医，并告知医生被叮咬的历史。

时节，咱们是不是可以少制造点亲密接触的机会呢？另外，如果确定要在这个时候去有大量蜱虫发生的自然野地活动，做好长衣长裤的个人防护（袖口裤腿尽量收紧），喷些驱蚊液，以及徒步之后的相互检查就变得很重要。若你和我们一样长期生活在山野里，那么在蜱虫的发生期，注意检查房前屋后的人居环境以及经常通行的步道，把野生植物的高度控制在脚踝以下（不要除草剂，只要除草机！），便可以大大减少蜱虫的发生率。而对于猫狗这些与人接触密切的家养动物，只要定期做好体表驱虫（我们一直用福莱恩，效果还不错），经由它们带入你生活中的蜱虫也就大大减少了。

如今新冠疫情蔓延全世界，从各国政府的头头脑脑到街头普罗大众，多少会谈之心焦、闻之色变。然而，无论是恼人的苍蝇、蚊子，还是看上去有些可怕的蜱虫，或那些看不见摸不着的细菌、病毒，当然也包括人类，都是自然之子。与其对有毒之虫草木皆兵，惶惶不可终日，不如多去了解一点它们的恼人虫生，至少在今后短兵相接时能多一份熟络与平和。

→ 吸血前的状态

● 每年夏天的茴香植株上，肉嘟嘟的茴香凤蝶幼虫从不缺席，因为有它，茴香地也成了我们的自然观察宝地

Shoot date:2021-8-2

大肉虫子　小隐隐于土，大隐隐于树

菜粉蝶幼虫

菜粉蝶
Pieris rapae
鳞翅目粉蝶科

说起昆虫，我和许多小伙伴们一样，马上想到的便是小时候抓蚂蚱、逮蛐蛐、抄蜻蜓、粘"季鸟儿"（北京方言对蝉的称呼——编者注）的那些欢乐时光。城市中有限的自然条件，让昆虫成了许多生活在这里的人与自然之间的第一道桥梁。可随着不断长大，城市的性格也变得拘谨起来，原先家门前的那些野花野草，一片片被替换成了人造绿地，甚至被浇筑成了水泥花坛。幼时在此生活的昆虫大军，随着环境的变迁陆续失联，到如今似乎只剩下强大的蟑蚁蚊蝇等还在苦撑。来到山上生活，我仿佛重新回到了彩色童年的N次方，里山的层层叠叠让昆虫们在这里伸开了筋骨，各取所需，各显其能，到处是繁荣景象。我也变换了身份，做起农夫，开始了与虫子的第二次亲密接触。

我们在山上种地的初衷，是尝试自给自足的同时，与亲朋们分享多余，因此种植的面积不算大，无论蔬菜、粮食还是果树，基本都走少量多样路线。选择这样的耕种方式，再加上农业化学品的零投入，让田间地头的昆虫种类逐年丰富。优雅的蝴蝶、神秘的蛾子、光泽炫酷的金龟子、挺拔威武的大天牛，还有太多根本叫不上名字的，让人惊喜不断。只是农夫的工作赋予了我观察昆虫的新视角，相比于吸睛的成虫阶段，如今我更关注它们的"前世"，即化蛹之前的幼虫期，这

● 被蛀惨的卷心菜

里山客

也是它们危害作物的黄金时代。那段日子里，还不够"变态"的它们，统统被我们称为"大肉虫砸（子）"！

一提起肉虫，身边的许多人都会大惊失色，觉得它们丑丑的，软软的，蠕动起来无比恶心。吓唬人并不是它们的本意，自破卵而出，它们便心无旁骛，一门心思就是吃吃吃，为的是攒足能量把自己变胖，早日化蛹成虫，再努力延续家族的血脉。想得倒挺美？！人不待见的肉虫们在山里可是俏货，往来的飞鸟、草里的蜘蛛、晃晃悠悠的大蟾蜍，更别提那些带着家伙的捕食性昆虫们——虫子若落到前述这些家伙手里，结局都差不多；再加上大肉虫子是喂鸡的上等食材，我们也会时不时地在田里围剿一番。瞧瞧，肉虫子们想要在这样的夹缝中健康长寿，还真得动不少小脑筋啊。基于平日的田野观察，我们也算小有领教。

田里最常见的是菜青虫。作为菜粉蝶的幼虫，它们在每年春夏之交，常通过西蓝花和甘蓝等十字花科的蔬菜与我们照面。它们食量惊人，把菜叶子咬成筛网那是常有的事，好好一大棵最后被啃得只剩一副骨头架子，也不算新鲜。富贵险中求，早吃早化蛹，依靠着强大的繁殖能力，菜青虫们的性格似乎有些大喇喇。一只只大摇大摆地在叶片上咀嚼，遇到危险行动还相当迟缓，让人一抓一个准儿。

论有恃无恐地"吃"在当下，茴香凤蝶的幼虫更极品。它们小不点儿的时候还低调地扮坨鸟粪偷生，一长大便霸气侧漏，个头比菜青虫大得多，身体也很粗壮。每每在大太阳底下看见它淡定地趴在茴香或胡萝卜的叶子上秀肥美，我总忍不住蹲下身来端详。伞形科蔬菜的辛香气本就有趋避的效应，坐拥着这片风水宝地的它周身通绿，有

亚洲玉米螟
Ostrinia furnacalis
鳞翅目草螟科

茴香凤蝶
Papilio machaon
鳞翅目凤蝶科，又名金凤蝶

序的黑条纹间夹杂着点点红黄，在菜地里非常显眼，一身的警戒色似乎是要昭告天下：朕不好惹！倘若外敌胆敢来犯，还会猛地伸出一对橙红色臭腺，这是它们的独门化学武器，释放出刺鼻气味（茴香胡萝卜可不是白吃的），不把敌人吓出个好歹，至少也要将之驱逐出境！

　　别看上边这两位都是蝴蝶的前世，要说菜地里肉虫子的大部队，还得是蛾子。大夏天湛清碧绿的玉米地看上去风平浪静，让人错以为大丰收已是板上钉钉，其实早就有一种不起眼儿的小蛾子在这片祥和中生儿育女，它们便是玉米螟。比起上两位的明目张胆，它们选择了半隐居的生活方式。平时我们在玉米地附近溜达时，很少看到它们的踪影，只见得叶子上被啃食后留下的斑驳孔洞。随着玉米日渐成熟，其中一些果穗上开始出现貌似虫粪模样的粉末，这时若是将玉米剥开，常会看到藏在玉米芯或玉米粒中的玉米螟幼虫，肉嘟嘟地探出半个身子。正好，趁它们还没来得及缩回去，一下子捏住头往外一拉，来个生擒活拿。为了不同季节都能吃到鲜玉米，我们每年都会间插开两到三个批次安排种植，但几乎每一批都神奇地跟玉米螟"巧遇"，查了资料才知山上的玉米螟每年会发生两三个世代。别看它们世代之间未曾谋面，这分工协作倒是井井有条，该吃叶儿的时候吃叶儿，该蛀茎的时候蛀茎，该吃穗儿的时候吃穗儿，默契得一塌糊涂。当然，玉米之于玉米螟并不仅仅是食物那么简单，入冬前，干燥变硬的玉米秸秆更是会被最后一代老熟幼虫用作过冬房，它们钻入其中躲避严寒，憧憬着来年的破茧成蛾。好一只物尽其用会过日子的虫儿……

　　夏天茁壮成长的除有玉米，还有菜地里大棵大棵的西红柿。在那些表面红彤彤的果实里，还有着一种特别能藏的肉虫子——小有名气的棉铃虫。千万不要被名字迷惑，它的食谱里可不只有棉花，不少其他作物也是它的盘中餐。以我们地里的西红柿为例，棉铃虫的幼虫刚孵出来会先从嫩叶吃起，等长大一些，便迁移到西红柿果实上开启钻蛀生涯。这

● 山中夜晚黑得通透，灯一亮起，各路飞蛾便循光而来铺满门窗，这三只（从左至右：尺蛾、尺蛾、夜蛾）一直陪我们耗到天亮

个过程相当隐蔽，让粗心的我经常等到西红柿身上被蛀出了窟窿，才有所察觉。这时，掰开一个被蛀食的西红柿，里面未必都有只吃得正爽的肉虫子，有时甚至连掰几个，都只见虫粪不见虫。棉铃虫这种"打一枪换一个地方"的运动战简直出神入化，不由得让我们猜测，它们这样在果实之间四处钻眼儿，到底是为了更好地躲避天敌捕捉，还是贪图新鲜、不吃剩饭的任性导致？又或许，只是喜欢浪迹天涯、四海为家的快意生活罢了。

找棉铃虫至少还能通过西红柿来寻踪，同为夜蛾家族的地老虎，在光天化日的菜地里，无论茎叶间还是花果上，都可以说无迹可寻，反倒收获蔬菜时，会不经意地从土里头带出俩仨来。这般可遇而不可求，让我关注起这种肉虫子的"夜生活"，原来地老虎大白天一直埋伏在土中不露面，夜里才出到地面啃食蔬菜茎叶，好一个昼伏夜出的土行孙。与许多肉虫子一样，地老虎受到惊吓会蜷作一团，静静地装一会儿死（有种你就一直装下去……），警报一解除便立马开溜，灰暗的肉身瞬间与土壤融为一体，借土遁逃匿无踪，就算是白天抓到也大意不得。当然，我们可不会等着它把戏瘾过足，必须眼疾手快地给它来个梦想照进现实："走，喂鸡去！"

有些个大肉虫子套路更深，觉得像地老虎那样每天钻进钻出太麻烦，索性不出土，它们便是金龟子的幼虫——蛴螬。平时就靠吃点地下的根茎种子，一样把自己养得超肥。每年我们在收获花生、白薯、土豆、胡萝卜的时候，总能顺带着刨出蛴螬，它们一只只白白胖胖，肉质紧实，看来放弃了地上的美味，转战到地下觅食，也一点儿不亏嘴嘛！尤其是那混杂着动物粪便和植物残茬的堆肥区，可算得上是它们常年的聚会之地，

棉铃虫
Helicoverpa armigera
鳞翅目夜蛾科

地老虎
鳞翅目夜蛾科（Noctuidae）
部分种类的通称，又名切根虫

有时扒开一小块肥堆下面的土，就能挖出十多只来。据说成虫也很喜欢把卵产在这样的沃土当中，从小给娃一个温暖的家。可这么一直乖乖在土里刨食的它们，也还是逃不过抽不冷子（北京方言，形容"冷不防"——编者注）从天而降的终结者：凭借细长的喙插入土中翻搅捉虫的神鸟戴胜；同是"土生土长"，幼虫便开始大开杀戒的食虫虻；潜入土中，把卵产上蛴螬身，给宝宝们囤积储备肉的寄生土蜂。果然，能洞悉蛴螬藏身秘密的任何一个都不是省油的灯。唉，都入了土还让大家伙这么惦记，蛴螬啊蛴螬，你变个金龟也是不易！

卵

　　这会儿，从菜地移步到果园，还有一种肉虫子同样过着不见天日的生活。但不同于蛴螬的土居，蠐蛴（天牛的幼虫）选择了树栖。在山上，虽也偶见星天牛和桑天牛，最常打交道的还是桃李杏树们的常来客——红颈天牛。每年七、八月份，它们的成虫会把卵产在树皮的缝隙中，孵化出来的肉虫子通过一点点啃食钻入树干内部，一边吃一边把掺杂着木屑的便便向孔洞外倾倒，逐渐在树下堆出一座小山——蠐蛴就是这样一口一口吃出了自己的家！自打住进树洞那一刻起，它们便再不露面，靠啃点儿破木头在洞里一窝就是两三年，不管寄生小虫们来捣蛋，还是闹心啄木鸟来探班，依旧是躲进小楼成一统，管它冬夏与春秋。直到那一个如约而至的炎炎夏日，倘若得以活命，它们才羽化成我们熟悉的天牛模样，钻出树洞展翅飞翔，逃过天敌围捕，寻觅久违的爱情。我曾有幸在年迈的李子树旁目睹着粪和木屑从树洞里被它一撮撮推出的有趣景象，也曾意外在锯断的树干中遇见肉肉的本尊和它留下的幽幽虫道。想见蛴螬可以挖土，但想和蠐蛴好好见上一面，得剖开一棵树才算诚意满满。不得不说，天牛们的藏身法真的很

红颈天牛
Aromia bungii
鞘翅目天牛科

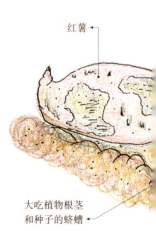

红薯

大吃植物根茎
和种子的蛴螬

蛴螬
为鞘翅目金龟总科（Scarabaeoidea）幼虫的通称，山上最常见的金龟种类有铜绿异丽金龟（*Anomala corpulenta*）和小青花金龟（*Gametis jucunda*）等，只要不是赶上它们肉嘟嘟的"蛴螬时代"，凭着成虫不同颜色的金属光泽还是很好区分

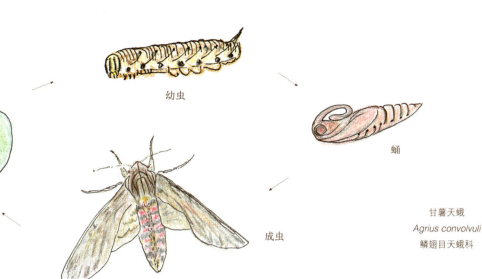

幼虫

蛹

成虫

甘薯天蛾
Agrius convolvuli
鳞翅目天蛾科

"牛"，想起小时候总觉得天牛笨笨的很好抓，现在看来，我抓住的是它们生命中的最后一抹余晖罢了。

作为一个爱自然的人，面对这些表现抢眼的大肉虫子，我惊叹于它们肥而不腻的生存智慧，可作为里山上的小农夫，这些家伙着实让我欢喜让我忧——虽然也看到长大"成虫"的你们传播花粉很卖力，但别总盯着有限的果园菜地，就不能走出去打点野食儿吗？！其实虫子们并非专跟农夫过不去，比如地里常见的甘薯天蛾，我们不止一次地发现它们放着好好的甘薯叶不吃，跑去地边上大口啃野生牵牛花（牵牛与甘薯同为旋花科植物）。看来，虽被人们唤作甘薯天蛾，甘薯并非它们的"非吃不可"。甘薯天蛾口味还算窄的，许多昆虫在这片山野中，能吃的食物都不止一种，只不过比较而言，经人选育的蔬菜瓜果口味更佳罢了！

里山复杂的生命之网注定了没有哪片森林或土地是专属于谁，无论虫子还是我们，作为这系统中的一员，捍卫的同时也必须接受分享。既然饭还得吃，地还得种，这些有趣儿的对手们，就还得接着处下去。比起对之赶尽杀绝，我们更愿意沉下心来与其相处，更智慧地捍卫食物的主权。小隐隐于土，大隐隐于树，大肉虫子们，各就各位，预备，藏！

农夫的日常不是敲打键盘，而是以手感知金木水土蔬草虫禽。这些年，我们亲自「经手」过的奇奇怪怪还真数不过来。

● 1. 果园里发现一只绿色象甲，个头很小移动速度超快，能拍下这张清晰的照片相当不易。2. 对七拐八绕的萝藦情有独钟的中华萝藦叶甲，因其炫目的金属光泽，被我们亲切称作"蓝宝石甲虫"。3. 某种天蛾敦实稳重的幼虫，体长足有8~9厘米，用手轻轻一撮，感觉自己瞬间也变紧实起来。4. 山药叶蜂的幼虫正组团赴宴，身体颜色相当有"吓退"功效。5. 每年采收花生后，都会手工剥皮晾晒，选取个大饱满的籽粒，来年播种使用。

● 6.移栽到香草园的树莓苗，今年只结出三枚果实，你一枚，我一枚，剩下的"石头剪子布"！7.一手托仨，为鸡蛋的安全着想，小手一族不要贸然尝试。8.腿比谁都多，走得比谁都慢，人畜无害的浙山蛩，马陆家族中的大块头。9.白马牙玉米，老品种产量不高，磨成面味道极好。10.深棕色，温暖疏松，散发着森林幽香的堆肥，由鸡兔羊的粪便、野草和农作物残茬组成。还等什么，还田还田。

萤火虫　胖蜗牛终结者与绿光信使

"时节变衰草，物色近新秋。度月影才敛，绕竹光复流。"古人对秋日萤火的几行简言，画面感实在是太强，让我们这些从小只在影像和书籍中与萤火虫交会的人不禁浮想联翩。多年前的一个秋夜，我有幸在一片静谧的山涧之中，第一次与萤火虫碰面。虽没有诗中的竹林掩映，但忽明忽暗的点点流萤，时而飘散于空中，时而从身边一闪而过，让人宛若置身幻境。因为此情此景，也算明白了古人们为何总拿它"萤"诗作对。后来虽到山上生活，却从没期待过与萤火虫再见面，想想我们这里如此干旱，根本没什么泉水溪流，印象中一向是逐水而居的萤火虫，怎能来此生活？

七月的晚间，我坐在门前乘凉，余光扫到一旁的土坡上似有点点光亮，还以为是月光照在石头上的反射，走近一瞧，亮光竟是从一只躲在草丛背后的虫子身上发出。"异形"模样的它，足有一个多指节的长度，扁平的身体每一节都披着黑色铠甲，正急赤白脸地跟一只蜗牛厮打在一起。那时的我不知道它竟是萤火虫的幼虫，更不知道它还是捕食蜗牛的农夫好伴侣。后来，我们又在屋后的砖缝里与这种小虫再度相遇，只不过那次是白天，也没有了抢戏的蜗牛，画面比头一次缓和不少。慢慢地，我们习惯了它的邪恶外形，并弄清了它的真实身份。原来在萤火虫的大家族里，并非只有水栖种类，陆生的萤火虫也是不少。它们的幼虫并不需要生活在水中，但洁净潮湿且植被繁茂的环境仍然是生存刚需。看着对环境十分挑剔的萤火虫，竟然在自己家门口住了下来，心下窃喜了许久。

盼着盼着，九月的夜空中忽地出现了一点微光，我们知道，是萤火虫来了。这次它一改上回见面时的惊悚形象，飞出草丛，幻化成一只童年印象中萤火虫该有的模样。那天我们很晚才回到山上，目睹着它从空中缓缓飞来，顺着撩开的门帘与我们一同进了屋，落在了灶台附近。夜晚的里山上漆黑一片，没有一丝城市的耀眼，只有这漫天星斗下的一盏绿光若隐若现。那一刻，我们舍不得打开屋里的灯，唯有安静止语，试着与它一同沉入这寂静的山，浸入这暗淡的夜。不过，享受完了这片刻的美妙，还是要回归理性的轨道。此刻，眼前这只萤火虫闪光的主要目的就是为了搞对象，人家幼时吃的那些个蜗牛，好不容易才积蓄成能量，化作了眼下这一次次的闪耀，我们怎能在屋中独享这本应留给雌虫们欣赏的恋之萤光呢？随着我俩小心翼翼地帮助这只走错门的小虫回归山野，之后每一年的这个季节，流萤都会如约而至，当着我们这两位知趣观"光"客的面，谈谈情，说说爱，点亮彼此的生活。

　　说得这么热闹，其实每年秋天，我们能同时在空中看见的萤火虫，至多也就四五只，少的时候一两只。比起湿润的南方或是童话森林中的漫天飞萤，这数量实在是不值一提，但我们每年都被这几只少得可怜的小家伙牵动心弦，盼着和它们见上一面，心里才踏实。这点点的萤火恰似来自这片平凡山野的信使，每年给我们报个平安：二位，山里都好，谢谢惦念。

与蜗牛撕打在一起的萤火虫幼虫

胸窗萤
Pyrocoelia pectoralis
鞘翅目萤科，是一种陆栖萤火虫。萤火虫大家庭中仅有少数为水栖种类，它们的幼虫阶段在水中度过，其余大多是适应陆地湿润环境的陆栖种类。作为重要的环境指示物种，野生萤火虫的种群数量，正随着其生境的日益恶化和商业围捕而骤减。如果今后你有幸与它们在静谧的暗夜偶遇，请记得收起光亮，驻足止语，默默欣赏就好

溜达鸡　从鸡疯蛋打到阶层固化

我小的时候，如今已铺天盖地的洋快餐才刚刚兴起，店面装潢时髦，套餐价格不菲，周末能去撮上一顿可算重大家庭活动！而炸鸡，这个洋快餐业的口味顶梁柱，从那时起，也植入了我的世界。我一直很爱吃鸡，炸烤煎扒样样来者不拒，其中鸡翅膀更是心头好，有时甚至错觉自己胳膊上的肌肉统统是鸡肉变的。

也许因为太爱，更为能吃上自己养的鸡，上山后我一鼓作气将鸡舍搭起。鸡舍选在了山地的杏林下，与小羊们的果园牧场仅一网之隔。万事俱备后，那年我们一口气请来了一个多月大的小鸡二百多只。它们的羽翼已基本长全，在鸡苗场完成了从加温环境向常温环境的逐步过渡。这些"脱温"后的小鸡算是具备了散养的身体素质，即便如此，刚入驻新鸡舍的头两晚，面对陌生环境和初春山上的低温，小鸡们还是会本能地依偎取暖。赶上周围有个风吹草动或是怪响，没见过啥世面的鸡群说崩就崩，一只只又是惊叫又是蹿跳，不仅扎堆还相互踩踏，层层堆叠"上鸡山"，结果底部的小鸡们直接被秒杀。

经历了这样的惨剧，以后每年我们都会在夜晚给鸡舍的围网挂上一层厚实的塑料布，为小鸡防风御寒，同时点起一盏小灯，洒一点微光让它们看清四下，心也更安定。这还不算完，这段时间，小鸡们白天黑夜都会被关在鸡舍里，不能出门。连续几天令其吃喝休息，有利于它们接纳彼此，接纳来当保安的两只大鹅，更是要它们把这儿当

家鸡中常见的华北柴鸡

家鸡
Gallus gallus domesticus
家鸡是由雉科原鸡属的野生
原鸡经人类长期驯化而来

家，日后无论白天耍去哪里，天黑前也会自觉归来（鸟类的归巢性就是这么强大）。

那时我们养的品种叫华北柴鸡，它们活泼好动，喜欢到处探索，虽走遍了果园中的隐秘角落，尝遍了杏树林下的各种吃食，还是对围网之外无限好奇。记不得从哪一天开始，果园里不时出现偏离航线的"大飞鸡"，它们无须跑道，干拔起飞，随便扇两下翅膀便能轻松站上一米五高的围网。有的稍做停留，似乎做着是去是留的思想斗争（留的寥寥……）；性子烈的，干脆就来个一飞冲天，绝尘而去，留下几根鸡毛在空中慢慢下坠。本以为经过了这么多年的选育，善飞的家鸡早都已经进了大柴锅，留下的该是些飞不动的憨皮。没承想我们的小鸡如此彪悍，还真有那么几分家鸡祖先（原鸡）的轻盈风范，虽然祖先们飞得也就那样……

小鸡们还是把事情想简单了，同是纵情一跃，人家原鸡在野外可以安然上树，避开天敌，可我们这里的"停鸡坪"就只有围网以外的大片平地，四周一览无余。有刺客！一瞬间只听得几声吠叫，我们的四只小狗发足狂奔，朝着"飞鸡"一拥而上，先包围，后歼灭，完事还一口不吃，把鸡原封不动叼到我俩屋门口，往跟前一放，接着集体甩尾，小眼神儿还饱含着深意："二位瞧瞧，狂徒在此，就说哥儿几个这工作到位不？！"那段日子，由于管片儿的小狗们责任心太强，家门口三天两头堆死鸡，我们最终怀着一颗感恩的心，把骁勇的"保安队"关了禁闭然后全面接手了小狗们的日常工作，漫山遍野四处抓鸡。说来有趣，自打我们走马上任，"飞鸡"的数量少了许多，不知是鸡群里的好汉本就所剩无几，还是它们缅怀着有去无回的先生前辈，渐渐明白了外面世界的精彩与无奈。

一转眼已是秋高气爽，我家小鸡初长成，到该产蛋的月份了。一段时间来我们辛勤付出，想着也该有回报了，那些日子我俩每天都会

● 鸡群是个时而安静时而喧闹，还有很多秘密等待参透的复杂小社会

仔细巡查，从鸡舍旮旯里的松软草窝，到星级标准的双层产蛋房，连果园里也要来一遍地毯式搜索，但次次都是乘兴而来败兴而归。鸡舍里清一色的母鸡，每天大摇大摆，又肥又靓。就说这二百多位，开窍有早晚，开产分先后，那也不能回回零蛋哪！难不成需要只公鸡来搅扰搅扰？按说这母鸡下蛋跟有没有公鸡没啥关系啊，我们盼的是鸡蛋，不是要孵小鸡。后来我们又听说光照可能跟下蛋有关系，可鸡舍一直采光充足，小鸡们在外出时还能日光浴，就算没做到养鸡场那般精细的人工补光，充其量就是产蛋率低一点，不至于不开张啊。

思来无果，我们把矛头转向了上游的供应商，会不会是他给咱的鸡苗有问题？为此我俩还跑了趟鸡苗场，老板听了这不下蛋的遭遇后，立马带我们绕到了后院，指着一边溜达的几只鸡说："这几只跟你们那些是同一批，卖剩下我就给撒院儿里了，瞧瞧，这些天蛋下得嗖嗖的！"说罢猫下腰捡起几枚递给我。看着地上的鸡，感受着刚下的蛋在手心里余温尚存，唉，看来是冤枉老板了！他倒没在意，乐呵呵地接着说："有句俗话叫鸡肥了不下蛋，刚才听了你们喂的东西，没别的，估计就是你们把鸡养得太肥了！"咦？鸡越肥，不是应该日后产蛋时劲儿越足吗？可老板说实际情况恰恰相反，肥胖会干扰鸡的生殖腺发育，甚至造成不产蛋。那年因为一次性囤积了不少玉米（祸不单行，详见第196页），试着给鸡喂了几粒，见它们抢着吃，投喂起来便有些肆无忌惮，忽略了营养的均衡。母鸡们玉米吃得太多，能量太高，导致体内脂肪淤积，堆出厚厚一层大油，锃光瓦亮，把内脏包裹得密不透风（这景象在年底宰鸡时可是看得够够的），这样的鸡肉吃起来倒是肥美，可想要收获鸡蛋还是必须给鸡减肥。第二年，面对新来的鸡苗，我们把食物中玉米（碳水）的比例降低，增加了蛋白和矿物质的摄入，再加上丰富的厨余和果园里每日的自采食，虽赶上悲催的"猫年"横祸（详见第104页），伟大的母鸡们还是如期开产，金秋时我们终于迎来了一枚枚迟来的蛋。

蛋算是见着了，可鸡又有往外飞的了。抓鸡倒是挺锻炼身体，但总这么抓了往回扔终究不是长久之计，难道就没有老实点儿的鸡么？为此，鸡苗场的老板向我们推荐了一种本地的老品种——北京油鸡。听人劝吃饱饭，那一年，我们采购来了场里的最后一批"混合油鸡队"，总共二百多只的阵容里公鸡占去大半。刚来的头俩月，我俩的感觉是如沐春风，比起华北柴鸡，油鸡明显恋家有余，闯劲儿不足，开始时连白天去趟果园都得我们在背后使劲，哄一下走两步，不哄就地卧倒。随着一点点长大，油鸡们的造型越发"叛逆"，性格却还是慢慢悠悠，平日在果园里迈着四方步，别说比比谁飞得更高，就连起飞的欲望也没有，行事风格相当稳健。这一下，豹猫也进不去了，鸡也不出来了，我俩总算有空沉下心来，慢慢研究小鸡的私生活了。

以前考虑产蛋，养的基本都是母鸡，偶尔混入几只公鸡也没见它

北京油鸡

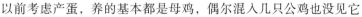

● 一场大雨过后，捡到一枚棕头鸦雀的蛋。小小的蓝色鸟蛋与形形色色的鸡蛋共处一篮，让人感叹生命的神奇

们兴风作浪。这次正相反，即便是佛系的油鸡，表面平静的鸡群当中，也有暗流涌动。随着大批公鸡接连成熟，此起彼伏的打鸣声不绝于耳，瞅你费劲的一对一无尽无休，不堪"众"负的母鸡们抱头鼠窜。那段时间，每天一进鸡舍，便可见东倒西歪的料桶，暴土扬长的飞灰，缩在产蛋箱里避难的母鸡和四处扑腾的惹事公鸡，以往和谐的鸡舍一片焦土。雄鸡一声天下白，雄鸡太多了必须宰！为了母鸡们的生活福祉和产蛋顺利，我们决定将膘肥体壮的大公鸡们集体咔嚓。宰鸡前夜，我俩准备好应用之物，等天儿黑透了，鸡们都已上架休息时，悄悄摸入鸡舍。面对着一只只"呆若木公鸡"，我们手到擒来，瞬间体验了把当年豹猫的畅快。这是因为鸡与大多数鸟类一样，夜晚的视力不怎么好，天一黑就成了睁眼瞎，搞不清周围的状况，也就很好抓。以前不在意这些，净选在大白天抓鸡，每次追出一身大汗不说，还落一脸土，手持着抄网走出鸡舍时活像两枚刚出土的兵马俑战士。随着公鸡离开，鸡舍跟着安静了下来，母鸡们开始了自己"井然有序"的生活。

　　之前由于公鸡们太过嚣张，母鸡们一直以受气包形象示人。将公鸡除名后，母鸡

◎ 鸡与蛋的辨别

品种	华北柴鸡	贵妃鸡	海兰褐
特点	华北太行山地区地方品种，活泼好动，野性十足。	自英国引入的品种，机灵小巧颜值高，一直舍不得下刀。	从美国引入的杂交蛋鸡品种全称为海兰褐壳蛋鸡。
蛋	淡粉色	白色，小而尖	褐色，个头偏大

们应该不用提心吊胆了，可以过上相安无事、姐妹情深的日子了 —— 粗看之下确实如此，鸡舍里既少了往日的喧嚣，也没了狂野的互殴，但细细品味，这母鸡的世界也并非其乐融融。现实的权力斗争其实每时都在发生，只不过不同于公鸡明着争，母鸡们选择了暗里斗。通过观察，我们发现在剩下的母鸡群中，有的母鸡总显得高别的鸡一头，不仅身上羽毛光鲜亮丽，吃吃喝喝或选地儿休息时，似乎也总占个先，像不怒自威的大姐大，周围的鸡见了它都会自动让位。另外一些母鸡则天天缩脖溜边儿，斑秃的羽毛乱蓬蓬炸开着，像被雷劈了一样，啥事都往后捎（北京方言，指往后靠 —— 编者注），见谁都低半头。光天化日朗朗乾坤，公鸡都没了，怎么还会有被霸凌成这样的小可怜？

慢慢地，我们发现了母鸡之间互啄的行为，它发生在抢饭时、争水时、走路时……有时仅仅是两只鸡离得太近时。我们没有观察到细致入微，但也能大致看出这些个啄与被啄并非随机地发生在每只母鸡身上，换言之，啄的总啄，被啄的总被啄，其中是有门道的。可这鸡舍食水充足，又不存在交配权的争夺，同是一片屋檐下的好

北京油鸡

北京地方品种，其"凤头、毛腿、胡子嘴"的外形颇具特色，虽然个头一般大，产蛋也一般多，风味却很不一般。

淡粉色，头尾偏圆

绿壳蛋鸡

我国选育出的特有品种，所产蛋外壳为绿色。

绿色

芦花鸡

黑白相间的羽毛排列出细碎的横纹，为肉蛋兼用型地方老品种。

淡粉色

姐妹，何苦相互为难呢？从那以后，我们才知道了"啄序"这个词，感觉母鸡们的啄像极了那数学课本中的大于号，通过彼此间啄来啄去，来确定自己在群体中的地位排序——其关系用大于号来表示就是：大姐大>二姐大>⋯⋯>最卑微的小可怜。原来电视剧里的宫斗大戏换到母鸡的世界里全是一口一口啄出来的！这种暗默知一旦形成，鸡群倒是进入了一种阶级固化的新稳态，可这时再来一只新鸡，原有的啄序便又被打破。为了不让母鸡把下蛋的精力消耗于这一次次的排位赛中，老师傅教导我们，不同的鸡群没事少掺和。但后来由于朋友临时转赠，我们又没有第二处鸡舍，只好给油鸡群添置了四只黑白花儿的贵妃鸡，它们个头不大，却迅捷机敏灵性十足。自从它们入了群，没少给油鸡们添堵，鸡群原有秩序果然经历了重新洗牌，我们虽然没能看出贵妃鸡们排行具体老几，但从它们的外形和刁蛮程度来看，地位应该不低。唉，这下又有几只可怜的油鸡要被啄啄啄啦！

究竟是什么让这几只小小的贵妃鸡在油鸡的世界里立于不败之地？又是什么决定了不同品种鸡的性格差异？我们不得而知。鸡，虽是被人类驯化了几千年的"老鸟"，与之朝夕相处时我们才发现，对它们的很多事仍知之甚少。就如同里山之中的草木风土，许多我们还没来得及了解，便已面目全非，或消失殆尽，只因我们装得太满，走得太急，落下了生活的滋味。如今，鸡除了是食物的一部分，还以生动的鸟类身份，不断丰满着我们的生活，带来小而持久的幸福感。

贵妃鸡

兔子兔孙　深挖穴，广打洞

蒙古兔
Lepus tolai
兔科兔属

　　野兔算是山上邻居里与我们最常打照面的一位，尤其是在晨昏的山路上，一身棕黄的它不时从车前的路边蹿出，顺着车灯方向一路狂奔，速度相当了得，一个拐弯没看到，便消失于一片灌丛之间，仿佛从未出现过。自从有了野兔的陪跑，沉闷的山路变得饶有生趣。其实不止在路上，自红外相机布设于盖娅峰顶，一只小野兔便总来抢镜。与陪跑的那位一样，它们的学名叫蒙古兔，又称草兔，是本地唯一分布的野生兔类。在镜头前，它时而上蹿下跳，挑战复杂地形；时而急停起身，茶呆呆（东北地区方言，形容呆傻——编者注）发愣，整个身体仿佛瞬间石化，一动不动，直到下一个神来的猛醒，灵魂才又重回肉身，火速跳离。野兔这触电般的律动感，总让镜头这边的我俩好奇：这兔子一惊一乍的，是被谁点了穴吗？

　　说到"穴"，一下子让我想到养在门前的那些小家兔。家兔的祖先是穴兔，来自地中海沿岸。我们以往养过的那些位，无论毛长毛短，颜色是黑、灰、棕黄，还是白底黑眼圈的，无一例外都是经人类驯化的穴兔后代，与山上那些在地面生活不打洞的草兔是完全不同的种类。二者即便相遇，也怕是难以相知相爱，更别说生仔！在咱们国内，野外原则上应该是没有会打洞的兔兔，换言之，即便在山野中遇见了挖洞的兔子，那它多半也是只漂泊至此的流亡家兔，九死一生。

穴兔有着超强的挖洞本领，如今家兔们依然保留着这个传统，为了让门前的小主们挖得尽兴，我们还特意设计了地宫给它耍。主要是将兔笼下的土地开挖出深坑，为四周和底部修筑起坚固的防御工事，再把土回填，这样一来，兔兔们可以在地宫里随意挖掘，又不致逃逸，可谓皆大欢喜。有一年入冬前，我们为了抓住藏匿的兔子，无奈"强拆"了它们谜样的地下宫殿，这才开了眼。地面之下别有洞天，渐行渐深的无底洞，加上无厘头的折弯，让我们铁锹加镐挖了老半天，才勉勉强强擒获了小兔。从此以后，每每想到这地洞全凭兔兔们徒手刨出，连个手套也不戴，心中便充满敬意。小兔小兔，请收下我的膝盖！

不过，不要以为穴兔们挖洞只是为了藏匿自己，生育大事儿更是离不开这深邃的地洞。刚开始养兔子的时候，为避免它们打洞逃跑，我们专门在笼舍底部安装了地网（那会儿还没建地宫）。平日里，兔兔们不时试着向下挖土，但均被铁丝阻拦，以失败

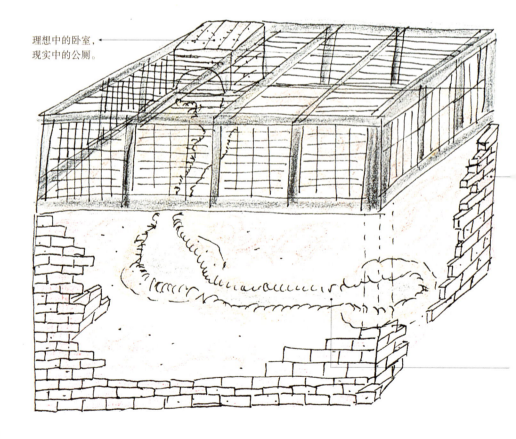

◎家兔地宫透视图

理想中的卧室，
现实中的公厕。

里山客

告终。又过了一段，有兔子开始从自己身上扯毛，运到笼舍自带的小屋子里四处归置，看起来有些焦急的样子，过一两天光景再来看，竟然生小兔子啦！之前小屋里铺摆的绒毛上已然趴卧着五个初来乍到的"肉疙瘩"，它们周身红粉，一毛不挂，双眼紧闭，颤颤巍巍，仗着兔妈妈每日悉心照料，俩仨礼拜过去才算有了兔样，开始随妈妈到屋外瞎溜达。这次以屋代穴的育儿实验能母子平安，多亏有笼子隔绝天敌，又赶上了暖和的月份，要是换成野外生活的穴兔祖先，生下这么一窝生活不能自理的溜光宝宝，不挖个洞穴藏匿的话，估计后代毛没长全就被天敌"光盘"了。于是，将挖洞的权利还给兔子们被提上了我俩的日程。

到了地宫时代，随着隔开土地的铁网一撤，兔兔们终于迎来了解放天性的时刻。专业的就是专业的，小兔的前爪一个劲儿向下挖，刨出的土经肚皮往后悉数飞出，不一会工夫，洞口已经堆起一座小山。这还不算完，随着洞口的土越积越多，挖掘工作

● 冬天下山前，为将兔子转移到温暖之地，我们刨开冻土打通地宫，成功将兔子们搂走，它们处心积虑刨制的秘密曲线也大白于天下

→ 四周和底部的围挡

穴兔
Oryctolagus cuniculus
兔科穴兔属

为兔子们带来安全感的地下迷宫

受到阻碍，这时它会掉过身来，前爪一推，后爪一蹬，身体顺势前移，一个"旱地蛙泳"将洞口周围的土堆铺平推散，以便再堆。我们被这热火朝天的劳动景象惊呆了！这一通挖啊刨啊推啊的，有穴的日子里，兔兔们完全遗弃了往昔的"育儿小屋"，甚至有兔子在里面纵情排便，大有嫌弃之感……随着地下工作的全面开展，兔子们在地上活动的时间减少，而关于它们在穴里的生活，由于观察受限，我们常被蒙在鼓里。

　　记得一个毫无征兆的十月天，蚊滋滋在去往菜地的途中，无意间扫到远处笼舍里有N个黑影一闪而过（那年我们可就养了两只哟），快走几步凑近一看，还是那俩兔啊，难不成刚才是幻觉？天刚一擦黑，半信半疑的蚊滋滋拽上我一同猫在兔笼边的灌丛后，两人四眼死死紧盯，不敢发出一丝声响。也许是因没有了人的动静，不一会儿，兔笼里便有了情况，只见位于地面的洞口处忽现一只拳头大小的迷你兔，它先是探出小头左右张望，再三确认周围环境，接着一跃出洞。这一个出来不要紧，后面接二连三噌噌噌噌，细数一番，最终确定N=7（含爹妈）。怎么突然冒出来这么些小兔子？！悉数出洞的迷你兔们不仅全身被毛，也算是小有个头，根据过往的观察经验，应该出生有段日子了。想必娃们是产在地下，母兔每日地上吃喝，地下育娃，忙得不亦乐乎，却全然不露声色。这么大件事，这么长时间，居然让每天照料二兔的我俩，没有丝毫察觉。挖穴打洞果然是穴兔们躲避天敌的生存之道！

　　话虽如此，野外的天敌不会都像我俩这般神经大条。对兔子来说，这满世界的天敌里，智商高的、跑得快的、能钻洞的，比比皆是，个个生猛，光靠跑跑藏藏的闪避功夫，只能在夹缝中惶恐度日，没啥发展。这一点兔子们想得很明白，与其苦练拳脚，

● 兔娃窝中被，兔妈身上衣

还不如苦练"内宫"（兔兔们的无敌双子宫），多快好省猛生娃，让子子孙孙无穷尽也，任你怎么吃也吃不干净。

兔兔这套"走量"的斗争逻辑，在与我们相处的岁月里展现得淋漓尽致。其实我们在山上养兔，原本不过是为了消减一些新鲜厨余，顺便收点兔粪给小块菜地补充肥力，完全没有建立兔子繁育基地的宏愿。最初从集贸市场购买小兔时，我们对摊主千叮咛万嘱咐，请他帮忙选两只同性别的兔子，不要它们生育。摊主满口答应，一手一只抓起来，对着屁屁稍做端详后说："没问题，俩母儿！"见他这般笃定，我俩信服不已，立马交钱领兔。可回到山上，这"俩母儿"却只做了一春天的"姐妹"，入夏之后秒变"夫妻"，秋末冬初，笼内便已兔丁兴旺……要不是后面生的一窝，因兔妈妈擅离职守集体夭折，这半年多光景凑个十几只那是轻轻松松。唉，老板，托你的福，大家现在都成同行了。为了这"一脑门子兔"，我俩八方寻人，四处过继，努力学习辨公母，留下一对真姐妹，才算终止了这场高速繁殖大戏。

比起家兔的"生生不息"，山上生活的草兔就显得消停多了，镜头里的它大都形单影只（偶尔也带个伴儿）。想想也是，这山中走兽有一个算一个，哪个腕儿都比它大，兔子见谁都得怂。又不像穴兔有洞藏身，草兔摊上事儿全靠腿儿奔，容不得半点儿大意。想到这儿，我慢慢开始理解以往它们在镜头中的神经质表现——眼睛四下扫，嘴里嚼点草，耳朵竖起听，是兽还是鹰？走走停停心慌慌，一走神就没了命。小草兔，你太难了！每年六月是门前大桑树挂满桑葚的季节，更是附近小动物们一年一度的美食嘉年华。野兔也会准时下山，当然一般会选择我俩不在的时段，低调赴宴。一次晚饭过后，蚊滋滋正在门前的水池边洗碗，一只野兔一路小跑下山，猛然见到她，一下子刹停在坡边，赶忙调转身子，沿来时的方向跳回几步，拉开距离静静观瞧了一会儿。当发现蚊滋滋只是看看它，继续洗着碗，它便又朝前挪了几步，继续试探。这只野兔就这样进三退二，来回往复了好几轮，才终于卸下心防，留在了桑树下，大口大口吃起掉落的桑葚来。那一刻，里山中，夕阳下，野兔与人不过几米之遥。同样是奔波忙碌一天的疲惫，全然在这彼此信赖的融洽中松弛下来。小野兔，晚上好，见到你很开心，请好好地享用一餐盛夏的果实吧！

羊老院　论上当，我们是专业的

"蚊滋滋，走，咱们卖卖力气，再去割两车草吧？"我一手把着刚刚清空的独轮小推车，一手插着腰靠在羊食槽旁边，边说话边喘着粗气。"唉，咱自己的饭还没……得了得了……走吧，你拿好镰刀，咱还是先伺候好它们吧！这一张张嘴，什么时候是个头啊？"说罢，蚊滋滋有些无奈地抄起车把手，草毛毛儿挂了一身，却还是强打精神跟在后面，继续着日复一日无尽无休的割草大业。

也不知哪里来的自信，第一年上山我们一口气儿养了近三十只绵羊，上面描述人饿着肚子给羊备饭的场景，在当时可谓家常便饭。为了能让小羊们吃饱，我们每日挥汗如雨，废寝忘食，生活没了规律，日子不长人就瘦下来一大圈。再看看圈里的群羊，经过我俩这般辛勤的照料，有一个算一个，竟然消瘦得比我俩还要快……不仅如此，它们还大小公母分着声部，每天从早到晚叫个不停，从 Low C 到 High C，再到海豚咩，宛如这里山之间的阿卡贝拉（即无伴奏合唱——编者注），吵得我俩心乱如麻。看来每天这么玩命地割草，羊也还是不够吃，但再继续加码的话自己也就离吃草不远了。

我俩一寻思，要不这样，去年收的玉米粒还有不少存货，不行给小羊们贴补点儿粮食吧，咱们也能省点气力。果然，这玉米一给上很受欢迎，小羊们争相抢着吃，食槽子里首次出现了"剩菜剩饭"的景象，吃饱后也不再叫了。哎呀，到底粮食管饱，问题总算解决了！喂了些日子以后，我注意到个别羊出现食欲不振，哪怕面对它们一往情深的玉米粒，也变得有些无动于衷。再后来，有的便开始打蔫，一个地儿一卧就是一整天，很少溜达，而且呼之不应，两眼无神，严重的后期出现肚胀腹泻。虽然过程中有专业的兽医前来搭救，还是有好几只疾重难返，相继呜呼。兽医事后与我们说明了病因，大量谷物的摄入干扰了羊的消化，影响了它们的正常反刍，引发了后续一系列代谢紊乱，甚至中毒症状。看来玉米好吃，也不能吃个没够，到头来会吃不消啊！

　　人累死了，羊还吃死了，我俩心里这个憋屈啊！痛定思痛，贪大求全要不得，是时候重新思考一下人、羊与食物之间的关系了。说起来小羊们的食物遍地都是，人家自己能吃又会吃，我俩却天天傻乎乎充当着"大自然的搬运工"，撸胳膊挽袖子一副舍我其谁的架势，是不是有点儿多余了？咸吃萝卜淡操心。从那以后，我们决定少管闲事，化繁为简，改"人治"为"自治"，将羊圈旁边的土地圈出一片小牧场，并根据面积，把羊的数量降下来。牧场与羊圈彼此连通，啥时候外出取食，啥时回圈饮水休息，都由小羊们自行安排！就这样，圈养变成了放养，虽然比不了大草原，小羊们也算有了自己的小天地。自此以后我俩可算是大松心，除了保证饮水以及在枯草季贴补些作物残茬和少量粮食，大部分时间变得非常"空虚"，感觉不再被需要。再看看小羊们，不但把自己照顾得很好，一个个膘肥体壮，神清气爽，连我们在圈外咩咩求个关注，小羊们也经常爱答不理，一脸嫌弃的样子仿佛在说："没有你们的日子，真好！"

　　作为在里山中生活的小门小户，羊除了可为我们提供肉食和粪肥，还是高效节能的生物除草机。梯田间的果园，是我们给羊开辟的第二牧场，与羊圈的牧场搭配使用。根据植被状态，我们会将小羊们在两地轮流放牧，一来给羊换换环境，二来给牧场里的野生植物一些休养生息的时间。我俩都很喜欢看羊吃草，尤其是饭前，目睹它们豪迈的

● 看群羊分食玉米的场面，有刺激食欲的功效

吃相，自己一会儿也想多吃上一碗。都说"羊吃走草"，一点不假，无论在果园还是牧场，绵羊们很少会摽着一处死吃，而是一路低着头，东吃两口，西啃两下，像一堆大大小小的白色弹珠，在草木之间随机碰撞，无始无终。灵巧的小嘴儿擦着地皮儿快速地开合，伴随不时地向上拉扯，草叶嫩枝被自然地送入口中，感觉还没怎么嚼，紧接着就又是下一口。一番狼吞虎咽之后，小羊们改卧阴凉处休息，嘴里却还嘎吱嘎吱地嚼个不停。看到这里，突然意识到这不正是书本上看过的反刍动物生存秘籍吗？！它们以门齿切断植物（羊没有上门牙，只有坚韧的上牙床），经过臼齿简单咀嚼，囫囵吞下，先暂

牛粪

猪粪

羊粪

兔粪

鸡粪

◎ 山里常见的家养动物便便

存在胃里，令其被胃中的微生物初步消化，然后动物休息时，又将其倒回口中细细嚼开。如此往复，食物中的粗纤维才能被慢慢消化吸收。自从"绵羊除草机"引入果园，汽油打草机算是退居了二线，我俩省去了每年两次三番的打草工作，羊、草和果树之间的平衡也就此建立起来。

　　充足的食物让小羊们的生活很是惬意，也让我们安心。渐渐地，我们开始对羊玩起了"大撒把"。赶上忙的时候，有时两三天也去不了羊圈瞅一眼。直到一日清晨，我去给小羊加水，平日里热闹的羊圈突然变得万籁俱寂，放眼望牧场也是空空如也，小羊们统统不见了踪影。羊跑了？！我连忙扔下水桶，稳了稳心神，思考着对策。这时，忽听得远处传来了一声"咩——"，奶声奶气的，像小羊的叫声。我顺着声音的方向小跑起来，穿过邻居家的玉米地和桃树林，站上行车道四下眺望，只见不远处的山坡下

一群羊正纵情地啃食着榆树叶。小样儿，可算找着你们了！再一看，欢快的羊群中有一只显得有些焦躁，在原地来回踱步，也不怎么吃东西，还不时地发出叫声。走近一看，是只母羊，它的孩子被困在了地边的一口浅井里，估计是走路时不小心掉进去的，井上井下，娘俩你一言我一语，相互打着气。我一个翻身下去，抱起小羊托出井口。娘俩一团圆立马不叫了，摇着尾巴速速归了群。

多亏了娘俩的呼喊，我才能这么快地找到羊群。要是时间久了，它们再溜达到邻居家偷点菜就尴尬了。想到这，我跳出井口，拾起根小树棍，连挥带哄，一鼓作气把羊群赶回了牧场，并修补了因围网老化而被羊顶开的缺口，这事儿才算告一段落。要说这小羊们也真是"合群"，干点什么都得组团去，这次"越狱"也不例外。同样，找到了一只就等于找回了一群，绝不会落下谁。在野外身为"弱肉"，羊这种共进退的行事风格，让一群中的个体都能得到彼此的庇护，充分发挥出集体的力量。即便这片山野之间已不存在它们的天敌，但对于人而言，如果掌握好这一规律，管理起羊来便得心应手。

平日里转场时，我们需要赶着羊往返于果园和牧场之间，途中会经过菜地。为保险起见，我俩分工协作，一人头前带路，携美食诱惑之，一人队尾压阵，持小棍猛鞭策。来来回回的次数多了，我们逐渐发现，与其说每次赶羊是一群羊跟着人走，不如说是整群羊跟着其中一只走，而这只总是走在最前边，行动矫健，善解人意，应是这一群中的头羊。根据观察，头羊的角色一般是在羊群的生活中自然形成。相比其他羊，它反应机敏，胆大心细又亲人，在羊群中处处起着模范带头作用，每次转场，它要往左，无羊向右，整支队伍如同明星身后

鹅粪

● 立冬前后，地里都拉了秧，我们也就不再限制运动羊的活动范围，它们欢快地走到哪里吃到哪里，留下一地"六味地黄丸"

跟着一群莫名追随的死忠粉。看准了这只"大明星"，平日里我们会时不时地给它开点洋荤，来点特供，就是为了把关系搞好，以后放羊赶羊还指着人家呢！

那一年的小雪前（与烧炕点房发生于美好的同一天……），我们需要把羊转移到山下村中待宰，当时羊只较多，想想一只只这么"抓捆运"有些费事，决定干脆拿出平日的修炼，慢慢悠悠赶羊下山。为了不赶上天黑，午休后我俩便火速料理好山上的大小事项，备上应用之物，开圈赶羊上路。

从山上步行到村里大概需个把小时，道路以缓坡为主，岔口也不多，我俩一头一尾配合默契，加上有平日交好的领头羊保驾护航，一路上太平无事，眼看着快到了大道口。这时，忽然从村子里出来另一群羊，粗看下来，还是个百八十只的大群，浩浩荡荡地向我们走来。哄羊的大婶一看见我们，赶紧向前快跑几步，喝止住了自家羊群，又冲我俩喊了一句："快，管住打头儿的，往边上沟里带！"

第一次碰上这种突发局面，我俩都有点慌爪儿，脑子也跟不上趟，不但没能跟上大婶的节奏，情急之下还对着羊群又喊又叫围追堵截，试图将羊们控制住。这么做反倒惊了驾，群羊一下子就炸开了锅，一些蠢蠢欲动的小公羊直奔对方母羊而去，结果引来对方大公羊毫不客气地迎面撞羊头。受惊的母羊则护着无助的羊羔晕头转向地乱闯，一时间我方羊群溃不成群，如同滴落的水珠向四方砸开，又似一股股涓涓细流从各个方向先后汇入大婶的羊群。就这样，两拨羊通过我俩的一番"努力"，最终合二为一。还亏了出发前我们给每只羊身上喷了绿色标记，不然光靠相面怕是再也难分彼此。

此刻的大婶满面愁容，气哼哼地边走边说："你俩可真行，咋轰的羊啊？！这下可好，黑了上我家领羊去吧！"说罢，便一个人继续赶着

绵羊
Ovis aries
牛科绵羊属

这白花花一大片，上山吃草去了。我俩呼哧带喘地站在原地，傻乎乎地举着棍，好似刚被洗劫的两个小羊倌，灰头土脸，相视无语。

当晚，我俩羞羞地登门领羊，大婶拿着手电筒进圈里这一通照，见身上带绿的就抓出来，最后点点数，不一会儿跑散的队伍便又重新集结了起来。我们临走前大婶一再叮嘱，放羊时一定要把头羊管理好，还劝我们像她一样，找一只山羊来当头羊，山羊灵！我俩一边给婶赔着不是，一边聆听着前辈的经验之谈，专业的羊倌学问可多着呢。一直以来我们都是与绵羊朝夕相伴，与山羊没太打过交道，既然都是跟着人混，这做羊的差距又能有多大呢？说来也巧，转年我们还真迎来了一对刚满月的小山羊，一公一母。俩小家伙一出生，它们的妈妈就故去了，村里的大妈可怜它们，带回家来日夜照料，总算是活了下来。等到一开春家里事儿多了，便让我们带上山养，说算是两家的"共有产权羊"。就这样，那年的羊圈由绵羊、山羊和从鸡舍临时搬来的大鹅三分天下。

起初的日子大家相安无事，但当小山羊渐渐长大，开始显露出与绵羊的种种不同。平日里我俩一靠近羊圈，最先察觉并奔过来的通常都是俩山羊，绵羊总是慢半拍，陆续跟在后面。说它们慢吧，周围一有点儿异动异响，哪怕就是只飞驰而过的小狗，绵羊们都会瞬间应激，四散跑开，反应比谁都快，这时的山羊一般岿然不动，顶多抬眼瞅一

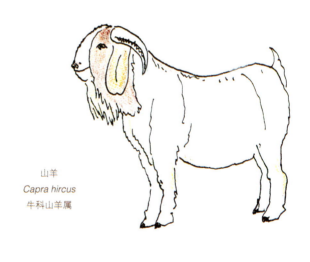

山羊
Capra hircus
牛科山羊属

● 秋天羊圈里的一只波尔山羊，个性顽皮，精力极度充沛，随着长大，更是见啥顶啥。这只公羊已于拍摄这张照片的次年春天出栏，化为羊肉。一般来说，每年十一月后，都是山上杀鸡宰羊的时间。里山上的家养动物并非皆为宠物，它们各司其职供养着我们的生活，作为感激，我们能做的唯有加倍珍惜这份食物

Shoot date:2020-9-20

◎ 小羊自理记

小羊刚出生便已有模有样，全身被毛，重2.5～3公斤，半睁着眼蜷在地上，偶尔奶声奶气地咩上一下。

此刻母羊会为小羊舔舐身体，不时用头磨蹭它两下，可能是鼓励它快些站立。颤颤巍巍的小羊在打完一套"醉八仙"后，总算摔出重心，从出生到站立再到走成直线，一个小时内基本搞定。

下，见没啥事儿，继续淡定地该吃吃该喝喝。等吃饱喝足，山羊便玩起了擅长的急停急转、蹦跳蹿高，空中的高难动作一个接一个，我们总担心它们玩得太嗨，一不留神跳出圈来。绵羊们则更喜欢围坐在一旁静静观赏，晒晒太阳散散步，享受与世无争的餐后时光。到了山地果园，山羊就更来劲了，比起肉大身沉小细腿的绵羊，前者结实的身条爬起坡来如履平地，动作敏捷轻快，充满爆发力。这力气有时也会多得没地方使，随着小公山羊逐渐进入发情期，每天围着母羊团团转不说，还常常顶撞绵羊和大鹅。绵羊受点气一般也就忍了，但大鹅不行，一急眼就咬住小公羊的脖梗子，任凭它怎么横冲直撞就是不撒嘴，常被带着满圈乱飞，直到解了恨才松开，落地后还不忘嚎几嗓子，亮开双翅，一通驱赶。可小公羊终究本性难移，加上体格好，歇不了一会儿便又开始欠招。别说跟鹅了，小公羊这七个不服八个不忿的，没事也老跟我俩犯照（北京方言，形容想找碴——编者注），逼得我们没少跟它顶牛过招，蹭一身膻。之前大婶说过，头羊不光得身体好，"思想觉悟"还得高，小公羊这表现看来是难扛大任，我们以后还是好好栽培智勇双全的小母羊吧！

论养羊，我们是业余的，可论上当，我们是专业的。除了刚才提到的混群事件，这些年我们在养羊的道路上，还有不少被村里人传颂的"英雄事迹"。闯羊场斥巨资挑选血统优良的"种公种母"，养一年经鉴定原来是早已退休的"爷爷奶奶羊"。转过年来，大集买回的"羊羔"，巨能吃就是个儿不长，后得知买的不是羔子，而是因营养不

紧接着小羊便会找奶吃，貌似只有这件事是不需要鼓励，也不用练习的。只见它三两下找准目标，先是一通猛顶，然后边吃边欢快地摇尾巴。娘俩间时不时"呼来唤去"，场面温情。刚出生的小羊都是站着吃奶，等到个子大些便改成"羔羊跪乳"（实在站不开了），再往后慢慢过渡到"奶草混动"，三个多月后眼里基本只有青草。
摊上吃奶没够的小家伙，羊妈妈也会一改往日有求必应的慈母形象，身子一闪后腿一蹬，强行发布"断奶令"。

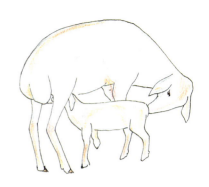

良生长停滞的"小老头羊"。还别说，每天伺候这老几位，真有种置身"羊老院"的感觉。为了给众位长老提供多样的食物，那一年，我们购来啤酒厂的大麦下脚料。送货当天，说好下午来的司机师傅大中午就到了，开来的大卡车上长长的斗，里面密密麻麻的编织袋堆积如山，比想象得多很多。我俩看了有点儿傻眼："这 —— 这都是我们的吗？""是啊！"司机的回答斩钉截铁，"卸车的人呢？不能就你俩吧？我下午还有事，就早了点过来，车一会儿还得走，你们赶紧着啊！"说罢，他接起电话向我们示意了一下，便扬长而去。这都哪儿跟哪儿啊？！说好了下午，现在这个点儿不当不正的，都歇晌呢，哪找得来人啊？！我俩蹲在一旁，看着这堆东西大眼瞪小眼，赶上这么个"守时又贴心"的司机师傅，看来这次只能靠自己啦！

我俩慢慢爬上车斗，各站头尾，将摞起的编织袋由高到低一个个往车下扔，半天总算把车腾空了，旁边等得有些着急的师傅赶紧启动卡车，等我们刚一落地便一溜烟儿开走了。在一骑绝尘中被扔下的我俩，只能把路中间堆出的小山一包一包分解，搬进路旁的三间库房里层层堆垛好。这昏天黑地的一下午，四十来斤重的编织袋，我俩共搬运了两三百袋。那次之后，我们似乎开始得到村子里大叔大婶们的认可——"这俩孩子干活儿挺猛啊！"话简短却弥足珍贵。没想到给羊卸料挂了一身一脸麦渣子，竟成了我们在村里的高光时刻。借羊的光，我们一次次踩坑交学费，又从坑里爬出来，虽一路跌跌撞撞，却有幸歪打正着，慢慢成为里山人眼中的自己人。

06

大鹅历

自从特别能战斗的大鹅加入里山朋友圈，我们的日子就平添很多乐趣，以及小型崩溃。捣蛋有它，挦架有它，但好吃的香椿蛋饼也有它们的奉献。

2015　　　2016　　　2017

7月8日，两只保安大白鹅随鸡群在里山安家。神经质的性格让它们有点风吹草动就伸着脖子一通叫嚣，在鸡舍中称王称霸。

5月10日，随着鸡群数量上升，给大鹅保安队引进一公两母三只小鹅（大雁色）作为新兵。三个小家伙脖子长肚子大，毛茸茸的身子，脏脏的羽毛颜色，好像雨天走路被溅了一身泥。五只鹅从不单独行动，总是共同进退。

8月25日，三个小家伙生长迅速，体色越来越清晰，个子也大了许多，有了点小大人的样子，不过当半夜在鸡舍与豹猫正面遭遇，整个保安大队还是秒尿。

11月5日，两只大鹅先后被隐秘杀手干掉，根据现场分析，应该不是豹猫所为，更像是猛禽干的。

3月21日，由于大鹅护表现不佳，改将大鹅与一起在牧场自由放牧，暑严寒都能扛，光吃草很开心。此时的保安大已是一雄二雌阵型，雄肩宽体阔脖子长，脸和头都很宽大，总是雄赳地走在前面，两只母鹅对瘦小，头部也较窄，常在雄鹅身后跟随。

发现第一枚鹅蛋，蛋被走后，母鹅立刻转移址，在牧场植物的掩护另筑新巢。两只母鹅陆产下几十枚卵，我们发后，对大鹅寄予厚望，它俩的孵卵行为很不谱，三天打鱼两天晒网最后交出一窝臭蛋，不已我们进行了强拆。

月，又到了产蛋季节，为
减少浪费，我们开始频
捡蛋，并试着品尝鹅
——它的蛋黄好大，蚊
滋加了新鲜香椿做出厚
的蛋饼，味道不错。听
里老人说，初产鹅蛋
孕妇滋补佳品，我们吃
了的鹅蛋也都会分享出
。这一年，我们还幸运
目睹到大鹅交配的全过
，一公二母，和谐共处。

5月，虽然干旱，还是想
给大鹅创造一个能戏水的
环境，我们在果园挖了一
个可以积存雨水的小水塘，
但打滑的坡面让大鹅望而
却步，最终项目失败。

9月，鹅咬住公山羊的后
颈部，被山羊带着满圈
跑，可就是不撒嘴，直至
山羊放弃抵抗才松口，还
挥动着翅膀在一旁不断
驱赶，闹心的叫声响彻山
谷。但鹅与绵羊们向来友
好相处，看来公山羊被攻
击属咎由自取。

6月，玩水心切的母鹅一
屁股坐进给羊喝水的铁皮
桶里寻找自我，洒落一地
开心。据说鹅的寿命可达
二十年以上，看来给大鹅
养老任重道远！

中国家鹅
Anser cygnoides domestica
雁形目鸭科，一般常见白色型和原始
色型，后者类似其祖先鸿雁的羽色

土狗　墙高一尺，腿高一丈

　　"哇！你们的小狗好可爱啊！这么乖，瞧这花色，是什么品种？怎么养了这么多只？"这是初次来山上做客的伙伴们常会冒出的问题。而我们的回答通常是"土狗和一场误会"。

　　上山后的第一个春天，村里的大叔热心肠，担心我俩刚来山上生活不适应，怕静怕黑怕野兽（大叔拜托，来山上不就是图的这些吗……），一天，他神神秘秘背着箩筐上山来，一见面二话没说，把筐往地上一歪，只见筐来回晃动，紧接着一个接一个的小毛球蠕蛹（北方方言，形容蠕动——编者注）了出来。呀！是五只黑白花的小奶狗！"它们是一窝的，拿来给你们壮壮胆！"（胆儿本来就挺壮好吗……）没多会儿，大叔就忙去了，照顾小家伙们的责任顿时落到了我俩肩头。虽说事出突然，阵仗也不小，但我们都有养狗经历，倒不犯怵，马上搭窝备饭，算是给凑凑合合安顿下来。看五只小家伙迷迷糊糊半睁着眼，晃荡着四处乱爬，也就算半自理水平，我们白天忙它们的吃喝，晚上还时不时去关注一下，生怕娃们刚来山上不适应，怕静怕黑怕野兽——话说这到底是谁给谁壮胆啊？就这样，"五只小怪物"乘着箩筐里的春天，半梦半醒地在山上安了家。

　　入乡，不免要随俗。城市里的宠物狗，作为家里的一口"人"，生活中自然是享不尽的荣华富贵，尽管出门脖子上要拴根绳，一回家便没了拘束。而在乡村，狗更多是养来看家护院，吃喝住用没那么些个讲究。在我们山下的村子里，狗几乎家家都有，

友爱相拥的小狗治愈力满分

一般被养在平房的当院里，搭个遮风挡雨的小窝棚，一年四季被链子拴着生活。这样一来，避免了狗外出肇事，迅猛繁殖，也让偷狗的贼人无机可乘。作为代价，它们也失去了一生的自由。里山中的生活，狗对于我们究竟意味着什么？我们之间又当如何相处呢？

出于对小怪物们的生活福利和管理便利的考虑，又鉴于山野间地广人稀，一开始，我们选择了完全散养的方式。五只小狗日夜都在室外生活，虽然给搭了个小狗屋，但它们并不感兴趣，每天玩儿回来，还是更喜欢趴在门前栽种的一丛丛马蔺上，或转圈打滚，或闭目养神。以前在城市的公寓中养狗，常常搞不懂它们为何乱叫，觉得它们有强迫症，分明刚刚就没动静嘛！来到山上，我才知道以前误会它们了。无数次经历证实，当上一秒还安静的小怪物们猛然抬头，支起耳朵，紧接着吠叫几声集体蹿出的时候，要么是白天有访客，要么是夜间遇"刺客"，要么是邻居家的大黄小黑来"边境"上找碴干仗，反正大小总有点事儿。这让后知后觉的我，总怀疑自己耳背，可能在它们眼里我根本就是聋。

再说说它们谜一样的嗅觉，尽管没受过警犬般的专业训练，山里的"美味"统统逃不过它们的鼻子。邻家的玉米、喷香的野粪、半拉的喜鹊、风干的兔头、层出不穷的大骨头，就连曾被它们咬死的飞鸡，只要我偷懒埋浅了点儿，都会被它们闻香定位，精准刨出。相较之下，小怪物们的眼力就显得逊色不少，别人不用说，有时就连我俩从鸡舍捡完鸡蛋下来，都会遭遇不远处小怪物们的突然吠叫，让我有种刚偷了别人家鸡蛋的感觉。开始我还不理解，这才刚分开几分钟，怎么连主人都不认识啦？后来慢慢明白，也不是它们忘性大，只怪眼神儿不济，远了没看出来者何人，这才汪汪几声盘盘道。这时只要我们出两声儿或是再走进些，友军的身份便马上得到确认，紧张局势也会瞬间

● 抢饭吃的童年时光

家犬
Canis lupus familiaris

犬科犬属。我们耳熟能详的中华田园犬，指的便是数千年来在中华大地上与人相伴的原生犬，村子里的大黄、大白、小黑、小花等等都是，经过了自然和人工选择的它们聪明机警，拥有超强抗性和适应性，也有着很高的忠诚度和领域意识。这一群体既具有一定的丰富度和多样性，也保有许多类似的外形和特质，但由于一直以来没有经过特别的纯化选育，至今还未被划定为狗界中严格意义上的某个品种。不过这并不重要，与小怪物们相伴多年，我们感觉里山生活还是与本地"土狗"最登对

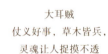

海盗
憨厚笨拙、横冲直撞，
傻乎乎带头大哥

大耳贼
仗义好事、草木皆兵，
灵魂让人捉摸不透

化为摇尾求摸摸。好一个眼见为虚，耳听为实，都不如闻闻好！

在散养的日子里，小怪物们以我俩的农舍为中心，方圆几百米都算是它们的地界儿，再远了也不去，估计是与四方邻居家的小狗们划定了楚河汉界，互不进犯。那段时间每天除去跟我俩互动，它们主要的工作就是频繁地边防巡查，四处平事儿，倘若有外狗胆敢越界，便群起而吠之，寸土不让，久而久之靠着虚张声势，以多欺少，渐渐在周围闯出了名号。作为一个一公四母的战斗小组，几只狗姐妹的生活中，除了打架，还有生娃。保守估计，按照一只成熟母狗一年生一窝，每窝四只，两公两母计算，一年后我们将会拥有十二只母狗和九只公狗。接下来的每一年里小母们又再陆续当妈，子又生孙，孙又生子，这还不算公狗们外面整出的娃。照这种几何级的增长速度，用不了几年，里山必将陷入土狗乱战的汪洋大海。

其实都不用说几年后，眼前这五只小狗的破坏力已然不容小觑，邻居家的白薯地成了它们的运动场，辛苦堆起的田垄和刚下好的秧苗被它们撒欢儿打滚弄得乱七八糟；白天追野鸡，夜晚削黄鼬，出色的团队配合，把这片山野搅得四邻不安。直到有一天，老邻居语重心长地跟我们说："最近我惦记着养点鸡，这几只小狗你们看能不能想想办法？"我们一听就明白了，啥也别说，谁叫咱小怪物们有叼鸡的前科呢！看来散养的日子走到头了。既然如此，我们一不做二不休，带小怪物们进城做了绝育，避免后患，并趁着它们术后休养的空档期，火速在山上搭起狗圈，等着它们拎包入住。本想着从

小毛
卖萌翘楚，献媚大师
善使温柔杀

黑头
轻功盖世，敏感害羞，
有颗难俘获的公主心

小丑
智慧担当，柔情似水，
一生不羁爱自由

散养到圈养，来个一步到位，哪知遭遇了花样百出的金蝉脱壳。

新建成的狗圈坐落于羊圈的一旁，空间宽敞，挡雨采光，地面隔潮，四面围网，虽谈不上豪华，附近也没有第二处了。为避免夜长梦多，我们在狗圈里备齐食水，接小怪物们回来的当天，便安排它们闪电入住。狗圈大门一关，小怪物们便开始提起鼻子四下嗅闻，不但没叫没闹，还隔着围网跟我们互动了半天，等我们回屋时，天都已经擦黑儿。"看样子问题应该不大，睡一觉它们就适应啦！明天你去跟邻居说一声，让他放心。""嗯嗯，真没想到这么顺利！"当晚，我俩还自我陶醉了一番，互道着此役的英明果断。次日清晨，刚一睁眼，隐隐听到外面有些动静，是有人来吗？我赶忙起身穿衣，睡眼惺忪地，三步并作两步打开屋门，只见门前的五丛马蔺上各自趴着一只黑白花的小狗，画面温馨祥和，见我走出屋来，便摇头晃尾巴，集体凑上来起腻。这是过去散养时，每天我们与小怪物们的早安环节，且大家早已习惯成自然，我一边挨个与它们互动问好，一边感受着有点诡异的昨日重现。诶？不对不对，你们这会儿不是应该在狗圈里吗？！

我一下子清醒了过来，一路朝狗圈小跑，它们也好奇地跟在后面，与平时没两样。到了地方一瞧，狗圈的大门紧锁，四下如常，再仔细巡查，才发现围网上被破开了一个洞，大小正好够一只狗钻出。这难道是被它们咬开的？不会吧，围网的材料再单薄，那可也是铁丝啊！对现场做了初步判断，我马上把怀疑的目光投向了身边装傻充愣的

"海盗"，作为平时最擅长啃大骨头的粗胖公狗，能做到这些的大概就只有你吧。我试着拿起一截被咬断的围网，在五只狗的面前晃了晃，其他四只都没啥反应，只有海盗的表情极不自然，退开几步，闪一边去了。果然是你，牙口儿不错啊！鉴于初犯，又知道错了，就不追究了。不过这1.0版的狗圈看来还需要升级，我们改变了当日计划，以最快速度从山下买来了羊圈使用的厚铁网，套在原有的细铁网之外。一番赶工，总算赶在当天下午安装完毕，请狗回了圈，嘿嘿，这回任凭你海盗再有铁齿铜牙怕也无法得逞喽！

可第二天早上一打开屋门，我们大跌眼镜。还是原来的配方，还是熟悉的味道，伴随着我的一声叹息，马蔺上那五位，再度欢天喜地地凑到腰酸背痛的主人脚边，如同什么都没有发生过。难道又失败了么？海盗嘴里长的是电锯吗？！二探狗圈，我们发现新安装的围网完好无损，只是大门下方多出了一条新掏出来的"地下道"，四周堆满了土，这次小怪物们跟我们玩起了"肖申克的救赎"！海盗啊海盗，你身材短粗善刨挖，本来嫌疑就最大，作案后也不知道四处蹭蹭，挂这一身土，是主动自首的意思吗？看来不动点真格的，还真就斗不过你们了！2.0版有漏洞，咱们接着改！用铁锹挖沟，把原有的围网栽入土中，周边的裸土再统统盖严，小海盗，今晚我倒要看你何处下爪！

经历了"梅开二度"，第三天一早，我这屋门打开得战战兢兢，祈求不再见海盗的脸。果然，不仅海盗不见了，昔日里门前的五个专座今日也空出了四席，只有一席还被"小丑"占据着。小丑是整个团队里的IQ扛把子，刚来山上不久时，面对当时用破砖碎瓦临时凑出的小狗舍，小丑便是第一只，也是唯一能够想办法自由出入的小狗。当然，越狱想成功，好想法还得配上好身体。小丑天生身材细溜，四肢修长，虽然力量不及海盗，但弹跳能力超强！这次该不会是跳出来的吧？！我一看狗圈没有破损，另外四只也乖乖待在里面，便将小丑重新关了回去，然后猫在大棚背后静观其变。开始的两三分钟，狗圈里没啥动静，小丑也趴在地上休息，等过了一会儿，它起身来回溜达，四处张望，确认我已经"走远"，这才要放出大招！它先是缓缓后退，紧接着几步助跑，一个蹬蹿，腾空跃起，趁着到达最高点时的短暂滞空，爪子抠住围网，依靠

● 烈日炎炎的季节，豆角架下永远是小狗们讨阴凉的好去处

着强大的核心力量，颤抖着一点点向上蛄蛹，直至多半个身体压过围网顶端，这时重心向外一倒，跟着纵身一跳，便成功落地圈外。如果当时不是看的现场，我着实很难相信，快两米高的围网居然拦不住一只小狗，小丑，你在我们这儿太屈才了！就这样，3.0版狗圈还是功亏一篑。

　　面对"最后"的神犬，我冥思苦想多时，终于使出了最后的必杀，那就是给围网再包上一层光滑的面材，让小丑在起跳后爪子无处抓握，借不上力，看你还有什么脾气？还别说，这次实施之后的效果显著，一周的时间，五只小怪物老老实实，一筹莫展。正当我感觉稳操胜券，久违的小丑在隔天清晨再次无约而至，不仅如此，身边竟又多出一只"黑头"！此情此景，我心里这个火大，小丑你可真行啊！自己出来我也就忍了，才一个多礼拜，怎么还带出徒弟来了？！黑头的身材跟小丑非常接近，都属于天生纤细的跳高选手。通过反复观察，我总算看明白了师徒二人的脱壳之术，这其中的关键，是妙用转角之地——起跳后，快速在空中蹬踏转角两侧的围网，来个左右交替的蜻蜓点水，就像武侠世界里登高上房的轻功再现，借这股劲儿让自己的身体高高蹿起，后面只需沿用老办法也就是了。道高一尺，魔高一丈，必杀被破解，让我们彻底打消了继续这场比拼的念头。就这样吧，好歹还能关住仨不是。可眼见这仨小短腿儿望着外面的小丑黑头，急得直哼唧，接下来我们又该何去何从？

　　一次次地飞跃，让我们感受到了小丑对于围网之外自由世界的坚定与向往，那恐怕是再舒适宽敞的狗圈也无法取代的呀！既是这样，何不铸剑为犁，让狗圈不再是禁闭的牢狱，而实实在在地成为你们的家。从那以后，我们尝试着白天打开狗圈，让五只小怪物在我们的陪伴（监督）下，享受山间的自由时光，一旦出现对四邻的搅扰，也能够及时制止，批评教育。到了下午，等它们跑累了，我们便吹响集结

小丑越狱成功的一瞬

号，用食物和主人的威严将它们引导回圈（真正起作用的应该还是食物啦……），晚上我们休息的时间，它们也就不再跳出来。就这样，经过一段时间的磨合，它们逐渐把圈当家，每次到点儿回去时还挺主动，常常不等我们叫，就在门前集齐了。慢慢地，我们之间也形成了默契，一边我们尽量满足它们在白天的出行需要，另一边小怪物们似乎也对我们多了体谅，无论晚上还是我们不在的白天，都能乖乖地待在圈里，给足了我们面子，也让邻居们满意。看来圈养还是散养并不是重点，试着将心比心，千言万语化作一句：理解万岁！

相处时间一长，我们发现这一奶同胞的五只小怪物，不仅出逃的花招各有擅长，性格也很不一样。聪明的小丑屡次成功越狱，但它可不是蝙蝠侠系列中邪恶大反派，相反还是最亲人的一只。当我蹲在地里干活时，它时常会不经意间出现在身边，顺着腿与胳膊的间隙，将头轻轻地贴到我的脸前，那种痒痒又暖暖的感觉，至今不忘。黑头，跟它的师父比起来就羞涩多了，像只猫的它，更喜欢远远隔岸观火，跟人若即若离，除非它主动上前，平时想摸它一下都挺困难。可说它高冷吧，一见其他小怪物跟我们互动，浓浓的醋坛子便瞬间被打翻，不管离着多远也要跑过来玩儿了命地与姐妹们争摸摸，摸完撒腿就跑……最常与它争宠的便是"大耳贼"，一只充满被害妄想的管家婆，小时候被蜂把脸蜇成过猪头，此后便"草木皆蜂"，动不动就甩开腮帮子咬空气。虽然这份神经质，让它随时掌控着山上的大事小情，但其好事的性格，也动不动帮着团队拉响战斗警报。海盗作为带头大哥，对这些内政外交之事反倒不怎么上心，靠着姣好的外形和憨实的气质，老少通吃，人见人盘，长期充当着团队当中的人气王。和它互动最好不要选在吃饭时间，海盗可能会误解你惦记它的食物，少不了一通龇牙咧嘴。而五只中唯一能跟海盗媲美的吃货就是"小毛"，被誉为外表忠厚、内心奸诈、记吃不记打的典范，披着一身长毛，整天行踪鬼魅。海盗吃得光明磊落，小毛却总爱在背后偷吃，而且一旦被抓了现行，马上切换成"滚刀肉"模式——收腿下趴头点地，无辜眼神配哼唧，倒地亮肚吐舌头，挨打也不改主意。这些它惯用的讨好伎俩对我俩早已无效，但也歪打正着发展出了小毛美好的一面——对人完全不设防，随你怎么胡撸摆弄，从来不急不恼，耐性十足，在五只中最具备萌宠潜质。每当活儿干累了，把小毛唤过来，帮它择干净沾满全身的苍耳刺球，人也一下子被治愈了。

除了会装萌，小毛还是个"收集控"。记得有一回，大白天的，它一个劲儿从邻居家往回叼东西，大到干活儿用的鞋子、衣服，小到头灯和劳动手套，散乱在屋门前，害得我俩四处失物招领，才物归了原主。去还东西时，邻居大叔正在院子里四处翻找，我们便说明了原委，还替小狗给大叔赔了不是。临走时，我随口问了一句："大叔，怎么没瞅见您家那只黑狗啊？""哦，那个啊，前两天扑鸡，让我拿铁锹给拍死了！""哦哦……"大叔的回答很自然，倒是听得我有些肝儿颤。从大叔家一出来，我首先想到，小毛啊，你就庆幸吧，就冲你平时的表现，养在大叔这儿，早就死八回了！

那一天，大叔的话一直在我的脑中挥之不去，一方面我为那只罪不至死的小黑狗感到伤心，觉得大叔的这种处理方式，实在有些无情；

狗与狼

全世界的家犬最初都是由狼驯化而来的。时至今日，无论是不同品种的狗之间，还是狗与狼之间都不存在严格的生殖隔离。因此狗也可以被看作是一种长期与人伴生的"家狼"。无论它们今天看起来身材毛色的差异有多显著，分类上都属于狼（Canis lupus）这一物种下的同一个亚种。

但反过来一想，人类历史上，从狼到狗的演化，不就是这样的过程吗？在人类一次次挥起的"铁锹"下，那些体弱的、咬人的、危害家畜的"不良基因"统统被去除，留下的便是那些符合人们需要的"好狼"，也就是今天的狗。大叔应是不加思索地重复了一种古老的行为模式。想到这儿，难过的情绪稍微平复了一些。回到开篇的问题，五只小怪物对于我们的里山生活来说，既是管片儿守卫，又是生活陪伴，肩负着乡村狗与城市狗的双重使命，看家得够横，摸摸得够萌，这个活儿不好干呐！从狗圈上下的铜墙铁壁，到铁网内外的握手言和，我们学会了欣赏它们的"瑕疵"，让彼此成为更好的伙伴。有它们在，里山生活才好戏连台，诚如这山野间的万物之于我们，多了共情就少了嫌隙，日复一日，让人充满期待。大叔息怒，多功能的小怪物，了解一下？

送别小丑

到山上生活的第四年初，五只小怪物中的小丑由于一场意外不幸离开了我们。那是一个冷透了的清晨，抚摸着她低垂的头，想着小丑短暂却忠于自由的一生，突然觉得悲伤的泪水过于矫情，而该给她一个正式的送别，因为那是对她下一段旅程的祝福。

我们选择在一片杏林中为她建立一处安睡之地。深挖出土壤，把小丑安放其中，用松软的泥土将她覆盖，心里默默道别的我们，似乎看到土壤中沉睡的亿万微生物在小丑身上苏醒，绵延出柔软的菌丝，渐渐将她包裹。而小丑，在这如丝如茧的变化中，将重新与土地联结，渐渐化于无形，继而出现的可能是那些植物的微小根系，渐渐与她的遗骸组成生命与生命联结的脉络。直到来年，这片得到滋养的土地，会再染上一片新绿，小丑则踏上了新生的旅途。这是生命周而复始的美好，值得我们吹起鼓舞的号角。

二猫　钝感小胖与冷血杀手

在我们山上的库房里，生活着两只黑白花的小母猫，名叫小北和秋裤。它俩都是本地猫，老家就在镇上的饲料店，还记得被蚊滋滋抱回来时，两只小家伙才刚断奶，活泼又亲人，每天跟我俩闹起来没够。可随着自理能力的不断提高，它俩对我们的依赖度下降，我们再进库房时，它们经常是对个眼神儿后，继续该玩玩该睡睡，很少主动起腻（要吸要撸自己过来……）。看来，猫娃们这是长大啦！听说猫都自带主子气，这俩即便是草根出身，也还是一身小姐脾气。相处久了，我们甚至会感慨，它俩能凑合跟着我们上山生活，已是做出了莫大的牺牲，让这样的高冷小公主变为贴身大丫鬟，像小怪物们一样与我俩亲密无间，想都不敢想。

别看秋裤和小北开始我行我素，从小与人为善的优良传统还是没变。但凡遇上我俩主动上前摸摸，它们都会放松地扬着下巴，以最大的耐心配合，实在不愿意了顶多也就是轻喵两声，从不动手。两位猫主子能做到这个程度，我们已经感恩戴德。要是哪天我俩一进门，赶上它们龙颜大悦——迎面而来然后双双躺在脚前主动求撸，我们的心头便仿佛着了温柔的一击，大脑随即停摆，仅剩的力气只够做一件事，那便是俯下身，伺候主子们尽兴。但不要以为我们会就此沦为猫奴，比起对它们言听计从，跟猫斗法，更是其乐无穷。

有一段时间，我的劳动手套不知为何引起了它俩的极大兴趣，隔三岔五给我叼走，在库房里四处藏匿，每次找起来都花不少气力。对之严厉斥责非但无果，反而让战局愈演愈烈。也不是没想过退一步，把手套换个屋子存放，可我又担心就这样不战而降，库房这么些东西，今后还不得让它们叼翻了天。看来必须得给你们拿拿龙（天津方言，形容用强硬手段教训——编者注）！那一日，正值邻居家翻耕土地，机器噪音持续不断，我突然心生一计，准备趁此良机，给它俩来个突击检查！于是脱下鞋光着脚，高抬腿轻落足，不声不响地向库房挺进。这要是搁在平时，即便是这般蹑足潜踪，也会被它俩觉察，隔着玻璃对我一通端详。那日借着嘈杂，我的潜行似乎没有引起注意，临到切近，我快跑两步，猛一把打开门！只见屋里的两只猫一个哆嗦瞬间定格，小北站定，秋裤趴卧，脸朝着我一动不动，无论身体还是表情，一个字儿"僵硬"。

看来突袭成功！平日里习惯了一切尽在掌控的它们，这回被打了个措手不及。二猫与我对视许久，连眼都不眨一下。我看了看身旁的手套筐，里面果然只剩下一个单只。这时，小北似乎是明白了我的来意，连忙跑开，跳上一旁的货架缩成一团，显得有些紧张。秋裤却仍旧稳坐当前，大义凛然，没有一丝要挪动的意思，透着一脸的不知情。我先是没理它俩，四下翻找着手套，边找边念叨着："你们要是老这么

家猫
Felis silvestris catus
猫科猫属

秋裤: 豪迈睡姿领跑者，追求慢生活的钝感小胖，拥有生无可恋的忧郁眼神

小北: 善跑酷好猫奇，恪守若即若离的社交礼仪，外表柔魅娇俏的冷血杀手

讨厌，我就天天来，总有一天抓你们个现行！"库房被我找了个遍，可手套就是不出现，两只猫还是纹丝不动，四只眼睛一直盯着我，时刻保持紧绷，把我气得够呛。"看什么看？！"我气呼呼地走回秋裤身边，蹲下来就是一通海搓，发泄一下心中的愤懑。秋裤非但没跑，还挺享受，小眼儿一闭，发出阵阵呼呼声。就在这时，随着它身体的摇摆，一只被压扁了的小手套从它晃动的屁股底下，渐渐伸了出来，这不是我的……？！怪不得秋裤岿然不动，原来是暗藏玄机！（最危险的地方，就是最安全的地方？）差一点被你们蒙混过关。虽然无法断定是小北犯案，秋裤销赃，还是秋裤一手包办，能把它俩逼到这般田地，这场仗就没白打。说来也有趣，自从那一次谎言被"搓"破之后，我的手套再也没有被冒犯过，看来与猫斗法，一场到位的胜仗远比平日的絮絮叨叨要管用得多啊！

　　不同于狗圈里的朝气蓬勃，猫生活的库房向来是一片寂静之地。走进门，清晨的第一缕暖阳穿过玻璃窗，撒在货架顶上的猫窝里，两对松散翘出的小毛脚映入眼帘，熟睡中还不时抖个两下，算是跟我俩打招呼。等一会儿睡醒了，两位必是先伸上一个大大的懒腰，然后便开始"舔毛大师"的每日瑜伽操。侧卧舔腰，正坐舔肚，撩腿卷腹舔屁屁，轻轻松松就能口衔脚趾抻个筋，一招一式有如禅定，让人望尘莫及。睡饱舔爽，完全醒透之后，自然少不了消遣一番，可作为天生的好猫手，猫主子们就连玩儿起来都是悄无声息，平日里，最喜欢转战于漆黑的角落、狭窄的夹缝和隐蔽的杂物中间，乐此不疲。一旦发现空的蔬菜筐或快递包装箱，就算遇上了"躲猫猫"圣地！

　　记得有一次走进库房，四下里安静得出奇，门窗紧闭，不见两只猫的踪影。我俩顿时心生忐忑，展开地毯式搜索，凡是能容下猫的地方，都一一排查，其间总觉得货架最高处似乎有什么在凝视着我们，隐隐透出一丝寒意，可抬头望去除了一个满是灰尘的包装箱，再无其他。正值我们百爪挠心又一筹莫展之际，头顶忽然来了响动，尘封的箱口被微微拱起，缝子里挤出了秋裤黑色的小耳朵，让我们大吃一惊（小北当时也在里面）。万没想到，十来分钟地搜寻中，我们那么多次从纸箱下经过，它俩就一直这么无声无息地"猫着"，仿佛化作了空气隐遁在这方寸之地，让人没有一丝察觉。不得不说，这一次是真正领教了猫族潜伏的本事，角马、狍子、小老鼠等各位亲……对于你们生命中遭遇的那些出其不意，我开始感同身受。

库房养猫为了啥？当然是为了对付嚣张的小老鼠们。作为各种物料的储存场所，小北和秋裤在这里的责任重大。绝育之后，曾经羞涩乖巧的小北一下子变得活泼开朗，好奇心爆棚，生性好动的秋裤却好似看破了红尘，整日一副生无可恋的眼神。但性格的逆转并没有影响团队的战斗力，即便它俩现在过着饭来张口屎来铲走的幸福生活，甚至都学会了扮萌，血液里流淌的绿林习气还是让它们一有机会便打打杀杀。多年以来，除去灭鼠的本职工作，蟋蟀、蚂蚱、蚯蚓、壁虎、鼩鼱、蝮蛇……但凡是进了库房的活物（除人以外），几乎没有活着出来的，害得我们平日经常帮着"收尸"。不过惨案通常是发生在夜里，等到我俩早上一去，早已风平浪静，一边是与平日无差的两只萌宠，另一边则是倒毙多时、首身分离的各色干尸。虽然牺牲的大都是青涩的幼蛇，体型不算大，还是勾起了我们对黑夜里猫蛇缠斗画面的无限遐想，真的连毒蛇都无力招架这两只猫的进击吗？

说来也巧，一天上午到库房里收拾东西，不知从哪里误打误撞飞进来一只麻雀，落在了高处的窗台上。还没等我做出反应，刚还在猫窝里四仰八叉的小北，顿时二目圆睁，像是吸血鬼闻到了血腥气一般，瞬间被点燃，矫健的身影顺着货架逐层跳下，动作轻盈利落，全然不是平日里懒散的模样，三步两步，霎时间已是站在了库房的中央。哇，好快的身手！再看后面的秋裤，这才用爪子缓缓撑起身体，侧歪着走出猫窝，荡起晃晃悠悠的胖身子，每跳下一层货架，都带出重重的声响，赶上刹不住车的时候，还小碎步调整几下，一副电量不足的状态踉跄到小北身边，感觉身体被掏空。小北才顾不上它，两只眼睛一直盯着高处的麻雀，眼神中充满杀气，尾巴一个劲儿地左摇右摆，似乎在考量着进攻策略。不一会儿，伴随几下急促的喵声，战斗正式打响！

小北先是一步蹿上目标下方的桌子，向着头顶的麻雀一通叫嚣，时不时地还跳起身用爪子左右划拉。只是麻雀站定高位，小北借着桌子也望尘莫及，但它不停歇地疯狂骚扰，还是搞得麻雀压力山大不敢久留，情急之下仓促起飞，像个没头苍蝇满世界乱撞。而小北仍是紧追不放，随着麻雀的轨迹飞檐走壁，它那柔软的腰身，飘逸的姿态，展现出惊人的爆发力。即便是一个不小心失足踏空，也能迅速在空中从容转体，落地无声。再看秋裤，像个大胖丫头倒卧在库房中央，姿态妖娆，眼神代替脚步跟随着小北快速移动，一边观战，一边咬牙切齿地原地发狠儿。赶上麻雀从头顶掠过时，前爪也会象征性地挥舞两下，嘴里低吼几声，聊表寸心。

随着你追我赶进入到加时赛，小麻雀已明显体力不支，每落到一处都张着嘴大口喘粗气，飞行高度也越来越低，偶然一个滑落，瞬间让小北抓住机会，一个盖帽落地，叼住猎物，溜到一边享用去了。而秋裤，不仅一直无心恋战，对于美味的战利品似乎也兴趣不大，走到小北身边凝视片刻，见姐妹没有分享的意思，也就没再争取，全当方才是免费看了部武侠剧吧。只见它调转回身，一步一个脚印缓缓跳回了猫窝，整理几下身体，便又呼呼睡去。

见证了小北与麻雀大战三百回合，不得不佩服家猫的实力，幸亏你们是生活在库房里，这要是散了出去，不知里山中又会有多少生灵涂炭，善哉善哉！再看秋裤，与小北一黑一白的对映，俨然就是猫族灵性的一体两面。秋裤的魅力恰恰在于它的"无所谓"，犹如中国古代的四大美女——狠妲己、病西施、笑褒姒、醉杨妃。生活的美好之于颓秋裤，何需极致，优哉游哉，便是猫生！

发现一颗仿佛海洋生物的栓皮栎果实

油松和栓皮栎　力挽狂澜老大哥

　　我们的家位于城市周边的浅山地带，被农地、果园和荒野包裹其中，每天不免要爬上爬下，比平地生活显得辛苦一些。也许恰恰因为这一点点陡峭和不便，让前辈们将种植果树的梯田开垦到半山便不再高攀，给败退的荒野留了一点薄面。

　　还记得第一次来到这里时，我们跟随土地的老主人一起上山转悠，行进间，最先浮现在眼前的便是以幽香的荆条、扎人不眨眼的酸枣、小叶鼠李来打底的茫茫灌丛，这些以耐旱著称的"山民"们，似乎不断向我们传递着在这里生活的艰辛，奉劝我们可要想好了再来。顺着山路继续上行，慢慢出现了种类更为丰富的植被，小山的野性也渐渐展露出来。虽因为干旱，它们的个头都长得不怎么伟岸，但穿行其中的我们，还是被这片错落的荒野深深吸引，渐入佳境。

　　走着走着，零星的乔木开始从两边站了出来，山杏、臭椿、黑枣……其中最显眼的还得是两位老大哥：油松和栓皮栎。油松给我的印象似一位不苟言笑的老古板，红褐色树皮粗粝厚重，整齐排布的密密松针在枝头上绿得清冷。零星配搭的几颗褪色球果，早已片片绽开，空空如也，里面的松子不知有多少被风吹散，又有多少被健忘的松鼠偷偷埋进了土中，等待新生。借着夏雨，松树下的黄蘑一个接一个从土中顶出头来，长成犒劳农夫的美味山珍。

　　之后入冬巡山，每次与油松擦肩而过时，脚下厚厚的松针，总能给疲惫的我们奉上几步柔软，而它自己却是顶风冒雪，庄严地在这座北方小山里四季如春。相比之下，栓皮栎更像一位开门迎客的老掌柜。歪歪扭扭的树干自由散漫地开枝散叶，让底下的阴凉成了人们夏日行山的驿站和山野精灵们的打卡圣地。豹猫大神、狍子CP、狗獾一家……山中的每一位来宾都默契地错峰出行，来到这开阔的林间觅食玩耍，留下的脚印和便便也是各有各样。还有那些个掉在地上被啃花了的橡子，想要从中抢出一枚《冰河世纪》中那有着壳斗衬托的完美果实，还真没那么容易呢！

油松
Pinus tabuliformis
松科松属常绿乔木，
叶呈两针一束

  我们曾情之所至，向老主人打听这片山的故事。"早先那会儿做饭取暖都靠烧柴火，这山啊，都给砍秃了，严重的时候，恨不得连个草毛都剩不下，你俩现在瞅见的那些个大点儿的树，都是后来又种上哒……"她的回答让我俩有些吃惊，眼前这片荒野竟如此年轻，看来，那么多带刺的灌木是劫后余生看似凌乱的秩序重建呀！惊叹于自然修复之下近乎野蛮的生长，却又想不透油松和栓皮栎——这两位人工引入的外来户，在这样的山野间，为何没有格格不入，反倒有着几分土生土长的亲切感？经过了解，作为华北森林中的顶级群落，油松和栓皮栎本就是生活在这里的古老土著。那些年的时运不济，让它俩背井离乡，不做大哥好多年。如今被请回昔日地盘，即便接下的是烂摊子，人们还是希望它们能靠着一己之力，把本乡本土的"老街旧邻"重新团聚起来，慢慢寻回山林应有的颜面。

  登上小山顶，远眺背后更高处的山脊，只见秋冬油松深沉的浓绿与栓皮栎干枯卷曲的残叶交织出日渐丰满的林缘，内心的力量感油然而生。和它们一样，我们也曾与里山渐行渐远，如今幸运回归，等待着时间帮我们褪去青涩生疏，抵达山与人的圆融无间。

裸子植物 vs 被子植物
裸子植物无典型花的结构，也不形成真正的果实，种子裸露，如油松、银杏等。
被子植物则会开花结果，种子被包裹在果实中不裸露，如栓皮栎和山上的各种果树。

栓皮栎
ercus variabilis
斗科栎属乔木

山杏
Prunus sibirica
蔷薇科李属小乔木，与
同属的山桃共同构成北
京早春的山花烂漫

臭椿
Ailanthus altissima
苦木科臭椿属乔木，无论树皮的质
地、叶子的形态还是气味，都与我们
果园里的香椿有着很大不同

黑枣
Diospyros lotus
柿科柿属乔木，又名
君迁子，是用于嫁接
柿子的主要砧木

栓皮栎

油松

● 山中的柿树落叶，别样的肌理、气味和色彩值得好好欣赏

荆条与酸枣　荆棘丛中的经济学

大到国家、公司的运转，小到每家每户的柴米油盐，再加上互联网层出不穷的创富神话，现今社会可谓无处不"经济"。提到这个词儿，并不是想在这里探讨增长速度快慢的问题，更没想着给全世界开药方子，不过是想说一说与它谐音的"荆棘"二字。

根据一般注解，"荆棘"指山野中常见的丛生多刺灌木，更有细致的解释，即无刺的荆条（荆）和带刺的酸枣（棘）。这两种植物在华北地区很常见，特别是在原始林地已经被砍伐殆尽的中低山地。耐寒抗旱又不怕土壤贫瘠的荆条和酸枣都是竞争优势非常明显的先锋物种，可以迅速占领空闲的土地，形成密度极高的荆棘丛。

虽说这两种本土植物遍地都是，在老一辈农民眼里也属于"破柴禾"一类不上档次的材料，但它们在里山生活中一直都扮演着重要角色。首先说说荆条，漫山遍野的它，全身上下富含芳香物质，让人在行山中倍感疗愈，想来也许是因为这些芳香物质，荆条的茎秆才有了既结实又柔韧的特性，而且少有虫蛀。农闲时节，村里的能人会进山割条，荆条经过晾晒和浸泡后，便可在手工捶揉之下，变成筐篓提篮等各种形制的器物。说来也怪，虽然现代技术为大家提供了多种材料的盛装器物，每每在集市上游走，我们的目光还是会被那朴素平实的

冬日"小红果"

小花扁担杆（*Grewia biloba var. parviflora*），锦葵科扁担杆属灌木，又名孩儿拳头，枝头上挂着的"四合一"小红果，是冬季清冷山间少有的装点。

金银忍冬（*Lonicera maackii*），忍冬科忍冬属灌木，又名金银木，与我们小花园里种植的藤本金银花（果实黑色）不是同一种植物。作为园林树种，金银木早已在许多公园和小区里扎下了根，成为冬季城市最常见的小红果之一。

荆条
Vitex negundo var. *heterophylla*
唇形科牡荆属多年生灌木

酸枣
Ziziphus jujuba var. *spinosa*
鼠李科枣属多年生灌木或小乔木

荆条编筐吸引。也许出自山野的素材才最搭配里山生活吧！荆条不仅能柔韧成器，其淡紫色的小花中还饱含芳香花蜜。每逢春夏，漫山香气扑鼻的荆花便会在蜜蜂的忙碌之下，被浓缩成远近驰名的荆花蜜，那绝对是平干润燥的上乘甜味呀！

而酸枣虽多刺，仍然是山里农人的好帮手。一来，其多刺的枝条常被农人砍伐下来填补到围篱寨栅之中，可以防盗更让想来偷吃的动物们望而却步；二来，酸枣在果树栽培中可用作砧木，嫁接栽培品种的大枣；那些盛夏开放的酸枣花则是美好的蜜源，等花蕾转化成圆滚滚、红彤彤的酸枣后，也是老少皆爱的山里味道。

经历了那个山被砍光光的年代，荆条和酸枣作为这座小山上的拓荒者，在多数植物尚不能生存的严苛环境中挺身而出，依靠扎实的根系和顽强生命力将土壤中有限的水分和营养提取出来，再凭着迅捷的繁殖和扩展能力，高效地为干涸与贫瘠覆上一层新绿。伴随湿度提升，以及它们年复一年的落叶重回土地，土壤系统也不断积蓄起养分和活力。这样的循环既成就了小小灌丛，也成就着未来的森林。荆棘的拓荒精神，实在令我崇敬。

山道旁，这些无须人工只靠自然养育的荆棘丛周而复始地稳定产出着枝叶、花蜜和果实，给昆虫、鸟类和其他小动物们提供了重要的栖息环境，让它们可以在灌丛中寻觅到可以温饱的所在，同样也接受着它们恰到好处的回馈。这样的生生不息，岂不正是风口浪尖的当下，人类社会正踌躇寻觅的可持续循环经济？

野鸢尾　草根美人

对各类植物了解得越多就越发觉，大凡人工栽培的观赏花卉，往往都有一个在山野角落里的乡下亲戚。那状况就仿佛今日的都市丽人们，在窗明几净的写字楼里，彼此都有型有款地呼唤着Rebecca、Jessica、Angela……待回乡省亲时，又会一下子变身翠儿、凤儿、玲儿了吧。哈哈一笑之后，想说这样比较并不是要调侃奋力打拼的大家，而想呈现一个关于美的草根视角。

在我们农舍的东侧，有一条蜿蜒而上的小路，大约用十几分钟，就可以登上身边那座小山的分水岭。如果还有兴致，可以继续沿着山脊小路一直向上徒步，这也是我们在平日闲暇最喜欢的短途旅程。在这些山野间的小路旁，能发现很多名字中带"野"字的小花，比如野黄花、野石竹、野百合，还有野鸢尾。它们的花形花色虽比不了栽培品种的华丽醒目，但那星星点点，或素雅或明快的色彩，在苍翠掩映之下，总能带给人美的感动。每当我们在行走中瞥见一抹若隐若现的惊艳，都会驻足定睛片刻，似乎此一刻时间都停滞了，只有一呼一吸间我们对美的凝望。

在一众野花野草的草台班子中，我不知为何最爱色泽素净的野鸢尾。顾名思义，

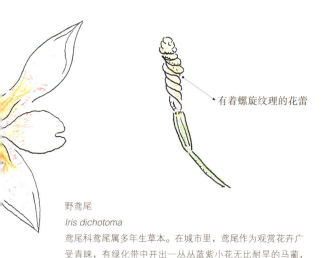

有着螺旋纹理的花蕾

野鸢尾
Iris dichotoma
鸢尾科鸢尾属多年生草本。在城市里，鸢尾作为观赏花卉广
受青睐，有绿化带中开出一丛丛蓝紫小花无比耐旱的马蔺，
公园里花色艳丽的德国鸢尾，水岸边大片绽放的黄花鸢尾
等。不过即便是与梵高笔下成片绽放的香根鸢尾相比，我还
是更喜欢上山路旁三三两两野鸢尾开出的小白花

● 长角羚钟爱的意甲佛罗伦萨足
球俱乐部，队徽上便有鸢尾花元
素，是否有似曾相识的感觉？

鸢尾家族的植物，常常在基部拥有如同猛禽尾羽般呈平面排列的剑形叶片。当孕育花蕾时，会在叶间膨出有分枝的花茎，分枝的末端就是一个个花骨朵了。鸢尾的英文名是Iris，源自希腊神话中的彩虹女神。在西方历史上，鸢尾一直是宗教文化中的神圣象征，也是老牌天主教大国法国的皇室标志。拥有如此神圣气息的它，早早就受到欧洲宫廷贵族的青睐，培育出来的花大艳丽的品种数不胜数。然而，在我欣赏鸢尾的曼妙时，却更钟情于它含苞待放的花蕾：园林栽培中的紫鸢尾和黄花鸢尾的花蕾像极了饱蘸色彩的白云画笔；山间路边野鸢尾的花蕾更神奇，仿佛一个个精巧的小螺栓，那一道道螺旋纹理，是花苞打开时旋转开裂的轨迹，这种螺旋折叠的收纳效果，感觉比任何工业设计作品都精巧呀！

野鸢尾更令人钦佩的，是它坚韧的性格。一般园林栽培的品种，都会依赖充沛的浇灌，野鸢尾却向我们展示了鸢尾植物水陆两栖的真本领：当它们幸运地长在相对湿润的土地中，自然可以舒展出高大葱郁的枝叶；当生长在干旱坡路边时，也能活得自在，即便生来低矮，也不放弃每一次绽放自我的机会。

07

野性通讯

花迷宫

从菜地到果园再到莽莽山野，这些年与我们谋面的花少说也有二百多种。每朵花都是一件招蜂引蝶的艺术品，懂它的，瞬间就能开启一轮生生不息的生命魔法。

● 薄荷丛中蹿出的绒毛胡枝子和它白中点粉的蝶形花冠

● 地黄一身白毛，配上低垂的红紫花冠，着实长出几分醉意，难怪被起外号"老头喝酒"

● 1.春季踏青，开出紫色小绒球的祁州漏芦，像个少不更事的毛头小伙横在山路中央。2.拥有强大生存力的多花胡枝子，每年夏秋开满山坡。3.四月的果园里，苹果花开得最晚，可它的淡雅最得我心。4.蓬松高挑的狼尾草，与地里的狗尾草、虎尾草并称夏季山间的三条小尾巴，撸不到猫的时候撸它们就好。5.难得一见的河朔荛花，开出一穗穗密集的筒状小花。

● 6.桃花开放的清冷时节，便有了勤劳的昆虫来帮忙授粉。7.桑树的雄花序，没
有半点花的气质，但若想每年吃到桑葚，没它真不行。8.早春一地干枯间的一抹亮
紫，那是堇菜开了花。9.入夏香草园里盛放的牛至花丛向来是嗡嗡蜂的打卡圣地。

● 1.往年农户在门前栽下的马蔺，无论遭受干旱、暴雨，还是小狗们的蹂躏，到了日子准点开花。2.待成簇开放的李子花化作六月里挂着白霜的紫红果实，一年一度的李子酱便要开熬啦。3.芝麻菜好吃，花更好看，乳白花瓣上的一抹淡紫勾出恰到好处的眼线。4.薤白的花与葱的花有些相似，都是饱满一团，在满地黄花的映衬下，格外显眼。5.早年间朋友栽下的一小片紫锥菊，由于我们疏于照顾，地盘早已被成片的荻草全面接管，如今只能看看照片啦。

1

● 1.茴香的伞形花序让地头绽放耀眼繁星，黄色是发给虫媒的邀请函标配。2.蔦子秆，被小火锅耽误了的观赏花卉。3.腺梗豨莶，刚长出叶子时我们误以为是向日葵，后来才知这家伙"勾搭"走兽传播种子很有一套。4.西红柿的花冠也像小星星，六片花瓣可不是唯一答案。5.寒露之前，洋姜金黄的花朵如约而至。6.一枚野生小黄花菜，吃了这么多年打卤面，没想到在这里相见。

坡头野菜　早春甘苦好味

抱茎小苦荬

　　读朱自清的《春》是在中学时，当时的语文老师是出了名的严格，要求学生们熟记课文是家常便饭。遗憾的是，我自小儿就不善背诵，那些从别人笔头子里出来的词句，即便经典，也会在我嘴里栽跟头。越是背不出，越被严师盯紧，自此就对文字的美妙多了一份畏惧。然而，谁的年少不青涩，人生总难免有那么一段灰暗、浓稠的过往，细细想来，那必是气清景明之前的酝酿吧。又一个春天，在农舍里再次展开关于春的文字，没有了功课责罚之下的瑟缩，属于春天的温度和颜色竟都被细细体味了出来。

　　"一元复始，万象更新"，春天树木的姿态渐渐柔软，土地也有了更加温润的色泽，正是布施粪肥、翻松土壤、灌溉农田、下种植苗的好时节。靠山的村子平地不多，稍微工整的地块更容易留住难得的雨水，多要留着农作。从清明到谷雨，农人操持着农具将土地一块块耕动，在起伏的地形上拼配出阡陌纵横的巧妙。才刚被叫醒的田野，还是一副青黄不接的样子，还好有坡头的点点野菜，提亮了山里人此时的餐桌。

　　经历了三九严寒，挨过了春寒料峭，最早从土地冒头的定要数那南北通吃的荠菜。出身十字花科大家庭，对于冷凉天气自是喜欢，在别人家的宝贝还为要不要出头犹豫不决时，荠菜的鲜绿叶片早已自信地展开。当然，为了抵御风寒，叶片彼此层层叠叠呈莲花状的紧密排列，是它们的制胜法宝。在山上干旱的气候下，只要天气稍微转暖，性急的它们就会有细长的繁殖枝从那朵朵莲花中拔起。还没容你看清那些细碎的小白花是不是都有着对称的四片花瓣，一片片心形的果荚就开始自下而上地支撑了起来。这样快

蒲公英

荠菜

的节奏，无非是想趁着春暖花开后的烈日，早早地炸开那一串串荷包，密密地撒播下又一代的种子，给未来的自己占个好位置吧。如此一想，荠菜们还真是用心良苦，也难怪把果实长成一颗心的模样了。

春寒中的荠菜有着淡淡的清甜，这是它从众多"苦出身"野菜中脱颖而出的关键。贤惠的村妇会早早动身，只凭一把有着锋利刃口的小铲，找准目标后快速向土中斜着一插，便可划开沾满泥土的草根，轻松采撷到那带着晨露滋养的一整簇鲜叶。想获得最佳的鲜嫩与肥厚，自然容不得叶片营养的半点流失，这时你只需放过正在和已经抽薹的——它们将会是下一季的口福。此外，懂得在形态近似的叶片中慧眼识真，也是不做无用之功的关键。没有植物学的标准定义，山里人仅凭朴素的"直觉"就可牢牢把握。因为他们深深记得，荠菜叶片那透亮的绿中总似带有些黄的明快，而那凹凸的叶缘又总能规整排列出鱼骨般的均衡，让人感到平静。

山上的荠菜可生出春秋两茬，由严冬和干旱的春催生出的，往往有更好的风味，秋天的荠虽可生得肥壮，总让人觉着湿漉漉的，味道寡淡。个人喜爱的荠菜做法唯有南派的荠菜肉大馄饨。稍带些肥膘的后腿肉，细细斩了，与略微氽烫、切碎的荠菜调和成馅儿，用面皮包裹住足够的分量，捏出元宝模样，热气腾腾地煮上两大碗，一口一个才叫幸福。

与荠菜这般的细作不同，坡头野菜中，还有一些是生吃最佳。每年春天，菊科家族里那一口绵延不绝的清苦也总让山里人惦念。可"苦麻儿""苦丁儿""曲麻菜""婆婆丁"这样的俗名总弄得人眼花缭乱,据说就是植物学人看了它们形似各种利刃出鞘的叶片后也会遭遇傻傻说不清的尴尬。既然如此,又何必庸人自扰,这时,山里人的"直觉"再次发力,想寻得这盘早春苦味,还得回到那一丛丛莲座状排列的叶片里找答案。只是这回,要留意那些枝叶折断后会淌出白色乳汁的,这点与荠菜不同。我们常常采集的无外乎两类:一种叶片相对短小,锯齿边缘呈柔和的波浪状,叶片在绿色之外还晕染着暗暗的紫红,在黄土地上像极了一朵朵小花,山里人称之为"苦麻儿",植物学人叫它抱茎小苦荬;另一种的叶片则修长许多,颜色也更鲜绿,显眼的是叶片的锯齿边缘都很尖锐,仿佛一排排蓄势待发的箭镞,展示着威武的力量,这是蒲公英无疑了。

无论抱茎小苦荬还是蒲公英,都会开出黄澄澄的小花,这是它们出身同一家族所带的共同气质呢。不同的是,抱茎小苦荬和荠菜一样,花开的那一刻对它来说除了意味着绽放,更意味着衰老与枯萎的慢慢开始,其日渐纤维化的口感,让人们不再追捧。而开了花的蒲公英的花茎十分细嫩,连同花朵本身都有着柔软口感,可以和叶片一起食用,给"爱吃苦"的人稳稳的满足感。记得改建农舍的那段日子,经常在收工后到大叔家蹭饭,春天的餐桌上绝少不了抱茎小苦荬(及少量中华小苦荬)和蒲公英的嫩叶。被清凉水镇得水灵灵的干净叶片装满一盘,搜出两根再加一棵地里刚下的小葱儿,对折一下,用葱叶子把苦菜们一圈圈卷紧,蘸一口浓稠的黄酱,一口下去的滋味就叫作解馋。

时下,挖野菜食野菜似乎成了颇受大爷大妈青睐的春季踏青活动。几乎是从榆树梢头鼓动出一团团紫红开始,就能不间断地在山里撞见挎篮背篓、手提锄头的采山人。当然,很多人采山不再是为充饥一餐,而是为缅怀过去的风味,或是想在这春意盎然的山谷里完成一次黛玉葬花式的构图。于我们,早春的坡头野菜仍然是慰藉辛劳的一份甘苦之味,但那只是一年里白驹过隙的片刻,因为我们更爱初夏土地上点点银白和灿灿金黄生机勃勃的交织。

食用菌　要找蘑菇啊，你们得先找对树！

———

　　提起野生菌，一下子就把我拽回到了多年以前的彩云之南。因为工作的原因，有段时间我经常出差去云南，尽管每次来去匆匆，还是与菌子们打过不少照面。无论是行走山林不时从脚边冒出的星星点点，还是传统市场里数不清种类的现采现卖，再到街头巷尾鲜气扑鼻的菌子火锅，"菌子王国"这个名号还真不是白给的。在当地，菌子是山民们重要的生计来源。每年湿季一到，上山采菌子的脚步就要迈开了，听说那是一份需要体能、勇气和耐心来共同支撑的苦差事，一般人真干不了。虽然比起云南的大山里，我们这座小山上的食用菌资源实在寒酸，每到秋天，村子里的人还是保留着上山采蘑菇的习惯，不过不同于艰辛的专业采菌工作，在我们这儿，采蘑菇更多为图个乐儿。

　　每年一进七、八月，山上的蘑菇便陆续冒头，赶上雨水多的年份，能一直持续到十月才慢慢绝迹。这段时间，只要是去爬山，我俩都会习惯性地挎上个荆条提篮，边走边往灌丛里寻摸，看看谁的眼尖，能先有斩获。山里经常被采食的蘑菇主要就两种，村里人称之为红蘑和黄蘑，后查阅文献，才晓得它们的学名叫作血红铆钉菇和点柄粘盖牛肝菌（试试一口气读完……），算是北京山区比较常见的两种野生食用菌了。它俩的长相清秀讨喜，像散布在松林间的一把把个性十足的红黄小伞，偏要等到雨过天晴才先后破土撑开，所以雨后的那几天可算是采蘑菇的黄金时间。等时辰一过，这些小伞竟像被风兜过一样，一把把渐渐向上翻折，倒开成一个个深浅不一的漏斗，伞盖下的褶皱与空隙

点柄粘盖牛肝菌
Suillus granulatus
伞菌目牛肝菌科。村里大叔说采
回来不能直接吃，容易拉肚子，
一般等晒干后再烹煮食用

木耳
Auricularia sp.
木耳目木耳科

血红铆钉菇
Chroogomphus rutilus
伞菌目铆钉菇科

中华散尾鬼笔
Lysurus mokusin
鬼笔目笼头菌科，又称五棱散尾鬼笔，在夏秋
季的香草花园和山道上都曾见过它的身影。按
"色香味" 来说，它充其量只占个 "色"，其分
泌出的粘液散发着令人厌恶的腥臭气，却吸引
着对胃口的昆虫来帮忙传播孢子，繁衍生息。
本地没人吃它，但同属鬼笔目的 "亲戚" 竹荪
可算是市场上紧俏的舌尖美味

● 伴随着小山的土地活力回归，林间地头的
菇开始多起来，种类也逐年丰富，能否食用
放一边，只是路过观赏就很开心

里山客

也完全打开。这时的它们终于完成了传宗接代的光辉使命，身体也逐渐变得柔软黏腻，最终化为枯槁，重归大地。

可不要以为它们就这么死掉了，蘑菇们长出地面的那朵小伞（子实体），不过是类似植物花果这样的繁殖器官罢了，到了点儿就来，撒了种（孢子）就走，向来不做无用功；而蘑菇们的"根茎叶"其实一直藏匿在地下，以纵横交联的菌丝体，默默汲取营养，支撑着日常的生活。说得挺热闹，可蘑菇要去哪里找？是不是季节到了，红黄二蘑就会开满山岗？头一年上山时，我们带着这份天真，真可谓穿林海钻灌丛气冲霄汉，踏破铁鞋，还被扎了一身刺儿，蘑菇却没采回来几朵。后来经大婶们指点，才知道这两种蘑菇一般都出现在松树附近，可不是哪儿都长，"要找蘑菇啊，你们得先找对树！"从那以后我们采蘑菇，都会乖乖循着山上的油松走，结果不仅每回收获稳定，还少走了很多冤枉路，研习一番才发现这松树和蘑菇之间还真有点儿错综复杂的"地下情"。在地面上看来不离方寸的它们，在土里干脆就好在了一起，红黄蘑的菌丝与松树的根系彼此间水乳交融，形成了完美的共生体（菌根）。可别小看这片暧昧之地，在这里蘑菇的菌丝为松树助力，帮它更好地吸收土壤中的水和矿物质，抵御外敌的入侵，促进生长；作为回礼，松树也会分出一部分光合作用的产物，供给蘑菇食用，助它们做大做强。这便是油松与二蘑亲密无间的共生关系，既彼此成就，又唇齿相依！

● 1.昼夜明显的温差和较大的湿度都激发了林下食用菌的成熟，一场秋雨后的晴朗天，总能有不少收获。2.雨水丰沛的季节里山迎来了马勃菌，这些拥拥簇簇的小白球，用手一碰就肆意喷烟，力求将无数孢子射向更远。

如果说红黄二蘑是靠着与一棵树的世代契约换得食物，在我们山上，还有一种食用菌，更喜欢独来独往，靠吃朽木为生。自从我们知道山上有它，每次采蘑菇时，除了盯紧地上那一对儿，还时不时往枯树干上瞅一瞅，寻觅那黑乎乎的一丛，它们便是木耳。不像红黄蘑那般专情，木耳在吃这方面似乎没那么挑剔，山上的许多腐木之上都曾有过它生活的足迹。雨季里，不管是野生的榆栎、枯死的果树、立围网的木头柱，还是我丢在房后的几片杨木板上都长出过木耳。作为大自然中伟大的分解者，这些其貌不扬的小家伙儿，真的是哪里需要哪里去，一边努力地化腐朽为生机，一边还能攒鸡毛凑掸子，与晒干的红黄蘑一起被蚊滋滋炒成一盘鲜香四溢的山野轻食。

比起那些引人入胜的鸟兽虫木，无处不在的分解者们已经习惯了生活得默默无闻。即便像蘑菇木耳，这些个我们肉眼可见的大型真菌，也更多是以食物的身份吸引着我们的眼球。但不要忘记"食用"菌只是其生命中的一份兼职，自然山林里那缠绵的菌根，那化腐为生的动人，才是它们的真正使命！虽然时下超市中所售菌类多是靠人工栽培轻松获得，回到云南的大山里，每年出产的主力"菌"都是像红蘑黄蘑这样与植物共生的野生种类，赫赫有名的松茸便是其中之一，这些菌类身世特殊，栽培起来并非易事，大多还得仰仗山林的馈赠。正因为此，我们每年上山采蘑菇都会坚持"有采有留有够"的原则，过程中如有不小心翻开的土壤，临走前也会尽量恢复原状，保护好他们的生境，为了来年的收获，更为了今日的山林。秋日里，山道旁，松林下，枯木上，带走的是美味，留下的是希望。

● 平日劳作不免穿梭于屋里屋外，眼见着脚边红蓼从雨鞋高矮到一日被大风吹弯了腰，不知不觉已是初秋

红蓼成林　孤独灵魂联合会

七月的骄阳宣布了北京盛夏模式的开始，随着温度迅速攀升，地面的水气更快地蒸腾，雨云也就更容易积蓄成形。"大暑小暑，上蒸下煮"这样的农谚也是对这个时节最好的概括。随着雨水接踵而来，我们门前的红蓼也开启了迅速拔节模式。六月才刚刚长到窗台高度的它们，到七月底就已经跃过了房檐。宽大的叶片舒展开，正好给房子撑起遮阳伞，每每我们在窗前停留，都会因为这满眼的绿意而感到清凉。

房前的红蓼并不是我们特意栽培，也许只是原来的农户随手撒下的种子，但靠着极强的适应性，加上房檐滴水的滋润，每年必是如约而至。大凡农户在房前屋后栽植的花草，都会有些功用，不仅仅为了装点门庭。想这红蓼的叶片宽大，表面生着柔软绒毛，估计在水果上市的季节，应是给水果遮盖保鲜的绝佳材料吧。

喜欢门前的红蓼，不只因为以上种种，其实更得意于它以高大植株和宽大叶片组成的小小福荫，为众多小虫营造了一块生命绿洲。这片红蓼林里，长期居住着一种毛茸茸的象鼻虫。有时，我们会在一些拇指粗的红蓼茎秆上发现圆圆的孔洞，估计是这些象鼻虫曾经的住所。不知是不是取食红蓼的原因，这些象鼻虫也会呈现出红粉色泽。它们经常停留在翠绿的叶片上一动不动地"冥想"，仿佛是这片林间的智者。

不知不觉间，红蓼的粉红色花穗已静悄悄地吐露出来，一串串的，在蓝天的映衬下甚是好看。别看这些粉白相间的小花不算香浓，却总能引得各派"花吃"济济一堂。这些食花的过客里，不乏蛾子、大块头贪食花粉的金龟，以及大小各异模拟蜂形的蝇类，

● 窗前蔚为壮观的红蓼林，不动声色地帮我们挡掉了相当一部分热气的进攻，夏去秋来依然坚挺

Shoot date:2020-9-20

真正的嗡嗡蜂反倒并非主角。在硕大叶片的掩映下，一身青绿的蚂蚱也一定不会错过这片乐土，它们可以很好地隐匿在环境中，自在地觅食和寻找伴侣。不过，保护色的本领并非蚂蚱的专利，像广斧螳和大刀螳这样的绿色螳螂更不会错过这完美的狩猎舞台，特别是月朗星稀的夜晚，它们最爱头朝下悬挂在红蓼柔软的梢头，折起双刀只是为了寻觅下一个捕猎对象。

北京的雨季不算绵长，但由于强对流天气频繁出现，红蓼林常常会在午后或夜晚迎来一场风雨交加的洗礼。疾风骤雨之下，纤细高大的红蓼难免出现倒伏，不过它们不会坐以待毙，而是在靠近地面的茎节上生出粉红色的不定根，估计是在辅助呼吸的同时，又补偿受伤所致的供应不足。红蓼的坚韧，还体现在它惊人的繁殖力上。它的花期相当长，即便到了金秋十月，穗状花序仍可以保持绽放姿态。这些小花一方面供给花粉和蜜汁，救济萧瑟中生命将尽的秋虫，另一方面又因虫虫们的帮助，即便时节清冷，仍能结出饱满的种子。等到阵阵秋风扫落叶的时候，这些种子就会扑簌簌地掉落一地，直等到沐风历雪、春回大地，它们又会成片破土而出。于是每年，我们的房前就有了这么一片有故事的红蓼林。

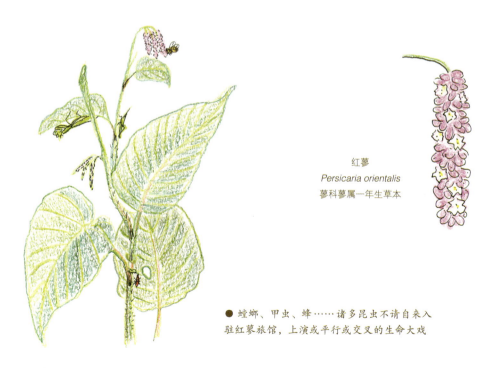

红蓼
Persicaria orientalis
蓼科蓼属一年生草本

● 螳螂、甲虫、蜂……诸多昆虫不请自来入驻红蓼旅馆，上演或平行或交叉的生命大戏

芦苇与荻草　湿地大户挽手致富

　　北京的冬寒冷而多风，也就特别干燥。记得朋友在上大学时由外地搬来，竟因为宿舍太干，被流鼻血的问题困扰了一冬。这么倔强的干燥和北京稀缺的降水脱不了干系，此地雨量最充沛的日子基本都在七、八月，十月之后雨水则快速减少，这几年更是成了可能一冬天都难得一见的稀罕物。入冬后，随着北方寒流不断来袭，土壤中的水分会很快冻结，如果赶上有降水，起初还能在土面上看到些冰晶的痕迹，但因随寒流而来的风不断掠夺，土壤表层会迅速失去水分，出现深浅不一的龟裂。这样严苛的寒冬，让很多露地栽培的植物都苦不堪言。长角羚栽种的一些香草，虽能忍受苦寒，却并不能熬过这里冬季的干渴，因为它们实在缺少那在深层土壤中顽强而坚韧的绵延。

　　靠着决心和巧思，在朋友们的帮助下，我们将生活中的废水回收，模拟自然的工法，进行简单沉淀和过滤，令其在门前汇成一片小湿地，滋养出勃勃生机。当然，在如此有限的水量供给下，湿地能长成今天的样子，也是颇费了些周折。一开始，朋友们热心地从外面移栽来漂亮的湿地植物，有玫红的千屈菜、金灿灿的黄花鸢尾，还有笔管条直的水葱和翠绿的香菖蒲，一下子就把刚刚开挖出来的湿地打扮得有了

芦苇
Phragmites australis
禾本科芦苇属多年生草本

荻
Miscanthus sacchariflorus
禾本科芒属多年生草本

里山客

几分雅致。可好景不长，眼看着在多雨的夏天野草铺天盖地疯长，再加上冬天寒冷与干旱的雪上加霜，没两年那些好看的颜色就悄无声息地褪去了。然而，一场看不见的战争过后，凭着小湿地里汇聚的水气，两个坐地户儿竟手挽着手发家致了富。一个是从村里鱼塘移植过来的芦苇，细高挑儿大个儿，秋天开出一串串芦花，仿佛一杆杆缨绸飘摆的扎枪；另一个则是身材中等的荻草，漫山遍野比比皆是那种，同样是禾本科家族出身，一条条细长的叶片有如宝剑出匣，都带着锋芒。还别说，自从这二位开始镇守小湿地，那些个纠缠不清的爬藤植物，比如牵牛、萝藦、拉拉秧，立刻成了手下败将，就连平日里八面威风的大红蓼和在菜地里从没吃过亏的野苋菜、灰绿藜都仿佛一下子低眉顺眼了起来。

有了芦苇和荻草的加持，小湿地一改之前纠结挣扎的狼狈相儿。雨水多的日子里一片郁郁葱葱，给来往的鸣虫与飞鸟提供了片刻的清凉，附近的蛙和蛇干脆在此安家，构筑起"进可攻，退可守"的一片疆土。这一片浓密的绿意，不仅让农舍前更加爽快，适逢端午，还可以让我们采上几片新鲜的苇叶，就着湿地边上的马蔺一捆，热气腾腾地煮出一锅喷香的糯米粽子。夏去秋来，这里的景致更是养人，高低错落、被雨水压弯的草茎在飒飒的秋风中一下子就挺拔起来，头顶上也渐渐吐露出一簇簇烟霞之色。芦苇的花序近似圆锥，而荻草的花序展开后，更像一把轻盈的小伞。不过这样细软的质感不会存留太久，很快这一簇簇的芦荻之花就会因为脱水变得毛茸茸，随着秋风款款舞动。这时的它们，最讨喜的该是在落日下的样子，婷婷袅袅镶着温暖的光边儿，让人舒服。过不了多久，那些藏在毛茸茸里的"小伞兵"

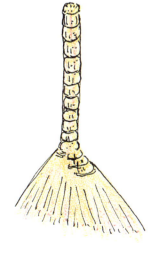

好用笤帚

芦和荻都是禾本科植物，和我们地里种植的高粱一样，
在干燥脱粒后，都是用来扎笤帚的好材料。

会携带着芦苇和荻草的果实与种子被风吹散在空中。到那时，它们附近的草木都不能幸免，会被上上下下附上薄薄一层，不管是树枝还是草叶的表面都变得"毛手毛脚"。柔软的绒毛随风轻摇，竟有了几分珊瑚虫般的顽皮，俨然把长角羚的香草园勾勒成了海底世界的模样。

即便到了严苛冬季，芦荻霏霏的小湿地仍然生动。无论芦苇荻草，此时已完全枯成一片金黄，梢头更柔软到了极致，每每随风摇曳，像在踮着脚，试着给天空掸除灰尘。这几年，我们并没有将芦荻收割，想着圆滚滚的棕头鸦雀总会一小群一小群地来来去去穿梭其中，或嬉戏或歇脚，是我们乐于偷窥的欢喜。要是再来一场皑皑的雪，上演一场"芦荻瑟瑟压白雪，苍天凛地拜寒冬"的戏码，就更能给沉闷冬日增添一抹奇趣色彩了。依然挺立的枝叶，在白雪的堆叠下有些歪歪斜斜，仿佛一群日夜兼程后倚靠在雪地里休整的兵士，虽有辛苦却依然为着明天踌躇满志。芦荻二草可以如此自信地盘踞在此，光靠颜值自是不行，深厚的根基才是不二法门。作为禾本科家族的成员，它们除了有锋芒毕露的叶片和婆娑舞弄的花序，还有着绵延强韧、势不可挡的地下根茎，以至于小湿地旁边的菜地里每年都会冒出几棵它们溜过来的走茎，让农夫不堪其扰。这一枯将所有活着的精神都贮存在了地下，只为下一岁再次激勃而起的繁茂昌荣。

看着芦荻这般努力，我们不禁对有朝一日能在山里猫冬充满期许。也许那时，我们不得不哆哆嗦嗦地在冰天雪地里行走，却发现昨日留下的足迹旁多了几行剧情——是野兔在揣测我们的来意，还是田鼠在翻找我们遗落的苞谷，又或许是黄鼬一次志在必得的突然袭击？还好，我们会有充足的木柴、通红炉灶上翻滚的热乎乎的肉汤。冬天本就应该是彻骨的、凛冽的，它让喧闹回归平静，以衰弱修养生机，最终叫我们不负春日好时光。

丑菜百出　长茄三叉戟、土豆回旋镖、中分西红柿

比起地广人稀的乡村，城市土地的价值不言而喻，连楼都盖不过来，谁还会用它种菜？也正因为此，我与蔬菜的初识并没有土地的参与，而是被安排在菜市场讨价还价的喧哗之中。那时候，我经常跟着爷爷奶奶去买菜，印象中那会儿家附近的菜市场规模不大，固定的摊位也不算多，时常会碰上城郊的菜农赶来一大车菜，卖力地吆喝着自家的产地直供。菜摊上，奶奶耐心拣选着符合她标准的完美蔬菜，而我更喜欢看那些个被她挑剩下的"歪瓜裂枣"，每天快散摊时，它们便被攒成了最后的撮堆儿菜，廉价甩卖！后来，随着附近的菜市场渐渐消失，商户们被聚拢到了一栋巨大的建筑物里集中营业，再之后又被超市和电商取代，与体面的城市渐行渐远。如今走进超市，看着品相均一的蔬菜在货架上摆放整齐，一个个珠光宝气，我不禁会想，那些旧日市场的"丑小鸭"都去了哪里？

来山上生活后，每次去逛镇上的大集，我们总能看见附近的老乡们骑个车或是提个筐，装着自家种的三五样菜，来集上换点儿零花钱。在他们的小摊儿上，蔬菜们经常是大大小小、七扭八歪，和摊主搭配在一起颇具喜感。离开城市，丑菜们竟又神奇地回归了我们的生活，而初为农人的我们，也慢慢从往日的消费者变成了自己食物的生产者，开始在年复一年的耕耘中丑"菜"百出！

● 六月底即将采收的圆白菜，菜头拿去做酸菜，周围的大叶就给兔和羊来个加餐吧

● 三拃多长的白毛大冬瓜，扛起来比桶装水沉，还好有朋友分食，不然吃完上顿吃下顿，啥时是头？　256/257

瑕不掩瑜型

自耕以来，蔬菜地几乎成了我最常出没的地方，平时有活儿就干干，没活儿时也会在地里瞎转转，瞅瞅菜的长势。作为土地上的后生晚学，一天劳累过后，也常会受到街坊四邻的肯定和鼓励，说这不上化肥不打药的菜好吃健康，有点疤瘌有点虫子眼儿没事儿。可反过来，我们也不止一次遇见城里来客，对蔬菜身上的一点点疤痕表现得诚惶诚恐，"这带窟窿眼儿的小油菜，趴着肉虫子的西蓝花，还能吃吗？"我能够理解这种感觉，在他们的惶恐中，虫子许是被当成了脏东西，自然他们也会嫌弃被虫子沾染过的蔬菜。其实很多时候，厌恶源自不够了解，曾经的我们又何尝不是呢。人与土地愈加疏远之后，蔬菜之于人更多是被售卖的冰冷商品，而虫子们更像是那标准之外的一份不悦。如今重新回到土地，我们试着走出惯性，从看待生命的视角，欣赏一颗菜的不完美。

油菜也好，西蓝花也罢，作为十字花科的蔬菜代表，是我们春秋地里的必种菜，它们体内存在强大的芥子油苷，能抵御许多昆虫的入侵，但对自带解药的菜青虫而言，这散发出来的独特气味，非但不怎么可怕，反能吸引它们的成虫（菜粉蝶）前来产卵，顺便给花朵授授粉。而幼虫一落生就在菜叶上，自然是近水楼台比我们先吃一步。冲着它们专攻这口儿的这份坚守，只要被咬后的蔬菜没有出现病害，区区几个虫洞，我俩向来都很接受。吃着刚摘下的"剩菜"，时常感叹于蔬菜与虫子之间的微妙关系，表面上看起来攻守对立，可实际上哪能争出什么输赢，到最后还不是帮着对方成就了更好的自己。

能屈能伸型

黄瓜，我俩超爱的蔬菜，平时无论生吃熟做都很上口，每年我们都会在地里种上好几架。别小看如今我们来之不易的黄瓜自由，以前在挪威读书的时候，每回想吃点儿黄瓜还真得下一番决心。除了因为超市里常见的黄瓜种类味道清淡，口感像极了萝卜，还因为20克朗（约20元人民币）一根的价格着实让人寒心。依靠着流水线的机械拣选，出现在货架上的商品黄瓜全都是笔管条直，尺寸如刀砍斧剁一般整齐划一，总感觉自己像在选购五金工具。第一次见识了论根儿卖的黄瓜，也让我好奇那些被选下去的"残次品"究竟都长什么模样？

每年夏天雨水一来，地里的黄瓜那是噼哩噗噜地下，我俩几乎每一两天就得去采收一次。赶上收成好，来不及吃完的，或是制成酸黄瓜，或是拿来跟伙伴们分享。人上一百，形形色色，地里生长的黄瓜也如是，笔直的、哈腰的、拐棍的、螺旋的、尖嘴猴腮的、大腹便便的、细腰阔背的……我俩早已见怪不怪。自然的阴晴云雨，加上我俩的粗放管理，让每年的收成里，直瓜和弯瓜差不多是一半一半。按照生产的逻辑，这半数"怪咖"的养成往往是由于温光水肥不到位，以及管理疏忽；但换成黄瓜自己，面对生长中有限的资源，自然要精打细算一番，结出大小不一弯直各异的果实也没什么稀奇。

年复一年，我们亲手播下黄瓜种子，眼见它们长出毛茸茸的叶片，伸出幼嫩的藤蔓攀住竹竿，日渐高攀出醒目的黄花，又一点点化作带刺的果实挂于架间，直至用尽了气力，才渐渐蜡黄卷曲，揉作一团，随风雨款款散尽，仿佛彼此的生命有了交集。这让我俩每次摘下黄瓜，无论它的弯儿拐得多出奇，也不会心生嫌隙，反倒是更激发出自己的创造力，变着法地把它们制成美味，来回敬这一个灿烂的夏天。

黄瓜
Cucumis sativus
葫芦科黄瓜属，原产印度

祸从天降型

相比较原产印度的黄瓜，来自安第斯山地的西红柿显得没那么喜水耐热。每年夏季的高温和降雨，对于西红柿的成熟向来都是不小的考验。那些个好不容易从无到有，由小变大的果实上，生涩的青绿才刚泛出一丝红晕，结果赶上个连雨天，只见一道道新生的裂纹，猛然间沿着果蒂周围绽开，深浅斑驳，让人十分心疼。那些逃过一劫的幸运果，则继续在枝头慢慢蹿红，正当我迟疑要不要将它采收，鸟儿却先我一步，啄上一口，仿佛在用行动告诉我："大哥，熟了！"挂了彩的果实虽然颜值大减，但终究是些皮外伤，只要采收及时，别让病菌见缝插针，简单收拾一下与好果无异。无论地头生吃、锅中翻炒，还是做成罐头端上冬季的餐桌，都是极好的。

　　初夏时节，对即将采收的卷心菜来说，突如其来的大雨同样是个危险因素。昨天还是地里油亮饱满的一个个叶球，一下子竟大半皮开肉绽，仿佛刚刚遭遇了一场斩杀。起初我们还以为是夜行的动物啃咬所致，后来才知晓这创伤与西红柿的裂口有些相似，大抵因为久旱逢了甘霖，卷心菜吸水膨胀，再加上叶球内外生长得快慢不一，最后自己跟自己较起了劲，顶破了肚皮。上山的头两年，总是抱着让叶球再长大一点的贪念，结果我俩没少炝炒"爆款"手撕包菜。虽然炸裂本身没太影响菜品的口味，心里还是不免自责，从那以后，每年卷心菜快成熟时，我都频繁去地里巡视，不等"爆头"，见好就收。

茄子

胡萝卜
Daucus carota subsp. *sativa*
伞形科胡萝卜属，原产西亚

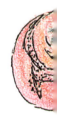

卷心菜
Brassica oleracea var.*capitata*
十字花科芸薹属，原产欧洲

土豆

菜椒

惊世骇俗型

盛名之下无虚士，能够站上这个段位的丑菜们，想想就不是什么善茬儿。这些年，从我们菜地这片不大的T台上就走出过：长茄三叉戟、土豆回旋镖、梳中分的西红柿、抽真空的菜椒……但要论其中的丑霸王，还得是胡萝卜。它们胖嘟嘟的肉质根，在被我们食用以前，承担着为植株储存水和养分的重任，帮助胡萝卜的祖先扛过西亚的干旱气候，一路走到今天。

在我们山上，胡萝卜都是夏种秋收，种子一旦生根发芽，就会形成最初的小萝卜头。它们一边吸收着营养，一边在土中站稳了脚跟。可随着根部越扎越深，地下"恶势力"接踵而至，无论是黏重的泥土、仨俩的石子、草根的挤占，还是小虫的啃食，都能粉碎胡萝卜一条根走到黑的美梦。当主根受困、下行不利的时候，临危受命的侧根们便扛起了大旗，争相从窘境中另辟蹊径，为主分忧，于是便有了我们在秋天收获的那些个大长腿、小胖手，甚至是八爪鱼、野山参一般的百变造型。当然，要是一不小心把胡萝卜种得太密，局促的空间会让原本的直根也不免斗折蛇行，彼此纠缠成一对儿死不撒手的小两口，等着我俩慢慢拆散。

西红柿
Lycopersicon esculentum
茄科番茄属，原产南美洲

随着种植经验的积累，这些长相调皮的胡萝卜在我们地里的出镜率逐年降低，但从未绝迹。自然界里本就充满着偶然与随机，完美无瑕的蔬菜无疑令人欣喜，羞羞的丑菜也势必一直伴随着我们的生活。那些五花八门千姿百态，恰是蔬菜们绝处逢生的一份努力。看脸的时代，我们还是否愿意走进食物的内心，接纳生命中的各种境遇，读懂丑菜，然后美美地吃呢？

老菜新生　让生命的子弹再飞一会儿

丝瓜
Luffa aegyptiaca
葫芦科丝瓜属，
原产热带亚洲地区

　　闻听"老"字，有没有心头一紧？是不是以为我俩面对丑菜吃得津津有味，面对地里嚼不动的衰枝老叶，同样可以吃得满心欢喜？在此我必须得说："您想多了！"跟羊和兔抢饭，我俩的日子还没那么惨哈。在这里，我不过是想聊聊那些长过了气的蔬菜，它们被人忽略的多彩"晚年"，与"能好怎"（能吃么？好吃么？怎么吃？）再没多大关系。在地里，许多蔬菜大半生都在满足我们的需求，竭力地生产着食物，没啥机会做自己。为此，我们常会在地里刻意留下一两棵菜不收，让生命的子弹再飞一会儿，迎接它们优雅的老菜新生。

筋肉系与老来俏

　　以前听人说老黄瓜刷绿色（shǎi）——装嫩，有些似懂非懂，因为真正的老黄瓜，自己并没有见识过，直到种地后，我才发现这菜地里的老瓜中，能变黄的，原来只是入门级。同属葫芦科家族的苦瓜，更能掌控这变色中的玄妙。苦瓜经南亚传入我国，对炎热潮湿的气候特别偏爱，算是我们夏季菜园里的重要产出。不过，只将其悉数摘下，统统摆上餐桌，就大大辜负了它们背后的苦心。好在地里还是有一颗苦瓜奋力躲过了农夫的搜寻，在藤蔓浓密的叶片间藏匿下来，从这开始，它承担的秘密使命才表露出来。这颗果实会悄悄地积蓄水分和营养，先是由青转白，再慢慢泛起金黄，直至转为耀眼的橙红。这还不算完，与之同时，果肉的质地也从之前的脆中带韧，渐渐变得绵软，突然有那么一刻，它裂开了肚皮，暴露出艳丽鲜红的种子。鲜红的部分应该是种子之外包裹的假种皮，光滑柔软又散发着淡淡的甜香。试想，有多少田间的鸟儿愿意错过这顿美好的飨宴呢。最终，一颗颗红彤彤的种子被鸟儿带上自由的天空，通过它们的消化道褪去红红的外衣，然后悄然离开，重回到温软的泥土中等待生发。若问：嫩苦瓜刷啥能扮老？只答：生活的阅历装不了，不如就自然地做一个老来俏。

　　说到葫芦科的蔬菜，山上可不仅有苦瓜黄瓜，冬瓜、南瓜、甜瓜、西葫芦……也都是每年地里的熟客。别看它们年轻的时候长相各异，要真被留在了地里终老，都会服了软，从"烂熟于心"到瘫软无形，最终消失殆尽。都说人老不以筋骨为能，可就有一位不服气，那便是葫芦家族里的超强筋肉系——丝瓜。说是筋肉，其实丝瓜的"肉"只留给了自己的青葱岁月，你一个不留神，几天前刚上岗的软嫩果实，转瞬之间便老气横秋，错过了上桌时机。丝瓜却暗自庆幸着，从此在架上过起了逍遥的退休生活，再不必担心有人打扰。随着果实继续伸长加粗，鲜绿的表皮变得枯黄暗沉，质地也越发松脆，失去生机。撕去破损的表皮，内里的瓜瓤早已全无踪迹，只剩下一套完整的网状"筋骨"，这便是丝瓜体内起着输导作用的维管束（丝瓜络）。它们层层交织，弹韧坚挺，颇具美感，仿佛在用毕生的力量，支撑起丝瓜的老去。每年我们都会专门留下几个风干的特大号老丝瓜，甩去络间熟成的黑色种子，将丝络分成几截，制成天然洗碗布，一次采收足足能用一整年。瓜地里的筋肉系，就是这样新老交替，年复一年，在我们的手中焕发新生！

苦瓜
Momordica charantia
葫芦科苦瓜属，
原产非洲

● 苦瓜苦到这份儿上，籽不仅转红，还微微带上点儿甜，也算苦尽甘来

菜豆
Phaseolus vulgaris
豆科菜豆属，原产美洲

长豇豆
Vigna unguiculata subsp. *sesquipedalis*
豆科豇豆属，原产非洲

扁豆
Lablab purpureus
豆科扁豆属，原产非洲

内涵豆子

"种瓜得瓜，种豆得豆"，是人尽皆知的谚语了。房前屋后，弯弯绕绕的藤蔓沿着竹竿扎成的棚架一路向上，肥厚的叶片撑开阴凉，缝隙中或白或紫的扁豆花和翻舞着金黄裙裾的大朵南瓜花相映成趣；此时，女主挽着竹篮款款而来，驻足片刻便搜寻出一顿下饭的菜蔬。大概，这豆角碧绿、南瓜浑圆的晴朗午后，是很多人心中梦田的样子吧。可一旦寻了半天，只弄下一把皮干筋韧的老豆角子，女主会不会被惊得花容失色、不知所措呢？

豆角儿，是北方生活中对豆类蔬菜的惯常叫法。无论热炒凉拌，还是加了大肉用铁锅焖，主妇们都更偏爱那些肉质肥厚、口感脆嫩的豆荚，要是在摊位前挑到子粒膨大，豆荚由绿转白显出老态的，便会迅速撇在一旁，最终导致它们无人问津。这样的偏好，让农民师傅干脆为一种天生颜色发白且子粒饱满的豆角儿起名"白不老"，以确保自己的辛劳不会被菜市场的大妈们嫌弃。然而，诸位有所不知，豆角儿们奔向衰老的义无反顾，其实天经地义。

豆科家族出身的豆角，根系组织会与根瘤菌共生形成菌根，能够捕捉空气中的氮，并将其转化成自身可以利用的营养物质，这自备干粮的特质让它们有着极强的适应能力。我们播种过的豆角，主要可分为扁豆、菜豆和豇豆三个类别。扁豆，根据外形在我们这里被称作片儿豆角或猪耳朵豆角，豆荚肉质肥厚但口感略显粗糙，不被某些人喜欢；截面偏圆的菜豆也叫四季豆，虽然在餐厅或菜场常常被唤作扁豆，却是完全不同的种类；再说豇豆，因其外形与前两者差别较大，果荚更加纤细修长，种子也更小，常被形象地叫作长豆角。

这些豆角中的许多，在原产地得到的是另一种对待：人们仍会等到豆荚老熟干瘪才采收，因为那蛋白质丰富的种子可作为谷物主粮的补充。而随着更广泛地培育，如今包裹着豆粒的无筋豆荚反而成了庖厨食客都争相追捧的对象，结果让我们渐渐忽视了老豆角子内涵丰富的种子们。别说一般消费者，即便拥有一片农地的我们，也少有机会把鲜绿的豆荚等到老熟开裂呢。不过，作为农夫还是有着参与并体会一棵蔬菜完整生命历程的方便。每到"谷雨前后，种瓜点豆"之时，曾经枯萎的老豆荚里留下来的种子，就顺理成章地成为族群生命的延续。扁豆的种子颜色暗红直至黑褐，最突出的是种脐处的一道白纹，它让整颗种子看起来像只会说话的眼睛。有些地方因此叫它们眉豆，倒也生动。菜豆的种子亦被称为腰豆，其形如肾，颜色变化最多，有的洁白，有的血红，有的赤黑，有的则在略带青蓝的基底上挑染出一些红紫的纹路。而豇豆系的种子最是低调，外形瘦小细长，朴实的枣红像庄稼人憨厚羞赧的脸色。刚刚从老豆荚里剥出来的豆种，种皮上都带着一层水润的高光，像是颗颗粒粒的菩提，在手掌、指尖捻揉，仿佛触碰到了生命轮回的时光。

好花不常开

"到了，花园到了！走，咱看看花儿去！"

上面这句话，我们常会从来家串门的朋友口中听到。有些心念已久，终于等来机会的小伙伴儿，甚至会直截了当地询问："那什么，咱的花儿都种哪儿了？"但不同于传统花园，我们这里真的没有富贵牡丹、娇艳月季，更寻不见珍奇的兰草，或是娇柔的病梅。这里常有的花花世界，是野生植物随四时更替的星星点点，是香草花园里招蜂引蝶的团团氤氲，是芦苇荻草迎风挂雪的毛茸暄软，更是田地里粮食蔬菜此起彼伏的大开大合。那些稀稀疏疏的黄白、蓝紫、粉红……不醒目不张扬，却也能恰到好处地抚慰人心。

在这众多不起眼儿的小花里，我自己最欣赏的还要数老"菜"龙钟时的那些意外惊喜了。蔬菜对爱吃的我来说，最熟悉的部分莫过于它们准备好让我品尝的样子。肥厚汁多的叶片，饱满光泽的果实，还有粗壮扎实的块根块茎，无论如何都错乱不了我的眼神。即便是茭白、洋蓟、菱角之类的"怪咖"，也逃不出我生科门徒的法眼。然而，我对菜菜们这份了如指掌的自信，却有一回，在一米菜地那样的小小方寸中折戟沉沙了。

顾名思义，一米菜地是长角羚在农舍前开辟出的小片蔬菜种植床。因为距离家门口仅几步之遥，浇水方便，主要用来栽种平时常吃的叶菜。叶菜生长周期短，又因质地大都脆嫩特别容易遭受虫害，有经验的农人都会管得勤力，在大肥大水之下，紧凑安排茬口，以求高产。但我们"食"力有限，种得多了管起来也散漫一点，常任由过了季的叶菜在地里自然老熟，等需要翻耕时才做打算。一回，采摘生菜的时候，突然旁边地块里的几朵黄花闪入眼帘。那鲜艳的颜色有如熟透的杏子，让人看得嘴边一阵香甜。我立刻驻足观察，深裂的羽毛状叶片，由舌状和管状花组合成的典型头状花序，是菊科无疑了！是万寿菊？是金盏花？难道是长角羚偷偷为我种下的吗？正当我生出一丝窃喜之时，身旁走过的长角羚闷声说："瞅瞅，蒿子秆儿都开花了，没法吃啦！"话音落处，请各位细细体会我当时的心理阴影面积哈。迅速收起丢人现眼的幻想的同时，不得不对秆儿兄刮目相看，这完全是开出了观赏花卉的水准呀！

怀着这份崇敬之意，自此我们留意起菜地里"不常开的好花"来。同样出身菊科家族的油麦菜和生菜，虽然没开出突出耀眼的一大朵，但在植株顶端都能展开气势夺人的一大串，或黄或白，有时甚至是呈淡淡蓝紫的辐射状小花，以圆锥状分枝的花葶为轴，饱满地排列出礼花绽放的效果。这样的气势，恐怕只有一旁长得着急的西蓝花才能与之交相辉映，只不过这边一朵朵炸开的是十字排列的小黄花罢了。炎热的夏季，菜地里还会出现一些小团小团的白色焰火，引得各路吸蜜

大葱
Allium fistulosum
石蒜科葱属，原产亚洲

莴苣
Lactuca sativa
菊科莴苣属，原产地中海沿岸。我们种的生菜与油麦菜便属于叶用莴苣的不同品种，莴笋则属于茎用莴苣

昆虫纷至沓来：细长但结实的花葶上探出一个洁白小花组成的花球，这是叶子纤细的韭菜；花葶粗壮却中空，花球白中透绿的则是大葱。可千万别以为这俩葱属老伙计只能给餐桌增加风味，请它们帮忙装点花园，也别有一番风味。

　　众多的"老菜开花"中，最令我惊艳的，还要数一种十字花科的普通小菜。紫红的花葶笔直地从一堆浓绿中蹿起，细碎小叶衬托着粉白之色在小花的四片花瓣上随机晕开。俯下身细细欣赏，这每一片花瓣都仿佛微小又无垠的天空铺满云霞，最是动人。如果那一刻还有微微的风从旁吹过，竟还能品出一丝丝的甜来。刚发现它们时，我们谁也没有想到，这些迷人的尤物竟是樱桃萝卜的黄昏恋歌。想想也对，在地下贮存一个春天的浓情蜜意，再加上它本就泼辣的气质，就该给夏天整点儿颜色看看！

茴香
Foeniculum vulgare
伞形科茴香属，
原产地中海沿岸

西蓝花
Brassica oleracea var. *italica*
十字花科芸薹属，原产欧洲

蒿子秆
Glebionis carinata
菊科茼蒿属，原产地中海沿岸。
该属下另一种叶子肥大的南茼蒿
（*Glebionis segetum*），我们偶尔
也会种，它开出的花同样亮眼

韭菜
Allium tuberosum
石蒜科葱属，原产亚洲

油菜
Brassica rapa subsp. *chinensis*
十字花科芸薹属，原产中国

樱桃萝卜
Raphanus sativus var. *radicula*
十字花科萝卜属，原产欧洲

上山这些年陆陆续续种过的菜应该有五十种以上，最好活的是洋姜，产量最高属黄瓜，发挥不稳定的是西红柿，秋玉米的味道最爱，花生被邻家的猪偷吃最多。

● 花生，作为一种耐旱作物，每年我们都会种一些。收获后既可食用又能榨油。五月初需要打好田垄，播种株距大约20厘米，给上点儿"启动水"，初期控控草，之后基本就靠天吃饭，还是很省心滴。十月初收获后煮上一大锅，什么调料也不加，吃的就是那股自来甜

● 1. 度得了炎夏，挨得过寒冬，虫没兴趣，人吃不腻，它就是葱。2. 紫叶生菜，一般在谷雨时节播种，收获的鲜叶给色拉盘增色不少。3. 羽衣甘蓝，之前在德国农场每日收割的蔬菜，当地人超爱，可我们有点爱不起来。

● 4. 散叶生菜，平时消耗量最大的叶菜品类，生拌熟做都具备不错的口感。5. 樱桃萝卜，四五月提亮餐桌的鲜红，间苗出来的萝卜缨子同样辛辣爽口。6. 喜冷的叶用甜菜，春天种下便可持续采收，但深秋才是它最亮眼的时节。

● 7. 油麦菜要趁新鲜赶紧吃，天一热便酝酿开花的它，枝叶很快变得又老又苦。8. 耐暑热的红苋菜，填补着青黄不接的夏季菜地，跟地边的野苋菜比着蹿高。9. 小白、小油这路菜还得气候冷凉时种来吃，温度一上来便会遭虫虫暴食。

喜雨听风观云　抱拳拱手，道声"领教！"

————

喜雨听风观云滚，
雷电齐暗树影困。
人间悲喜常无律，
一揖苍穹作里邻。

人都说"好雨知时节，当春乃发生"，可在北京常住过的人该能体会，北京的春日其实最易干旱。搬到山上居住后，更是感受深刻，本就物燥天干，再加上疾驰的风来助力，让冬末春初刚刚化冻的土地遍生龟裂。要是赶上冬春连旱，即便是到了人间四月桃花盛开的时日，无论土地还是田中的麦苗，或是园子里的果树，都仍旧是一片焦渴的景象。

倘若能在清明时分赶上一场春雨，即便只是淅淅沥沥，也能尽显它润物无声的功力。当雨丝滴进干涸的土壤，真有如墨汁落在绵密的纸头，滋润会渐渐晕开，只一会儿，那土地的颜色即可由黄褐转至深棕，乃至泛起一层乌油油的光。再看那成行的麦苗，刚还是暗淡的绿中带着萎蔫的黄，竟一时间抖擞了精神，展开了腰身，甚至叫人听见些微弱但浑厚有力的吸吮。那些个昏昏沉沉的果树也仿佛一下子被提振，在细枝末节里饱满起一丛丛一簇簇的萌芽，哪怕接下来是一场春寒料峭的风，也要豁出去看看这个新世界。

春雨滋养万物，自然也温润人心。前几天还焦躁不安的心性，似乎一下子就平定了，推开窗，任由这风雨的拍打穿堂入室，夹带的泥土和腐草香最是沁人心脾。如果赶上那如牛毛般的细雨，我们更乐于在雨中走走。房前的石子被雨水洗得光亮，五彩斑斓的颜色只在这一刻才能被看见，顽石与璞玉其实也都无异吧。沿着石子路踩出一串清脆的声响，踏上冬天留下的枯草，到田里劳作一番也是无妨的，还能感受一下春泥的软，岂不美哉？

当然，山上的风雨也不总会顺着人意。盛夏的北京，午后气象的骤变可说是家常便饭。等日上了三竿，强烈的光线携带着充沛的能量，炙烤着田野、农舍和我们。炎热之下，鸡不飞、狗不跳，羊群低垂着头草都不吃一口，全都贪着一片荫蔽，辛苦地挨着。这样的天气，自然要尽快地完成田里的劳作，可即便早早就开工，也只有短暂的凉意，没一会儿，浑身的毛孔在烧烤模式下便全部炸开，汗水一涌而出。午后的温度攀升很快，这几年更有愈演愈烈的趋势，在刚过去的夏天曾经记录到38.4摄氏度的气温，难道我们的地球真的发烧了？还好房前的红蓼和不远处的大桑树都给我们撑着遮阳伞，只是它们似乎也苦撑到了极限，每片叶都低垂着凝固在这浓烈的热里。

就在被热浪催逼得要怀疑人生时，突然感觉室外的阳光倏尔一暗。出门一看，西面天空不知什么时候鼓动起了一大团雨云。最初这雨云还在太阳光下反射着熠熠白光，像是大团棉花糖，讨着人的喜欢。可你绝不能小瞧它的能量，不多时，它就会如火山口喷出的浓浓灰烟，迅速翻滚起灰压压的一片，遮蔽半边的天色。每到这个时候，我们都会迅速冲出农舍，赶着鸡鹅回圈，收起晾晒的物品，然后关好屋舍的门窗，静待一场风雨交加。千万不要以为我们这是惊恐过度的反应，也就是半小时光景吧，整个天空就会聚合成黑压压的一整片，有如天兵的乌云翻滚着，又仿佛是一大块吸饱了水的海绵。猛烈的风会突然鼓动起来，刚刚还都静止不动的树影，一瞬间就开始狂舞，所有的枝条都在追着疾风的去向，胡乱地抓挠着，却又两手空空。强劲的风卷起滚烫的沙土，击打在建筑物和高大的树木上，仿佛是在给这拼命狂奔的风敲着战鼓，忽然之间的飞沙走石，最终让天地连作灰暗的一团。忽而却又一下子风平浪静，连嘈杂的声音也戛然而止，好像鼎沸的剧场突然鸦雀无声，静等着一道追光里的明星。果然，一道霹雳划开长空的帷幕，一声惊天彻地的炸雷直贯云霄，随即万千豆大的水珠倾泻而下，天地间又重回一片鼓乐齐鸣的热闹，而刚才的滚滚热浪，早已被涤荡一空。

里山客

像这样的午后雷阵雨，虽来得猛壮，却也往往后继乏力。约莫一两个小时的样子，就渐渐风消雨驻。赶上运气好，雨云会一下子消失不见，阳光透亮地洒下来，没准儿还能有彩虹挂在一旁。不过，疾风骤雨之后，总还是有些麻烦：田地里幼嫩的菜秧东倒西歪；迎风面的蔬菜架子松动不说，上面的藤蔓也被吹得有些凌乱；作物地里的玉米，即便仗着气生根的支持，也还是被大风吹倒了一片，不知能否再站起来。沿着山路上行，坡度过陡的路段，被疾雨冲出了深浅不一的沟壑，砾石裸露了出来，细碎的沙泥则被水流推到了平缓的路面中间。山路旁，一些或枯槁或脆弱的树木枝干被生生折断，横亘在路上，有些令人感伤。这些还不算最惨，有时风大雨急，甚至会造成动物圈舍的围墙倾倒，大雨之后的一滩烂泥里，还要追赶四散的羊群，才是郁闷到了极点。好在这些年，我们的舒适圈都扩展了不少，心态更是随之平和。想想也是，这云卷云舒间川流不息的风雨，不也如我们一样是里山的住客，无论是风雨交加中的狼狈，还是久旱逢甘霖的欢愉，都是这自然力量带给我们自顾自的悲喜罢了。风云际会本就变幻莫测，只需抱拳拱手道一声："领教领教！"

● 在急风骤雨中摇摆的树枝，让人同时看到自然的冷酷与生命的强韧

人物志 游手好闲、不劳而获定遭轻蔑

没有搬到山里住时，我们经常约上三五好友去山区游玩，免不了逛逛琳琅满目的山货小摊儿，更愿意在农家开办的乡土店面打尖留宿。初交道时，总觉得这些山里做小买卖的都匪气十足，说话声音粗重，脸色也厉害得很，不是很友善的样子。难道他们就不懂和气生财的道理？老家在山区的朋友曾经点拨：山里人居稀疏，造就了人直来直去的粗线条，实际并无恶意；再加上山上植被茂密，道路崎岖，见到熟人的招呼都尖锐响亮，更别说碰上陌生人物，话音凌厉是自然而然的事。

后来到山上久了，我们慢慢习惯了他们的"凌厉"，感觉那似乎是一种朴素的、应对未知与不确定的情绪，其实不针对任何人，就是个习惯而已。还记得刚搬来，在进进出出都会走过的路上，常会碰到田里做活儿的大叔大婶们，自然少不了点头挥手打招呼。起初投回来的眼神儿中常带有些"吃惊"与"莫名其妙"，我们还纳闷儿，是不是我们哪里做得不好，被挑理了。然而里山生活异常辛苦，尤其最开始，忙碌的我们实在无暇顾及那许多。每日里起早贪黑，全然是"锄禾日当午，汗滴禾下土"式的劳作，皮肤一天天变得黝黑，房前屋后也渐渐现出井然有序、欣欣向荣的光景。慢慢地，邻里街坊投来的神色越来越温和，也有了投桃报李的你来我往。我们这才豁然开朗，大家那最初的嗔怪，不过是源于不识我俩深浅的防备。毕竟，这山野乡居有着朴实无华的价值观，游手好闲、不劳而获定会遭人轻蔑，而博学多识、勤劳实干自然受人敬重。这些年我们没少结识这样的远近邻里，可以勾勒一部《里山人物志》啦。

朴素老把式

印象里，"把式"一词形容的是那些对某种技能无比精专的巧匠或行家里手。把式们对手艺精益求精，以之为一辈子的使命，这就是当下大家常说的工匠精神吧？

每次赶大集，都会到几个固定的摊位寒暄一番。有时候也不净是为了买什么，就是和几个年逾花甲的老摊主攀谈攀谈，他们便都是这儿远近闻名的老把式。先说一个老铁匠，不高的个子，皮肤黝黑，六十来岁的身子结实硬朗，说起话来透着锤敲铁打似的骁勇，总让我想起门神爷尉迟恭驾到。老师傅这性子更热得像打铁炉里的红炭儿，没事儿净给我俩传授农具那点儿事。哪里用铁哪里加钢，什么把手儿合适，怎么个手法安装，生锈了如何养护，钝了如何磨光，简直是知无不言，言无不尽。听说他老人家在这个年纪，每天下午都还要生一炉子火，叮叮当当卖力锻造，非得出来两件称心的作品，这一天才算舒坦。

大集上还有一位手工编筐的老爷子，也是六十挂零的年纪，瘦瘦高高很安静的样子。每集必出的他，一辆三轮带着大大小小的篮筐、簸箕，一水儿都是手工荆条编造。我们留意了许久，发现老爷子从不吆喝，也不愿招揽一群人显摆手艺，总是一个人安静地坐着，心无旁骛得就像他自己编造的一件器物，朴素有容。赶上人来询价，他也都实话实说，既不虚高欺客，也不随意降价，活脱脱"输了人气也不能委屈了手艺"。对于就地取材、手工编织的器物，我们都有偏爱，于是少不了光顾老爷子的摊位。久而久之，也就了解了这门手艺的不容易。虽说在困难年月，家家户户几乎都会利用农闲时分编些物件儿，自用之外还可以卖点儿小钱补贴家用，但现在受到廉价工业品的

修工具的老铁匠

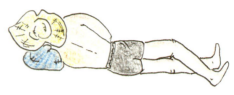

歇晌的"打八岔"

智人
Homo sapiens
灵长目人科人属

编筐的老把式

冲击，这样烦琐的手艺，也就少有人问津了。也许是不舍得丢下这一辈子的把式，如同老铁匠一样，时节一到，老爷子就像上了发条，进山，爬坡，割（荆条）梢儿，再回家修剪，软化，直至编制成器，虽然疲累却也是一气呵成的畅快。

　　遇见的老把式越多，越是敬佩他们把一辈子都活给了手艺的倔强劲儿。可每每见到他们的白发苍苍，听见他们变浑浊的嗓音，难免惆怅。当下里山，日渐衰老的不只是人，还有这些活生生的手艺，和它们背后的那股精气神儿。

万能"打八岔"

　　打八岔，亦为打八叉，天津土语，指没什么专门手艺，平日里靠打零工过日子。在城市里，人们开始习惯自谋职业的年代，打八岔的生活形态也被叫作"临时工"，摆在"老板"对面，透着一种漂泊的沧桑。在村子里，类似打八岔这样做短工的选择也非常普遍——农业劳动时顺四季，既有起早贪黑忙得团团转的时日，也有无所事事的清闲时节，此时打打短工搞搞副业是人之常情。

随着我们在村里走动变多，发现在城镇化的时代背景下，种地的投入产出比越来越低，大家越来越想要更多的现金收入。也许正是这样的原因，更多没有固定手艺的人选择了打八岔做短工，甚至放弃了土地上的踏实。虽说是没有太多技术含量的杂役，能干住这一行，落个好口碑也不容易。首先，您得有一个好身体，可以应变不同的工种，上一场也许还是烈日下在农田果园里翻地布粪，接下来可能就要在建筑工地上和灰搬砖、抬杠子运大石；其次，雇主们都希望来的伙计上手快、好沟通、勤勤恳恳好管理，因此对于各项工种的高熟练度和快速反应，也是不可或缺的素质；最后，您还得有个好人缘儿，否则那十里八乡难得的好机会怎么就轮到您呢？

这几年接触了很多到我们地里做短工的大叔大婶，其中有做一天和尚撞一天钟的得过且过，也有相当一批人物让人眼前一亮。有的无论面对什么脏活儿累活儿，都能笑容可掬、迎难而上；有的像是民间发明家，随便就能在车上翻出几件使用多年的土工具，给你来个四两拨千斤的惊喜；更有的，会在汗流浃背中的一阵清风过后，奉上一句"风，是空气的流动"，笑翻全场。久而久之我不禁想象，如果不是出生在这里，他们的日子将会是怎样一副光景呢？可一下了工，又觉得他们当下的样子正是生活中那

● 在横七竖八的材料与工具间，外请的短工师傅们经常施展妙手，让困扰我俩的问题一下迎刃而解

日复一日的小确幸。那是收工后，并不急着回，在树荫底下卷支烟卷儿，过足了瘾才会动身的闲适；那是回家路上，到村里小店来上半斤猪头肉，再来半打烧饼，回家烫上二两烧酒，热炕头儿上一靠的惬意；那更是酒足饭饱之后，到街上遛个弯儿，推几圈麻将吹吹牛皮的安逸。总之，那是看似平淡的人生里，真实滋润的幸福。

滴水不漏分秒紧攥

总觉得农地中满是女性的气质，那黝黑松软的泥土，无垠起伏的田野轮廓，一丛丛一簇簇鲜亮的颜色，无不饱含孕育生命的力量。特别喜欢和地里的大婶们聊天，结实但不臃肿的身形，古铜色皮肤上起伏着岁月纹理，说起话来中气十足，咧嘴一笑，漫山遍野都回荡着爽快。"山里的女人能干"绝不是虚言。日出而作，日落而息，农妇们不仅要点种、锄草、呵护幼苗，还要照顾家畜、操持家务。这样的操劳对体能有着极大要求，那不是稍纵即逝的瞬间爆发，而是应对漫漫征程的持久与稳定。

女人持家，开门七件事，"柴"字即是沉甸甸的当头棒喝。很多都市丽人即便是在有着充沛电力和天然气供应的公寓里，恐怕也想避开庖厨之事，然而在过去，在远离供给的莽莽山野，柴薪仍然是人们获得大量热值的基础，关系着"温饱"二字。现在，山上自然生长的林木不能随便砍伐，只有在果园剪枝时，还能看到女人们捆柴禾。修剪果树的雇工一般都是技术纯熟的男性，而女人们充当拾柴扎捆的小工。

当一片地被修剪完毕，女人们就会迅速登场。生产型的果园，果树都会被修剪得十分低矮，拾柴的活计要用弯腰蹲行的功夫才能做得又快又好。有经验的大婶很快就能聚拢一大捆，两只手臂用力地收束着柴禾，向膝下靠拢，然后将整个身体的力量碾压过去，便成就了一

忙于家务的女性

大捆扎实有料的薪柴。我也曾经学着操作，结果没一会儿就腰酸背痛、膝盖生疼，两手更被带刺的灌木梢儿扎烂。看到我们揉搓着两手苦不堪言，大婶们憨憨地笑着说："你们的手上没有老茧，不禁扎呀。"

拾柴才刚是个开头儿，坡头上一捆捆的柴禾得搬运下山，储存使用。我曾碰见一个身材瘦削的大姐仅靠简单的绳索就背负起一人多高、双手抱不过来的一大捆，顺着山路慢慢行走。有着一米八大个儿的我，瞬间雷锋附体，决定出手相助，可接过这沉甸甸的担子还没走出两分钟，就力不从心了，肩膀被压得生疼。也没见大姐身上有健身房撸出来的腱子肉呀，难道您的神力纯属天生？

和村里的婶子大娘相处越久，越觉出能做里里外外一把手的村妇着实不易。除了要积攒使不完的力气，心性也时时刻刻被各种琐碎打磨。村妇们在繁重的体力劳动之后，往往立马深陷锅碗瓢盆的家务事当中。作为爱吃的人，家务事中我最上心的莫过于厨房那点事儿。在村里串个门，不免叨扰人家一顿便饭。虽说食不厌精，但农家饭从不以"精致"讨人喜欢。村里家家户户都爱的家常，无非是小葱水萝卜蘸酱、过水儿捞面、大馅儿饽饽、家常饼和烙盒子，即便是热热闹闹吃顿犒劳餐，也多会选择肉菜饭一锅出的铁锅粘卷子。一开始我还有点不解，地里那么多新鲜食材，为啥她们吃的花样儿总这么简单？但在山上待了几年之后，设身处地一想，村妇们收了地里的活儿，忙不迭回到家，锅凉灶冷不说，男人和孩子都眼巴巴地等饭上桌，这手底下不得三下五除二麻利地呈现？和上面，趁着饧发的工夫，把早起割好的韭菜择洗干净；磕几个鸡蛋油锅里炒碎，简单调味少不了盐和酱；放凉的同时，灶头熬上小米粥；转身调馅儿擀皮儿捏褶儿，眨眼工夫一张张烙盒子就出了锅。婶子们没参加过"时间管理"培训，却个个是统筹安排的高手呀！

看看身边这些种田持家的女人们，感觉她们时时刻刻攥着的是自己。疲累袭来不容松懈，得紧紧攥住；时间有限空闲难有，得紧紧攥住；紧绷生活的五味杂陈来不及消解，还得紧紧攥住。她们攥住的不只有对命的隐忍，更是撑起一家人安稳日子的能力。

神秘主义者

有人说："乡村消失了，鬼也就没有了。"想想也是，淡淡月光投射到墙上的婆娑树影，狂风呼啸着让一切颤抖的场景，再加上夜里温度降低过快导致的门窗咔咔作响……这要不是我们熟悉了山上生活的道道，真真是成就惊悚片的重要元素呀！也许是巧合，神秘主义似乎总和女性有着千丝万缕的联结，无论是振振有词的萨满，还是举止诡异的灵媒，能与莫测魔法世界联通的多为女性。这样来看山野女人身上的神秘主义色彩，也就容易理解了。

小时候，我是被奶奶一手带大的，对奶奶日常里的那些叨念早已烂熟于心。其中有"井淘千遍吃甜水，人受教导武艺高"的人生道理，更有诸如"正月十五走百病"的时令民俗。虽说后来在科学的谆谆教导下，对自然万物运转的规律收获了更多的合理解释，还是对各地富于神秘色彩的民俗保有浓厚兴趣。搬到山上更是发现，身边的婶子大娘们仍然是我快速获得这些信息的最佳渠道，没有之一。

记得上山第一年的中秋，我向村里的大娘打听祭拜月亮的仪式，大娘一听我这个年轻人还对这些老理儿感兴趣，顿时来了精神。

"八月节晚上，要在院子里摆上桌案，除了供月饼、敬香，还要有带缨子的萝卜和大豆秧啊！那是孝敬兔儿爷哒！记住，上供一定得是单数，不然可不吉利呀……"大娘说得兴致勃勃，我也津津有味地听。

"那咱村儿里，还有没有别的啥仪式，每年都要办的？"我趁热打铁地问。

"有啊！过年的时候，上村里的山神庙烧头炷香，供祖宗，保子孙平安呐。每年农历四月初一到十五，到附近的娘娘庙里上香请愿，可灵着呢。还有，十月一送寒衣，给故去的人烧包袱……可惜，现在有

神秘主义的女性

消逝中的神

北方乡村的宅门外，依然可见肩负
着保家重任的门神画像。画中形象
多取材于古典名著和传说中的英雄
好汉。只要关于宇宙和命运的秘密
一日未被破解，人们就需要从这种
相信中汲取一些力量。

政策，怕有火险，不让烧啦……"大娘说着，表情透出几分失落。的确，大娘口中的
山神庙如今早已不在，现在烧香的地点只是山神庙旧址所在的路口罢了。而名声在外
的娘娘庙，成了笑迎八方客的旅游打卡地。除了大娘这样虔诚的人，估计今后再少有
人知晓 —— 这些地方曾经是一个个渺小的、关乎信仰的存在。

　　不同于那些由于历史原因至今仍存留着浓厚民间信仰的村落，与我们邻近的这片
山村聚落似乎没有特别悠长的历史。不过，常在山野间事农而生，人们对自然深不可
测的神秘力量早就心生敬畏，很多朴素的对待自然的做法也延续了下来。之前曾提到
过村里人对蛇的忌讳，不过比起一铁锹拍下去的凶狠杀戮，大婶们平时更习惯的是一
种朴素单纯甚至有些童趣的做法。

　　"下地的时候，你在地里多转转，多念叨念叨'我不愿意瞅见你哈！你走远点儿
哈！'管用着呢……"

　　的确，凝重的山野里有着太多未知，"敬畏"本是一个人与山中万物为善的朴素信
仰，那不是瑟缩和踯躅不前，而是天人合一的通达吧。

返乡半农人

　　山上像我们这样，年纪轻轻跑来土地上生活的简直就没有。平常在地里干活儿，被来往邻里问到最多的，莫过于："年轻轻的大学生，放着城里的钱不挣，来这地儿干啥？"就连和我们相熟的泥瓦匠大叔，也跟我们讲过一句颇有深意的话："你俩干这事儿，我能明白，但我不能理解……"的确，如今更多的年轻人选择离开土地，到有着更多创新与挑战的城市谋求发展，这时候还选择到山上生活的，真真是让人看不懂的异类了。

　　然而，山上也有那么几个同样是城里人的存在，他们的搬来显得更顺理成章，就是为了过晚年生活。与我们家毗邻的一块地里，住着一位六十多岁的老爷子，人很亲切，比我们早到两三年。听闻他在城里生活优渥，祖孙三代同堂，我们颇感疑惑：这样的年纪，这样的家庭条件，应该要么过着国内国外满天飞，如候鸟般旅居的滋润生活，要么就是在窗明几净的大宅里写字打拳品茶养生，为啥要在地头小窝棚里面朝黄土背朝天？

　　"他就是爱干活儿，早年间在生产队那会儿就能干！种粮食种菜都是好把式！后来当了工人也能干！没办法，他就是闲不住……"定期来探望老爷子的老伴儿道出了实情。

　　老爷子的能干确实让我们自愧不如。他老人家山上山下种粮食、养鸡，还管着菜地，前几年力气足的时候，为了布粪施肥，给白薯秧儿浇水，自己做了个扁担挑，那来回上下的劲头儿跟二三十岁棒小伙一模一样。老爷子操练农具的架势也特别好，无论是锹是锄，到了手里总能抡开了招呼。从春天开耕翻地、引水灌溉挖沟渠，到冬季蔬菜储存挖地窖，他都是亲力亲为，百分百纯手动完成任务。有时候我们实在不解："老师傅，您干活儿也太猛了吧？这么大岁数了，干吗不请人帮忙呢？"

　　"这点活儿不算个啥！我们年轻那会儿比这个苦，那会吃得还不行，天天窝头白薯，现在啥都有，这还叫个活儿？"老爷子一副"老骥伏枥，志在千里"的样子，"你们不知道，我原来上班的时候吃得多、动得少，好多指标都不行。这些年在地里干活儿，啥毛病都没了！这自己种的吃着就是香，更放心，现在上哪儿能买这样儿的呀？！"

老爷子说得在理，看上去光鲜亮丽的城市生活，其实暗流涌动。分秒必争的快节奏和加班熬夜挑战着人们的生物钟；饕餮盛宴让我们的脏腑不堪重负；用劳动换来的所得虽然丰厚，但再多消费也平复不了日常积蓄的焦虑，只能变本加厉更拼命地挣，换来更变本加厉的疲惫，周而复始。再看眼前的老师傅，天天哼着小曲儿下地，一身把时间活给了自己的舒坦，仿佛再活了一回年轻。

不知道累的半农人

体面大武生

山里人一般不善言谈，浑身的力气都仿佛用在了土地里，专注而沉默。借着烟酒，也许他们会有短暂释放，开几个不冷不热的玩笑，或是骂骂咧咧数落着年岁的不容易，劲头儿一消也就风平浪静了。然而，"瓜子儿嗑多了，啥仁（人）儿都有"不是？我们的周遭倒也有些个能言善讲的人物。

在山上，活儿忙不过来时，常请有经验的师傅帮忙，有回请来一位鹤发童颜的大爷。当时干的是用机器打草的活儿，机器一启动，草沫子溅一身一脸不说，由于天气闷热，没一会儿汗水就会渍透衣服，难免显人狼狈。可老爷子的亮相却气宇不凡，灰白的头发茬儿修得规矩，一张国字脸血气十足，浑身上下的浅色衣裤整齐利索，似有几分道爷的仙气儿。上下打量完，我心里不由忐忑：这老爷子八成儿是没干过这活儿吧？怎么不穿身儿禁脏的呀……没承想，老爷子并不急着开工，而是打开随身包袱，只见头套、罩衫、套袖、护腿、手套一应俱全，没一会儿就穿着收拾停当，有如即将登台的大武生。半晌过去，老爷子收工回到农舍前，我们赶紧接下打草机，他老人家依然不紧不慢，褪去一身被草叶染绿的"战袍"收好，包袱里掏出牙白手巾，洗脸擦汗，喝茶纳凉。

气宇不凡大武生

"大爷您干活儿真利索呀！今年高寿？"眼见老爷子身手不凡，我禁不住开了腔。

"七十五啦！看不出来吧？"大爷边喝茶边乐呵呵地答。

"哟！真没看出来！您多歇会儿，给您再添点儿水。以前您是做什么的呀？感觉不像干农活儿的呀？"

一问才知道，老爷子原先在城里上班，曾是厨师，退休后回村养老也是闲不住，接长不短儿地打打零工，一来贴补家用，二来舒活筋骨。"干干净净、利利索索"则是做厨师时养成的工作习惯，老辈子手艺人都讲究"手艺和人都不能埋汰"。老人还有一个爱好是练书法，可不是那种蘸着自来水描红模子的业余哈，据说是已经写进了本地书法协会，作品还在区文化馆里展览过的那种。

听着老人津津乐道自己的故事，突然觉得这庄户日子，有皇天后土历练出的执着与气力，也有着人间烟火的风味与雅致。

站在产业链末端

说到农业与农民、农村一起组成的"三农"问题，似乎永远沉重。在我们生活的这片小山沟里，村民们近二十年都在种植经济价值较高的果树，为了增加收入也降低外购肥料的成本，在果园里种养结合，散着些鸡鸭鹅。然而，地处冬季寒冷的北方，土地上有小半年时间都不能生产，这样的小农经济形态似乎又是脆弱而不堪重负的。

虽然果园里的时令水果价钱卖得比粮食强不少，经营果园这事还是喜忧参半。赶上风调雨顺的年景，心下欢喜也难免惴惴不安——自家果园收成好，就意味着家家户户都可能丰收，同类果品大批上市，果贩子来了能给上几个钱？可要真赶上倒春寒的霜冻，全面减产的结局确实能调动收购价格的高企，但自己果园还能剩下多少收成？总之，左右为难呀！果子卖不上价儿，不是还有家禽家畜吗？话是不错，但也常听邻里念叨"家有万贯，带毛儿的不算"，只要有点"禽流感""猪瘟疫"的风声，几年的辛苦瞬间就打了水漂儿。

因此这些年，村子里全靠种地支撑家庭开支的越来越少，更多的人还是愿意去城里挣一份辛苦。不过，山乡人骨子里似乎总流淌着一种气质，那就是不管走多远，与家乡与土地的联结都依然纯粹、坚定。与我们相熟的一位大叔，妹妹妹夫在城区当老师很多年，可农忙时回家帮着务农的习惯一直没变。一家老少忙活一阵子，然后团团围坐，吃上一大碗过水儿捞面，那些个离家在外的吃力就一下子顺顺溜溜地过去了。与家人、土地保有的联系，不仅让人心中长存温暖，有时候甚至有开启另一种人生的可能。

现今，本就不景气的世界经济，更因疫情举步维艰，很多人面临失业。大叔的妹妹妹夫经营的培训机构也不能幸免，没有学生、不能上课，租用场地的成本又没得减免，夫妻俩很快就做出了及时止损的决定。多年的苦心经营一下子收了摊儿，可还是存在人吃马喂、房屋按揭，这个家接下来该往哪儿去？没想到，在这样有些晦暗的转折点，他们选择了返乡务农。

"过去家里的劳力，无论大小都得干农活儿！只要有土地，种粮食种蔬菜，他们都不在话下。两口子能干着呢，绝对没问题！"大叔对妹妹妹夫的转行信心满满。

"当然，出去过的人再回来，土地就得租着使了，成本是高了些，但因为是大棚种菜，一年到头儿都有产出，应该还是能挣到钱。"大叔也有隐隐的担心，"这大公司的有机菜，收购标准高，黄瓜弯了粗了都不要，有个虫子有个眼儿就更甭提了，损失还是难免……不过他俩会算计，夏天菜和草都长得贼快，费工费力不赔钱就行；到了冬天，菜价上来了，人工也用不了那些了，少雇旁人多使唤自己，一年下来这么一均，能赚！"

也许，这就是土地之于农民最大的实惠。虽然小农小户永远站在农业产业链条的末端，在买卖流通的市场里也缺少有力的议价权，更时时受制于各种生产资料的成本变动、政策调整，但宁静舒展的土地自是让人心安的归处。外面的世界精彩洋溢之时，自可去乘风破浪，因为"家有余粮，心中不慌"，但又可"退一步海阔天空"，停靠在乡土这块避风的港湾。一个人，一个家，活得如此坚韧，善哉！

生命之网

看上去只有我们两人忙前忙后的里山小园，其实有一张连鹰眼都看不到边的生命之网，无数大小角色，在不经意间交换着物质，传递着能量。彼此或直接或间接地竞争、撕扯，却又深深联结，相互支撑。

箭头指向 箭头的到达端是取食者，起始端则是被取食者，意指取食过程中物质与能量的走向；而有双向箭头指向的关系，展现的是生命间的合作，即"共生"。

农夫 在生命之网中，农夫被众多箭头包裹，一方面我们可以直观感受到人在自然中的生活会消耗大量资源，另一方面我们也能切实观察到农夫的生命得到了众多生命的支撑。每每想到自然中的人如此幸运，更坚定了我们呵护这张生命之网的想法。

腐殖质 同样也被众多箭头围绕，这恰恰是多年来我们特别自豪的部分。表面来看土地上的生活似乎不断消耗着地力，但友好的耕作方式会让土地中的腐殖质不断增加——这是这张生命之网的根基。

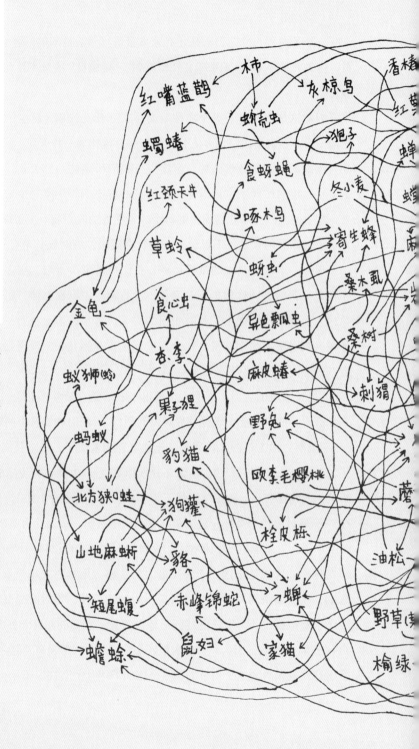

甘薯天蛾
黄瓜
虎甲、步甲
蜗牛
蜈蚣
狼蛛
土豆
地老虎
北红尾鸲
胸窗萤
胡蜂
野猪
二十八星瓢虫
豆角
蝈螽
香草植物
蝼蛄
臭椿
叶甲
寄蝇
蜜蜂、熊蜂、木蜂
雀鹰
棉铃虫
小油菜
马陆
玉米
玉米螟
蝗虫
番茄、菜椒
象甲
老鼠
壁虎
红隼
东方角鸮
甘蓝、菜花
板栗
菜粉蝶
石龙子
白僵菌
花生
络新妇
旱稻
狗
蟋蟀
鼩鼱
鸡
茴香凤蝶
环颈雉
猪獾
核桃
酸枣
黄鼠狼
胡萝卜、茴香
蜻蜓
黄刺蛾
菟丝子
小菜蛾
荆条
腐殖质
蚊
核桃美舟蛾
家兔
蝙蝠
牛虻
蝇
榆
榆绿萤叶甲
锹甲
南瓜、冬瓜
鹰鹃

第 三 章 　 里 山

——

食

"真香"板烧鸡腿汉堡

作为一个八〇后，自觉在个人口味形成时，或多或少受到了洋快餐的影响。至今依稀记得北京第一家肯德基、深圳第一家麦当劳开业时，媒体镜头下人头攒动的盛况。据说那时年轻人若能在洋快餐餐厅里得到一份工作，穿上时髦工装，是令人羡慕的事。更不用说当时还是孩子的我，每每学习上有了进步，就会被满面笑容的爸妈带去撮一顿洋快餐。

时下洋快餐似乎已经褪去光环，但它们早以早期的创新口味、便捷服务以及温馨幸福的就餐氛围，套牢了年轻世代的口腹之欲，让一拨拨回头客欲罢不能。尽管不断有关于它们的食品安全丑闻曝出，也有专业机构频频指摘其原材料供应链不够"绿"，更有声音谴责它们对本地饮食文化有破坏性，这些还是挡不住人们扑向那些炸鸡、可乐、薯条、汉堡。

思来想去，还是不愿意做满心羡慕嫉妒的"柠檬精"，撸胳膊挽袖子地操练起来才是正道。里山生活从来都不会辜负热情洋溢的灵感与身体力行的实干。以前，每逢在外食中吃到口感嫩滑且香气扑鼻的鸡肉，我都会惴惴不安。在批发市场食品添加剂摊位前的大开眼界，总让我从那些宣扬美味的广告画面中出戏。如今，我们的生活中到底还有多少美味是简单、明快、安全的？这似乎已经成为一个复杂晦涩的问题。

既然不想踩"坑"，那就得想出一种家常版的鸡肉料理方法，比如鸡肉汉堡，让自己吃得简便健康，还能吃出"真香"！

→ 迷迭香

迷迭香

Rosemary（*Salvia rosmarinus*）

唇形科鼠尾草属常绿灌木，原产地中海沿岸。坚挺的直立型和蜿蜒的匍匐型我们都种过。在英国旅行期间，还见过分枝弯垂的直立品种，比起一般的直立型，显得生动随性又不会太过凌乱。迷迭香叶色浓绿，枝叶间会开出深蓝或粉白的小花，冷峻而雅致。在温和湿润的气候下，无论在家庭庭院还是街边一隅，它们都能自然生长得高大葱郁，很少需要打理

食材准备

走地公鸡的琵琶腿……4只
新鲜迷迭香枝叶……4~5支
（与鸡腿长度相同）
黑胡椒碎……2茶匙
姜……2大片（1元硬币大小）
去皮大蒜……2瓣
植物油……5汤匙（4汤匙煎肉，1汤匙腌肉）
盐、糖……各3茶匙（都分成两次使用，第一次腌肉，第二次熬汁）
有机生抽、黄酒……各2汤匙（都分成两次使用，第一次腌肉，第二次熬汁）

制作步骤

① 选择走地公鸡（6个月内大小）的琵琶腿，沿着胫骨走向从鸡肉最薄的一侧下刀划开。胫骨充分暴露后，在较大关节的周围切几刀，分离肌腱，整块鸡腿肉就可以很容易地剥离。最后在较小关节处将皮肉切断，再沿着与肌肉纹理垂直的方向划上几刀，完美的鸡腿排就诞生了。

② 接下来调香入味。取部分盐、糖腌制鸡腿排，为使鸡肉在腌渍中不过多丢失水分，可加入部分黄酒、部分有机生抽。当然，还要扯上几段和鸡腿一样长的新鲜迷迭香和鸡肉同拌。操作时，一边动手抓拌鸡肉一边吸着浓烈香气，真是享受。腌渍时间不宜过长，15分钟差不多。

③ 烧热铸铁平底锅，倒入部分植物油，同时放大蒜和姜片提香。在加热油的同时，给已腌渍好的鸡腿排里也加一些植物油，让煎出的鸡肉更有汁水。油热到起烟气时，放入鸡腿排（鸡皮一面向下），同时加入迷迭香一起煎。煎肉过程中每面保持1~2分钟，翻几次面后，肉质变八成熟时将其捞出备用（鸡肉外围已经变白，内里还是粉红色）。

④ 接下来熬汁。将鸡腿骨放入油锅中煎一煎，再倒入原先腌渍鸡腿排的汤汁，加入黄酒、有机生抽、黑胡椒碎、盐、糖以及清水煮沸。汤汁变浓稠后，捞出骨头和迷迭香，只留大蒜与姜片。再放入煎好的鸡腿排入锅烧制。大约10分钟后，汁浓色亮的鸡腿排就可出锅。

⑤ 将新鲜的蔬菜叶片洗净并沥干水分，夹入事先热好的圆形餐包，再放入烧好的鸡腿排，"真香"板烧鸡腿堡就制作成功了。

先说说鸡肉。出身陆禽一门的鸡，善奔走而不善飞，两只健硕的大腿既是生存本钱，更是口感嫩滑、富于弹性的优质蛋白。鸡肉虽然是不错的滋补食材，但常被人嫌弃口味清淡。挂糊油炸能让鸡肉更加诱人，可那高挂的热量值，却让为体重和腰围发愁的都市饮食男女望而却步。想来"拱门大叔"的板烧鸡腿堡打出"零油"招牌，就是要消除这样的焦虑吧。

有一点要清楚：自家出产的走地鸡，腿部肉质扎实，吃起来口感有时会偏柴一些。所以，先煎后烧的操作是关键：第一步高温煎制，锁住鸡肉内的水分；第二步浓汁烧制，让肉质在熟成后仍能保持弹嫩口感。

再说说香气。西餐中，论起最常用的帮助鸡肉入味的香料，有浓烈香气的迷迭香肯定当仁不让。在油脂的滋润下，它可以很好地为鸡肉去腥提香，让人们在咀嚼口感扎实的蛋白质时还能获得嗅觉上的愉悦。

我特别喜欢迷迭香的形态，枝干高度木质化且易形成曲折生长的虬枝，叶片也是窄窄长长的细条状，整体看起来就像长青松那样精神。相较其他香草，迷迭香算是比较耐寒的，对炎热气候也能适应，因此在很多地方都是多年生的常绿植物，甚至能长成一人来高的小树。只可惜在我们生活的北方，山里条件严苛，还是需要把它们挪到温室里度过严冬。

好季节里，采收迷迭香的过程也充满乐趣。漫步在香草花园，只是来往时偶然衣袖轻拂，就足以让身体沾染上那伴随着树脂气息的芬芳。俯下身来剪取一两根枝条，从鼻尖稍稍掠过，一天的疲劳便可在扑鼻而来的馥郁中减去大半，能量被重新聚拢，厨人的头脑也跟着舒展起来。就这样，有了走地鸡腿和迷迭香，"真香"板烧鸡腿汉堡就可以准备起来啦！

百里香黑糖蜜叉烧梅花肉

说起叉烧，最容易想起香港街头林立的大排档。比起京城小资味道十足的港式茶餐厅，香港大排档的烧腊店更具平易近人的烟火气，几乎每家店铺门口都挂着三两只烧鸭、一大块外皮酥脆的烧肉、几串广式腊肠、若干色泽诱人的叉烧，还有乳鸽。这些美食招牌的背后，无不彰显着大师傅纯熟的手艺，刀俎间一阵利落斩切，地道的广式烧腊拼盘立刻呈现，令人垂涎。

叉烧好吃，但需要劈柴烧炭的传统做法在如今的居所中难于实现，许多主妇会改用铁锅烧制或烤箱烤制。在里山中生活，让我们可以很方便地使用薪柴，并用传统手艺烹煮食物，这对追求美味的老饕来说绝对是幸运的事。

一块好的叉烧需要果木炭火的熏陶，更离不开对主材猪肉的精挑细选。原本粤菜中的叉烧，是在烧制整猪时于猪腹内焖烤得来，部位多选用鲜嫩的里脊。但人们为了更高效地出菜，后来改为明火烤制，这样一来，以精瘦肉为主的里脊在烤制中很容易因流失汁水而口感欠佳。因此本篇我们选择三肥七瘦的梅花肉制作叉烧。梅花肉取自猪的肩胛，肌纤维间会分布一些脂肪，烤制时，脂肪的软化融解可以更好地滋润瘦肉，形成完美的、外焦里嫩且多汁的丰富口感。

以传统方法制作叉烧，并不会使用过多的香草入味，除去配置好的腌料，主要依靠糖和蛋白质在慢火炙烤中产生的美拉德反应来自然地提色增香。但我们一直欣赏百里香的敦厚内敛，加之它的香气在高温烹煮下十分稳定，于是常用它烧制气味温和的

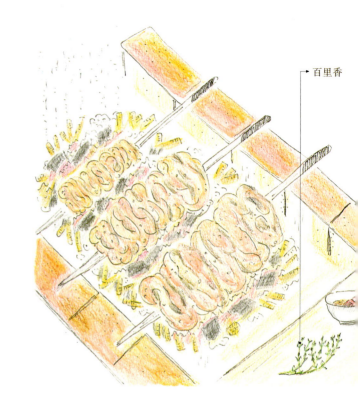

百里香

百里香
Thyme (*Thymus vulgaris*)
唇形科百里香属常绿亚灌木,原产地中海沿岸。我们的花园里有叶片呈卵形或披针状的普通型、叶片更扁圆的宽叶型和叶缘镶上金边的柠檬香型。全球的百里香属植物约有三四百种,我国也有着十余种野生百里香的自然分布,其中包括北京

食材准备

主材:

梅花肉······500克

腌渍材料:

新鲜百里香枝叶······2~3支

黑胡椒碎······1茶匙

姜末······1茶匙

蒜蓉······2茶匙

黑糖蜜······2~3汤匙

盐······2茶匙

酱油······2汤匙

糖······2茶匙

黄酒······2~3汤匙

烧烤工具:

烤肉钢签、果木柴、点火装置、鼓风机

制作步骤

① 解冻梅花肉,改刀成约1元硬币厚的肉片(注意切断肌纤维,让口感更滑嫩)。

② 将切好的肉片和所有腌渍材料充分混合,揉搓均匀后腌渍约45分钟。

③ 燃烧果木柴,待浓烟散去,得到温度稳定的炭火。

④ 将腌渍好的肉片——折叠,交替穿在烤肉钢签上,签子有肉部分的长度不要超过烤架的宽度。

⑤ 将肉串放在炭火上炙烤,期间翻动几次,令其均匀受热。

⑥ 烤肉期间,用适量水稀释腌肉剩余的汤汁(也可再加些黑糖蜜),然后刷上肉串上,既帮助肉片上色入味,也有利保持肉串的湿度。

⑦ 待肉串吱吱冒油,表面呈现略微烤焦的棕红色时,烤制完成。

⑧ 取下肉片,搭配苏子叶或生菜叶食用更美味。

里山食

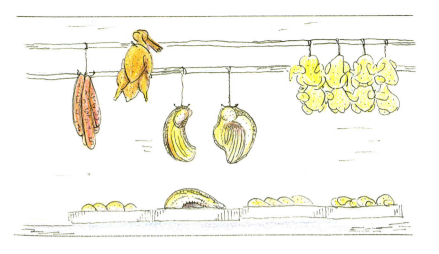

猪肉。制作叉烧时，也一定会用百里香腌渍梅花肉。

在香草园里抬眼望去，百里香其实并不显眼。它们生性含蓄，时间过了许久还只是那么矮矮密密的一丛，既不会像迷迭香长出强健高挺的枝干，也不会像薄荷贴着地面蔓延扩张。然而，看似细弱的茎会随着时间渐渐木质化，如果你想顺利采撷，备个枝剪还是事半功倍。百里香的叶片小而细碎，沿着茎节相对而生，如鳞片般有序排列。这些小叶的气味最为浓烈。将剪下的枝条，以拇指与食指捏紧，然后沿着底部向上轻轻捋过，就可以收获一小撮芬芳鲜叶，正好给肉入味。秃秃的茎秆也不必丢弃，在油中煎炸或在汤中炖煮时都可使用。虽然园艺世界已经培植出了叶片宽大、四处匍匐或有杂色勾边的多样百里香品种，个人还是偏爱以最经典的普通百里香入馔。

最终使用黑糖蜜腌渍梅花肉颇有几分妙手偶得之意。起初我们也用蜂蜜水为叉烧上色，但北方的蜂蜜往往有浓郁的枣花、荆条花或槐花香，制作过程中我们总跟着这些花香出了戏。偶然的机会，朋友送了一瓶以甘蔗原汁制成的黑糖蜜，风味宽厚，能让百里香的香气与肉香很好地碰撞，也让我一嗅倾心。不妨憧憬下：一天劳碌之后，晚风送来阵阵清凉，农夫借着夕阳的光彩升起柴火，不多时，炊烟袅袅散去，留下有着稳定温度的通红炭火。"煮妇"端出提前腌渍好的梅花肉，谈笑之间，就串成好好的一盘。将肉串架在炭火上不疾不徐地炙烤，油脂吱吱作响，烤肉特有的香气也伴着香草园的各种芬芳不断袭来。把肉来回翻上几个面儿，晚餐的串式叉烧就烤好了。用提前清洗沥干的苏子叶包住肉片送入口中，就是香气充盈、弹牙多汁的满足呀。

西红柿紫苏烧海虾

秋天算是北京最美的季节。暑季的溽热在几场风雨后日渐褪去，云卷云舒之间透出些宁静和闲适，就连阳光也温和了许多，斑驳的树影稀稀落落地洒在园子里甚是好看。秋季气温渐凉，很多一年生的香草也开始孕育花蕾，准备把一整个生长季积累的营养都注入饱满的籽粒中，以便让族群的生命年复一年地延续。

香草类植物的花大都没有大朵俏丽的外形，诸如薄荷、藿香、罗勒、紫苏等，星星点点的唇形小花密密地排布在花梗上，或粉或白，还有些是淡淡的蓝紫，朴素中透着清雅。虽是些毫无贵气的小碎花，但盛开在一场秋雨一场寒的季节里，还是给了艰难求生的昆虫们最后的慰藉。只要是太阳晒得暖融融的天气，无论蜂蝶蝇甲，都会聚拢过来饱餐一顿。有了这些虫媒的帮助，等到初霜随秋风而至，这些香草的种子就基本充盈成形了。这时的它们，一边忙着自我播撒，一边给需要挨过冬天的小鸟们提供着充饥的粮食。

在这一众香草中，深得冬季小鸟们喜爱的当然要数紫苏了。据说，紫苏籽一直都受到笼养鸟主人的青睐，富含能量的籽粒，可以给鸟儿提供充足的营养，籽粒中的芳香物质似乎还可以让鸟类更健康，俨然就是过冬保健粮呀！不过仔细想想，与其用牢笼束缚一个生命的自由来取悦我们，不如在房前屋后种上几株紫苏，可以平日观赏食用，又可为过冬的野生鸟类提供粮食，还能增加观摩野生鸟类取食的机会，何乐而不为！

说到紫苏，应该算是为数不多原产东亚地区的香草种类。无论是北京山民待客的

色拉 ←

食材准备

新鲜海白虾……10尾
新鲜紫苏叶……4~5片
白洋葱……半颗
西红柿……1个（切丁）
姜末……1汤匙
蒜蓉……2茶匙
白胡椒粉……1茶匙
植物油……1汤匙
盐……2茶匙
酱油……1茶匙
糖……3~4茶匙
黄酒……2汤匙

制作步骤

① 新鲜海虾洗净，去虾线，用部分糖、盐、部分黄酒、白胡椒粉腌制15分钟。

② 炒锅烧热倒入植物油，待微微见烟转中火，依次放入沥去汤汁的海虾，两面煎至红亮盛出，放一些糖和姜末会更香，且颜色更漂亮。

③ 锅中放入洋葱丝和蒜蓉煸炒出香味，再加入西红柿、少许酱油翻炒出浓稠的汤汁，加入煎好的虾，再加入少许黄酒，中大火烧制10分钟。

④ 撕碎洗净紫苏叶放入锅中，翻拌均匀至香气释放即可装盘。

烧海虾
天妇罗
厚蛋烧

紫苏四物

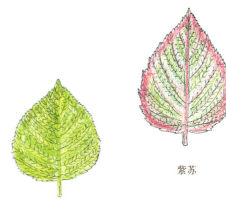

白苏

紫苏

皱叶苏

紫苏

Shiso / Perilla（*Perilla frutescens*）

唇形科紫苏属一年生草本，是原产东亚地区最知名的香草种类之一。其所在的唇形科绝对算得上香草界大家族，旗下有近二十个属上百种的可食用香草。乍看起来它们的颜色、形态各有不同，香气也各异，但仔细观察会发现，四棱形的茎秆和美美的唇形花冠是共同的标志

托面油炸苏子叶，还是江浙一带祖母手作的紫苏咸梅，或是韩国家常必备的腌渍紫苏，再到日本衬托鱼生的苏子叶，都展示着这香草的深入民心。紫苏的栽培十分容易，土不必丰腴、水无须充沛，总而言之是生命力顽强的存在。更厉害的是，紫苏虽是一年生的草本植物，但繁殖能力相当强，冬天的时候，在干燥的风和小鸟的帮助下，籽粒会扑簌簌地坠落，藏匿在枯叶草丛间，来年雨季便可迅速萌发，随随便便就长出一片。不过，作为地头蛇的紫苏也并非金刚不坏之身，高温高湿的时节，由于枝叶生长过于茂密，很容易引来寄生植物菟丝子的滋扰。如果不及时疏枝剪叶，尽数移除那卷难缠的黄丝线，即使是一整片长势旺盛的紫苏，也会在须臾间鲜活尽失。

我们的香草花园里，常年栽种着不同品种的紫苏。有湛清碧绿的白苏，也有叶片一面青一面紫的紫苏，还有叶片如舞动裙裾般翻卷着的皱叶苏。白苏的叶片舒展宽大，搭配烤肉时可以很好地包裹住肉块和酱汁，既能为肉食增清香，又能解除油腻；紫苏的叶片相对小一些，我们除了用它搭配烤肉，还会在蒸包子时贴一片在包子底部，给热腾腾的包子增加风味，也省去了清洗屉布的麻烦；而皱叶苏，因为叶子形态飘逸，时常被我们用在凉拌菜里，搭配小西红柿和黄瓜条，配以香油、醋、蒜汁，养眼开胃。此外，皱叶苏叶片形态更加立体，特别容易挂住更多的面糊，也是制作紫苏天妇罗（托面油炸）的首选！

除去上面的家常做法，在秋天的餐桌上，受南方朋友用紫苏烹鱼的启发，我们喜欢用紫苏来烧制肥美的海虾。选取秋田里重新恢复生机的完熟西红柿，搭配洋葱和大蒜炒制出浓厚酸甜的汤汁，再放入提前煎好的海虾一起烧制。起锅时，撕碎几片干净的紫苏叶，撒入锅中翻拌均匀，就可以呈上一盘颜色红亮、香气扑鼻的美味了。

家传红烧肉

正在烹制红烧肉的老爸

　　总觉得自己这个爱吃的灵魂里饱含感性。对一道菜的心心念念，有时并不一定只针对色香味形的精益求精，更可能是因为一个地方、一个人，或者一份宽厚的亲情。父亲，言语不多，极爱思考，且同样爱吃。和众多父亲一样，他在表达情感时是含蓄的，但因为乐于烹煮食物，这表达就多了活色生香的姿态。记得有一段时间，每每去到病卧的祖父母家中小聚，不顾一众人聊得热闹，父亲总要自己在厨房里忙碌好久，而红烧肉定是不能缺省的一道菜。一开始，我还有些嫌弃它的油腻，但看到已经没了牙齿的祖母，极为满足地咂摸着那一口浓郁的软烂酥香，顿时就懂了父亲这手艺背后饱含的一切。

　　提到红烧肉，如果去问哪家的最好吃，估计很多人幼时的答案都和外婆或祖母相关。的确，这道家常菜在不同的地方风味之下做法各异，唯独不变的，该是小火慢炖中注入的浓浓亲情吧。也因此，我在外就餐的时候，会因为担心吃不到那一份特殊的滋味，而刻意避开这道菜。幸好，我从父亲那里承继了烧制红烧肉的手艺。动手做这道菜，既是对他的纪念，也是表达特别情意时的上选。我家的红烧肉，配料并不复杂，都是市井间方便采购的东西。其中要强调的，是几味香料的搭配，朴素却恰到好处。

　　北方人的锅台上，葱姜是舍不掉的味道，这两样辛辣之物遇到厚重油脂，可以迅速释放出包裹力非常强的香气，帮助肉类去腥增香。八角和小茴香籽，则是中和肥腻的又一法宝。西方世界喜欢把它们香甜的气味加入糕点，而东方人用来炖肉，这其实是同样的道理，因为这股甜香气可让厚重的油脂尝起来更柔顺细腻，且回味无穷。

最后，让我这道家传红烧肉的香气再上一个台阶的，是两种最家常的发酵食物：一为红曲腐乳，二为北方黄酱。那些经由微生物分解蛋白质释放出的风味物质，可与在慢火中久炖的肉和油脂合力幻化出层次丰富又饱满的香气，是带领这道菜冲击味蕾和嗅细胞的制胜法宝。

说罢这道家传红烧肉的香，再说说它无可挑剔的口感。烹煮红烧肉，一般都会选择新鲜且层次分明的五花肉，又称"五花三层"。这个部位的肉肥瘦相间，只要火候掌握得当，就可做出瘦肉酥而不柴，肥肉烂而不化，肉皮红亮软糯又略带弹性的独特口感。等到装盛上桌，用筷子挑一大块入口，就只剩下"酥香软烂、入口即化"的完美了。

当然，再考究的用料，也要交给真切的情意、包容的耐心与充足的时间，才能促成一道美味。做料理其实如做人，揠苗助长只能换来一碗夹生饭。憧憬着美味的人生，一切漫长都是那样值得。

◎ 香料界的那些"茴香"

蒔萝
Dill（*Anethum graveolens*）
伞形科蒔萝属一年生草本，原产西亚地区，使用部分为茎叶和干燥的果实。虽无"茴香"之名，植株形态却与茴香相似，还好果实的样子差别较大，香气也更加清甜温和。西餐中常用于以鱼类为主的海鲜料理当中

八角
Star Anise（*Illicium verum*）
又名大料、大茴香，五味子科八角属常绿乔木，原产中国、越南等地，使用部分为干燥的果实，家常炖菜中很常见

茴芹
Anise（*Pimpinella anisum*）
又名欧洲大茴香、西洋茴香，伞形科茴芹属一年生草本，原产西亚及地中海沿岸地区，使用部分主要为叶片和干燥的果实。有温和的甘甜气息，与八角有些相似，在欧洲常被添加于甜点或酒类

茴香
Fennel（*Foeniculum vulgare*）
伞形科茴香属多年生草本，原产地中海沿岸，使用部分主要为茎叶与果实。中国北方常用茴香茎叶来包饺子，而一般被称为小茴香或茴香籽的，实际上是茴香干燥后的果实，与八角同为五香粉的基础配料

红烧肉的调料组合

食材准备

五花肉……1000克（洗净切4厘米见方大块）

大葱……4段（切5厘米长段）

姜……5~6片（切成1元硬币厚度）

八角……2朵

小茴香籽……1茶匙

红曲腐乳……1块

腐乳汁……1汤匙

黄酱……1汤匙

花生油……3~4汤匙

盐……3~4茶匙

有机酱油……2~3汤匙

白糖……2~3汤匙

黄酒……2~3汤匙

制作步骤

① 铁锅中倒入花生油，放入2汤匙白糖和一点盐，大火烧至白糖全部融为红棕色液体并微微冒白泡，转中火。

② 五花肉沥干水分，放入热锅中翻炒，直至每块肉的表面都紧致收缩，呈现微微金黄色。

③ 放入葱段、姜片、八角和小茴香籽，继续翻炒至肉色变金棕，脂肪部分微微透明。

④ 倒入黄酒、酱油、红曲腐乳、腐乳汁和黄酱翻炒均匀，此时已是香气满堂。

⑤ 加入开水（一定不能是凉水）没过全部食材，并加入剩余白糖，大火烧沸后转小火炖煮。

⑥ 1小时后，加入适量盐略微搅动，继续小火炖煮，期间如果汤汁过少可补充开水。

⑦ 1~1.5小时后，检查肉块状态，最好外形完整，脂肪部分呈现玉石般的剔透效果，此时肉块的瘦肉、皮以及汤汁应该呈现红亮色泽。

⑧ 转中到大火，收浓汤汁，为避免锅底烧焦，需要一边收汁一边摇动锅子，让食材在锅中慢慢旋转。当汤汁浓稠至包裹住肉块后即可装盘上桌（可把香料挑拣出去，让摆盘更美观）。

孜然

Cumin（*Cuminum cyminum*）
又名阿拉伯茴香、安息茴香，伞形科孜然芹属一年生草本，原产埃及，使用部分为干燥的果实，乃烤串之必备调料

葛缕子

Caraway（*Carum carvi*）
又名藏茴香，伞形科葛缕子属二年生草本，原产欧洲及西亚地区，使用部分为干燥的果实，有着清凉而类似柑橘的辛香气，是德国酸菜中必不可少的调味料

龙蒿冬瓜鸡汤

食材准备

清亮鸡汤……1000毫升

冬瓜……400克

鲜嫩龙蒿叶……5~6支（8~10厘米长）

鲜姜……2片（1元硬币大小）

白胡椒粉……1茶匙

香油……1茶匙

盐……2茶匙

糖……1茶匙

黄酒……1汤匙

蒿，一类拥有香气、高大粗犷的野生植物，广泛分布于世界各地的贫瘠土壤中，很多地方的人早早学会了在生活中应用常见的蒿类植物。不过，也许由于野性奔放的它们香气太过浓烈，多被用于药草或驱邪避祟的香囊。倘若非要搬到餐桌上，通常要在特定的时节，选取特定的种类，还得是柔嫩的部分，才能入馔。在我们的村子里，就有"三月茵陈四月蒿，五月六月当柴烧"的谚语。

凡事又有例外，蒿类植物中有一族，在高大威猛的外形之下，拥有含蓄细腻的香甜微辣气息，它们就是龙蒿。野生龙蒿的气味十分清寡，除了被在地原住民用于药方，没有太多其他应用。不过在常年的园艺栽培之下，俄罗斯龙蒿和法国龙蒿还是脱颖而出，被人们广泛用在美味佳肴之中。论香气俄罗斯龙蒿绝对入不得西餐大厨们的法眼，但由于纯种法国龙蒿无法结出种子，栽培难度也高一些，俄罗斯龙蒿还是会悄悄混进西餐厅的杯盘之中。

我们门前的香草园里，就栽培着郁郁葱葱的俄罗斯龙蒿。它耐寒抗旱，完全没有水土不服，每到早春，就和野生的蒿属植物一样，准时破土而出，幼嫩的枝芽在春暖花开后迅速蹿高，一进夏天轻轻松松便长过小朋友们的身高。打心眼儿里喜欢这种不用伺候就长得特别繁茂的植物，活着就是不矫情，真好。

到了夏末，日照时间渐渐缩短，龙蒿也开始酝酿花芽。每逢风雨后，和其他蒿子亲戚一样，龙蒿们往往也东倒西歪，估计是想借着这个机会把种子散播得更远一点吧。

长角羚不喜欢香草园凌乱的样子，总会及时修剪，一来可保持井井有条，二来在高温高湿的夏季让香草们保持通风透光的舒展姿态。而修剪下来的香草，自然给我的厨房带来源源不断的灵感咯！

夏日，特别是在蒸桑拿般的三伏天，清爽解暑的料理最受欢迎。这时候的青菜，因为虫子们的狂欢而普遍萎靡，成熟的西红柿、菜椒、茄子、黄瓜倒是络绎不绝，可是上顿下顿地没完没了，也让我俩有苦难言。偶然，到瓜地里溜达时，映入眼帘的白毛大冬瓜一下子就给了我带走的冲动。自己种的冬瓜，在干旱的春季生长缓慢，到了雨水丰沛的夏季才开始发力长大。采摘时一定要小心瓜蒂附近的毛刺，触到它不至于受伤，可也会难受一阵子。削去挂满白霜的瓜皮之后，就露出温润如玉的果肉，其质地特别，新鲜时还挺结实，一经水煮便可以收获软糯酥烂的口感。白中带绿的冬瓜，看上去清凉，煮出的汤水更是祛暑佳品。考虑到夏季食物要降除暑气，更要为身体提供迅速的补给，我喜欢用清甜的鸡汤煨煮冬瓜。因冬瓜本味清淡，北方传统家常冬瓜汤会在出锅时用葱末和香菜末提香，但当我偶然使用了俄罗斯龙蒿的幼嫩枝叶后，爱上了后者这种清甜淡香的口味。每逢暑热煮上一锅，一边饮汤一边淌汗的感觉是那么通透自在！

俄罗斯龙蒿
Russian Tarragon
(*Artemisia dracunculus* var. *inodora*)
菊科蒿属多年生草本，原产西伯利亚和西亚地区，耐寒而且可用种子繁殖。而法国龙蒿（French Tarragon, *Artemisia dracunculus* var.*sativa*）来自南欧，与俄罗斯龙蒿一样均为野生龙蒿经人工栽培后的改良品种，由于自身不育，只能进行营养繁殖

龙蒿

冬瓜

制作步骤

① 冬瓜去皮去籽，切成麻将块大小备用。

② 鸡汤倒入汤锅中，放入冬瓜、姜片、糖和黄酒以大火煮沸，如有浮沫撇除。

③ 转小火炖煮10分钟后放盐，再煮5~10分钟。

④ 龙蒿叶洗净甩干水分，切碎，与白胡椒粉、香油一起放入汤碗中。

⑤ 转大火再次烧沸锅中冬瓜汤，然后迅速倒入汤碗，搅拌均匀即可享用。

罗勒青酱

罗勒青酱

虽然接触西餐比较早，起初我对西式香草研究不深，经验基本局限于使用现成的混合香草商品，诸如"意式混合香草"（Italian Herbs）和"普罗旺斯香草"（Herbes de Provence）。后来，和长角羚一起培植香草，才熟悉起它们各自的样子和香气。其中的罗勒，绝对是可以调和出各式地方料理的百搭种类。

最早结识罗勒，其实是通过台湾招牌菜九层塔烧茄子和三杯鸡。我熟悉的北方家常菜，无论烧茄子还是炖鸡块，总少不了使用八角增加香气，因此，当品尝到用九层塔调配出的茄子和鸡肉料理时，那种和八角类似，浓郁又不过火的香气，自然让我感到亲切。不过，罗勒在中餐中的应用不仅仅局限在台湾菜中。前些年就有专业人士撰写文章，明确提出在河南、山东等地，家庭主妇烧菜时总会随手撒上一把的"荆芥"就是罗勒属的一种植物。

原产印度的罗勒属植物，往往需要日照良好、暖和且湿润的生长条件。但北京气候四季分明，深秋的霜冻是罗勒无法抵挡的伤害。不过也没什么好怕，它们早在夏秋时节便开花结实，虽然我们没看到种子如何撒落，第二年湿热一来，一棵棵罗勒小苗便会从地里冒出来。

在香草花园里，我们最常栽种的当数大叶甜罗勒和台湾九层塔中

甜罗勒

罗勒
Basil（*Ocimum basilicum*）
又名九层塔，唇形科罗勒属，绝大多数种类为一年生草本，原产印度等热带亚洲地区。一开始，我们在山上栽培罗勒并不顺利，还以为它天生娇贵，不好侍弄。相伴多年才慢慢了解，干旱少雨且温度偏低的四五月并不适合罗勒生长。而到了雨水丰沛的夏季，前一年的自播种便会大量萌发，到初秋便可以采收，制作罗勒青酱

台湾九层塔

一种茎为紫红色的品种,后者在台湾很流行,又名红茎九层塔。大叶甜罗勒,顾名思义是叶片大而饱满的品种,有着"膨胀"的外形与柔和的甜香气息——每每靠近它吸上一口,我便心潮澎湃;而台湾九层塔的叶片相对较小,叶型较尖,香气也更浓烈刺激,很适合中式热炒的做法。经典的罗勒青酱一般使用甜罗勒作主材,但这两个品种的罗勒或多或少都有着类似八角的甜甜香气,大条的我经常把它们混在一起使用。

论罗勒的最佳拍档,个人觉得西红柿要数第一,特别是新鲜西红柿和罗勒的组合,比用西红柿酱更令人食指大动。记得当年在欧洲旅行,很喜欢在周末的二手市集闲逛,那里林立的小吃摊比二手货更吸引我。有一次在柏林街头一个意大利裔经营的家庭手工摊档前,我驻足许久。期间,只见发酵好的面团在小伙子手上被飞快地旋转成饼皮模样,之后由一旁的老母亲娴熟接下,随意丢几片西红柿,撕几块新鲜的马苏里拉奶酪,再淋上些橄榄油,最后撒一把新鲜罗勒叶……当我到处找这"手工披萨"的烤炉时,老妈妈迅速将面饼对折合拢,往炽热的平底锅里一铺,几分钟就两面煎好了。咬

食材准备

罗勒叶……100克

松子……80克

大蒜……1瓣

帕马森干酪……60克

橄榄油……110毫升

盐……2茶匙

水……适量

（此配方为2~3人份，可能稍微油腻，可尝试将松子和奶酪减量三分之一）

制作步骤

① 采摘新鲜干净的罗勒叶，用净水轻漂一下，沥干水分。千万不要在清洗时揉搓，因为罗勒叶子很娇嫩，力气过大会使叶片受损，让芳香物质流失，还会影响酱汁的色泽。

② 炒香松子晾凉，之后与分装好的橄榄油冷藏到足够凉。罗勒叶在搅拌过程中会因受热而颜色变深变暗，把主要的材料冷藏可使料理过程的温度降低，让材料保持漂亮的鲜绿色。

③ 把新鲜罗勒叶、熟松子、橄榄油、大蒜、盐和帕马森干酪碎一起投入食物料理机（或使用研钵手工研磨），搅拌成浓稠的酱汁，就可以装瓶封存了。

上一口，西红柿的果香与罗勒叶的香气在奶酪柔软温和的衬托下充盈着整个口腔……时隔多年，一想起那个场面，还是抑制不住吞口水呀！

　　只是罗勒叶片的香气不耐久煮，在料理中往往于出锅前才添加。但西餐中在低温环境下调制的青酱（Pesto）可以最大限度地封存罗勒叶的香气，很受大家的青睐。用青酱拌意面或做面包抹酱，都是慵懒夏日可以迅速制作的快手料理。除此之外，与水煮白虾肉或鸡胸肉一起快速翻拌，搭配蔬菜色拉也是不错的纤体轻食。有些青酱的配方中也会加入欧芹碎，可我还是觉得纯粹的罗勒青酱更过瘾。不过在法国，完全由欧芹碎制作的青酱类酱汁很流行，无论是涂抹法棍面包轻烤，还是制作正统的焗蜗牛，都令人垂涎。欧芹在国内常被用到的是皱叶品种，可能气味不够出色，常被用作摆盘装饰。长角羚还栽种了叶片平展的品种，风味上更清香怡人。

　　刚做好的青酱不宜久存，也很容易变色，在瓶口封一些橄榄油可减少氧化，但也容易让酱汁油腻。想较长时间保存的话，还是建议冷冻。

欧芹
Parsley（*Petroselinum crispum*）
伞形科欧芹属二年生草本，原产地中海沿岸地区。常见品种有皱叶欧芹（Curly Parsley）和平叶欧芹（Flat-leaf Parsley）

里山食

尼泊尔厨师亲传咖喱

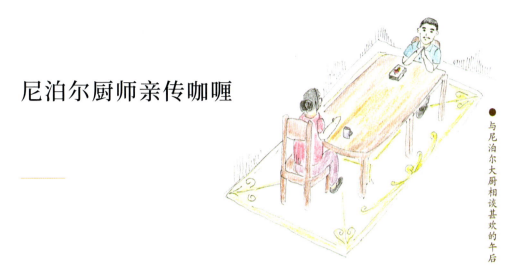

　　尼泊尔是一个很有意思的国度。它的国土面积不大，却坐拥喜马拉雅山脉南麓，有着令其他国家望尘莫及的垂直落差。从极地深寒到热带丛林的巨大差异，既给了这个国家丰富的资源，更孕育了多元民族文化。虽然尼泊尔身处印度和中国两个金砖大国之间，看似得在夹缝中求生，但这里毕竟是佛陀释迦牟尼的诞生地，有一种平静祥和的氛围，多宗教信仰在此呈现更多的是融合，而非激烈碰撞，因此这个国家从上到下好像都是自得其乐。

　　攻读硕士期间，我选修了一门在尼泊尔学习的课程，整个八、九月都可以沉浸在这个神秘国度的氛围中。这两个月中，我们一行人在城市的街巷和神庙间穿梭，在山林和村庄中寻访，充分领略了这个小小国家的移步换景。当然，上课不比自由行，总免不了在教室听讲、小组讨论和在寝室里奋笔疾书的辛苦。学校体恤留学生，选出了一栋独立的房子给我们几个女同学居住，还特别安排了保洁员和厨师前来照顾。虽然方方面面都被安排得妥妥帖帖，我还是为用餐时总有人在旁垂手侍立感觉不自在。每次我们都会邀请厨师和保洁大姐一同用餐，但他们都迅速退散了。我突然想起刚到尼泊尔时，第一堂课老师就介绍过，即便在与世无争的尼泊尔，类似印度的种姓制度还是普遍存在。估计厨师大哥和保洁大姐出身低种姓家庭，所以不但不和我们一同用餐，还直接席地而坐，而不是坐在沙发上。

姜黄
Turmeric（*Curcuma longa*）
姜科姜黄属多年生草本，
原产热带亚洲地区

姜黄块茎

姜黄花

姜黄叶

食材准备

一拳大的洋葱……1颗

鸡蛋大小的姜黄和生姜……各1块

大蒜……1头

一拳大的西红柿……1个

新鲜香菜……4~5棵

孜然粉、辣椒粉……各1汤匙

植物油……3~4汤匙

盐……2~3茶匙

糖……2茶匙

制作步骤

① 姜黄、生姜、洋葱、大蒜和香菜切碎备用。

② 西红柿以烫水去皮后切块备用。

③ 炒锅中放入植物油，烧热至微微冒烟，加入姜黄、生姜、洋葱和蒜蓉，中火煸炒出香气。

④ 加入辣椒粉和孜然粉，转小火翻炒均匀，让香气充分释放。

⑤ 加入西红柿果肉翻炒均匀，并用盐糖调至平衡口味。

⑥ 出锅前加入香菜碎搅匀即可。

（这款咖喱酱一次可多做一些，根据需要加入用热油煎炒过的蔬菜或肉类，炖煮入味后即可食用。）

　　终于有一次，因为身体的原因，我没有参加计划好的行程，留在寝室休息。用餐时我再三邀请，终于让厨师大哥坐到了餐桌旁。聊天才知大哥不仅热爱厨师职业，还一直有个开中餐馆的梦想。性情中人的我，立刻打了越洋电话，请朋友帮忙邮寄一本中餐菜谱给他。也是这段经历，让我这个吃货和尼泊尔厨师成了朋友，并学到了他亲自传授的尼泊尔家常咖喱配方。

　　这个配方材料简单气味直接，是平常过日子的感觉。将姜黄、生姜、洋葱和蒜蓉在加热的植物油中爆出香气，之后加入辣椒粉、孜然粉来获得火热的颜色兼辛辣口味，再用西红柿碎的酸度收敛过于刺激的口感，出锅前撒一把香菜碎搅匀，复合香气腾空一跃便大功告成。简单又地道的家常咖喱，用于烧蔬菜炖肉类都表现稳定，让我在和朋友们分享美食的同时也能回忆起那段有趣的日子。

很多人对咖喱的印象都是口味辛辣、配料复杂并且香气逼人的重口味菜肴。但在众多香料的原产地（南亚、东南亚），日常料理中的香料使用反而不一定令人眼花缭乱。在里山生活中料理食物，要有足够的香气激发食欲，保证辛劳之后的体力恢复，也要算计时间，各种工项忙得不亦乐乎，可没有那么多空闲料理费时费力的功夫菜。最好一次简单迅速的烹煮之后，食物的味道和状态都能稳定保持，而且有肉有菜营养均衡，反复吃上几顿也不会腻烦。要满足这样的需求，非咖喱莫属！如今，源于南亚的咖喱漂洋过海已经有了百般变化，可各地的配方中总少不了一味姜黄。它的微苦辛香为咖喱的繁复口味提供了基底，而其明快的颜色也成就了咖喱万变不离其宗的那一抹金黄。

姜黄出身姜科家族，原产潮湿的热带亚热带地区。北京的气候终究不适合姜黄生长，多年生被种成了一年生。这些年下来，传说中的娇美花朵只有那么一次绽放，埋在地下的块茎产量也寥寥。可虽有水土不服的窘困，随手种种的姜黄依然带给了我们惊喜，与平时吃的姜一样，它们也长出了宽大舒展的叶片，更借着夏日雨水的滋润生得亭亭玉立、碧绿油亮，还与身边细碎的香草丛相映成趣，为园子增添不少层次。这让长角羚喜出望外，从此每年都在香草花园里种上几棵。想着不辜负姜黄的一份努力，我会把秋天收获的些许小小块茎，搭配春天种下的姜母熬煮成咖喱，也算是对它和那段异乡游历的致敬吧。

香料与香草的区别

谈到东南亚的咖喱，容易联想到混合着各种干粉的"香料"拼盘——胡椒、丁香、豆蔻、肉桂……还有本篇里的姜和姜黄，种类繁多，让人晕头转向。而每当走进西餐厅，看着菜单上罗勒、百里香、薄荷、龙蒿等五花八门的"香草"名称时，也不免一头雾水。

如果硬要区别开来，香料一般是指原产热带地区，带有辛辣味或香气的植物的果实、种子、根、地下茎，甚至树皮和花蕾等，一般经过干制后使用，风味保留持久。

而被当作调料的香草，多指原产温带地区，带有香气的草本植物，一般使用新鲜的叶、花及部分嫩茎。气候怡人的地中海沿岸便是众多经典香草的发祥地。不过"一般"之下，也有不少例外。迷迭香作为香草的代表之一却也长有木质化的茎秆；本篇中叶片香气浓郁的香菜在作为香草出现的同时，香菜籽却又被当作香料使用，身份混杂；再说这每年四五月，我们果园里高大的香椿树上生出的那些气味蹿鼻的香椿芽，又当如何定义？受植物学、饮食文化乃至全球历史等复杂因素的影响，恐怕这香草与香料之间的边界也只能模糊可见，还是别太较真了吧。

南瓜面疙瘩佐鼠尾草奶油

面疙瘩

Gnocchi（意式土豆面疙瘩）是深受意大利人民喜爱的街头小吃。它配料简单，方法不难，而且与西红柿肉酱、罗勒青酱或是奶油白酱都可以完美搭配，深入人心实属自然。不过，第一次像模像样地吃到这道意式面疙瘩，却是在布达佩斯一家高档餐厅。虽然那道菜做得相当混搭，但浸润在西红柿、红甜椒热浓汤里的面疙瘩和新鲜河鱼肉丸，让我吃得通身是汗，驱散了城市徒步带来的阵阵寒气，令我至今记忆犹新。

眼下正是泛起凉意的初秋，可以做这道热乎乎的料理暖暖身。只是正宗Gnocchi要使用土豆、面粉和鸡蛋，但春季自种的土豆已消耗殆尽，急需个王牌替补。想想秋天吃这样的食物最好有点色彩，这色彩还得是天然且稳定的存在，我干脆走出屋子，到田地里四下找灵感。突然，在平坦的田野里遇见大朵大朵鲜黄的花蕾，秋日里显得格外耀眼诱人。这些艳丽的黄花，生长在或粗或细、铺爬满地的藤蔓上，顶部的叶片硕大繁茂，密布着绒毛，仿佛在警示过往的人：下手要小心哟！行走其间，顺着藤蔓的蜿蜒，拨开一道缝隙，才得见一个个隐蔽于草叶间的圆滚滚大家伙。这些果实的表皮厚实，成熟后灰绿颜色中透着橙红，十足秋天的气色。"对呀！就是它！就做个南瓜面疙瘩吧！"瞧，里山生活中的料理就是这么随机应变。

主材解决，搭配怎样的酱汁才好呢？传统的Gnocchi都会搭配奶油调制的重口酱汁，而我不希望酱汁过于浓重，便又去香草园找找看。这时，在秋风中恢复生气的鼠尾草引起了我的注意。一位芳疗师朋友提起过，鼠尾草是欧洲传统医学中的万能灵药，

食材准备

南瓜……300克

面粉……100克

鸡蛋……1枚

鼠尾草叶片……8~10枚

黄油……30克

鲜奶油……2汤匙

盐、糖、黑胡椒碎……适量

南瓜

制作步骤

① 选择成熟南瓜（一般成熟度越高的南瓜含水量越低，果肉更加绵软），洗净切块，去除种子，蒸锅开锅后以大火蒸15分钟。

② 用勺子将蒸好的南瓜果肉与果皮分离，果肉盛在容器中，用勺子完全压碎成泥。

③ 在温热的南瓜泥中加入盐和黑胡椒调味，并打入鸡蛋，迅速搅匀后筛入面粉，搅拌成湿度较大、比较粘手的面团。

④ 在大案板上撒上干面粉，将南瓜面团放在干面粉上均匀包裹，并继续揉成表面光滑的面团，之后取合适分量，在案板上揉搓成直径2厘米的条状，再用锋利的刀切成2厘米长的小段（喜欢制作精细料理的小伙伴可借助叉子或竹帘，为面疙瘩装饰漂亮的纹理）。

⑤ 做面疙瘩的同时，烧开一锅水，水滚后放入面疙瘩，大火煮至其全部漂浮起来即可捞出备用，为防止面疙瘩彼此粘连，淋上些橄榄油拌匀即可。

⑥ 另起一只平底锅，中火加热黄油，全部融化后撒入细细切碎的鼠尾草煸炒出香味，舀入大约50毫升煮面疙瘩的汤水，边加热边搅拌，直至浓稠，最后调入鲜奶油，并用盐、糖和黑胡椒碎调味。

⑦ 最后下入南瓜面疙瘩，翻拌均匀即可装盘品尝。

鼠尾草

Sage（*Salvia officinalis*）

唇形科鼠尾草属常绿灌木，原产地中海沿岸。种植香草以前，我们也购买过市场上干制的香草碎产品调味。总体感觉经过干燥的香草在风味上多少有些损失，尤其是叶片质地偏柔嫩些的种类如罗勒，干燥后香气往往散失较多，严重时甚至变了味，建议优先使用鲜品。而类似鼠尾草、百里香、迷迭香这些，风味相对保留得好一些，不过鼠尾草气味浓郁，干燥之后更是浓上加浓，若用"干货"调味记得减量

但它的香气太过浓郁，亚洲人一般不太喜欢。不过，当鼠尾草遇到浓厚的油脂，无论是细腻的奶油还是肥厚的红肉，都会被柔化出平衡的美味。更何况，传统西餐中本也有着鼠尾草奶油酱汁的存在，于是，就这么愉快地决定了，今天给辛苦的农夫做一道意式南瓜面疙瘩佐鼠尾草奶油酱抵御清冷秋风吧！

蔬菜	1	2	3	4	5	6	7	8	9	10	11	12
白菜花												
西蓝花												
卷心菜												
红菜头												
秋葵												
红苋菜												
木耳菜												
空心菜												
樱桃萝卜												
油菜												
胡萝卜												
大白菜												
芥蓝												
莴苣类①												
苦菊												
西红柿												
茄子												
菜椒												
菜豆												
豇豆												
扁豆												
黄瓜												
苦瓜												
丝瓜												
南瓜												
冬瓜												
茴香												
西葫芦												
菠菜												
大葱												
韭菜												
茼蒿												

10

▲ 野性通讯

里山食物历

里山的生活节奏往往要跟着自然节律变幻，根据不同时令，对我们的土地出产来说是辛劳，也是乐趣。

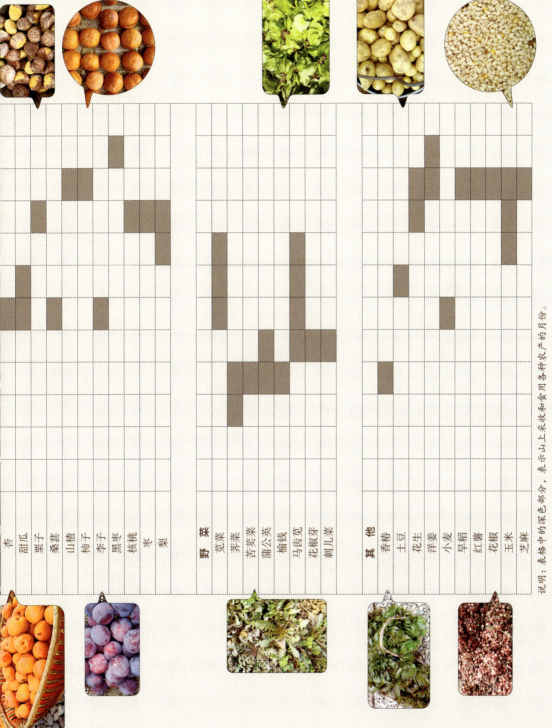

	1	2	3	4	5	6	7	8	9	10	11	12
杏												
甜瓜												
栗子												
桑葚												
山楂												
柿子												
李子												
黑枣												
核桃												
枣												
梨												

野 菜

	1	2	3	4	5	6	7	8	9	10	11	12
苋菜												
茅菜												
苦荬菜												
蒲公英												
榆钱												
马齿苋												
花椒芽												
刺儿菜												

其 他

	1	2	3	4	5	6	7	8	9	10	11	12
香椿												
土豆												
花生												
洋姜												
小麦												
旱稻												
红薯												
花椒												
玉米												
芝麻												

说明：表格中的深色部分，表示山上采收和食用各种农产的月份。

①莴苣类：生菜、莴笋、油麦菜等。

柠檬香茅海南鸡饭

海南，之于我，是很多年前去过的天涯海角和亚龙湾的绵长沙滩，此外，似乎并无其他。倒是长角羚曾经在海南有过一段青葱岁月，时常听他说起。一次，和他去了一家北京的海南风味餐厅，特意点了海南鸡饭并请教其中玄机，才知道鸡饭最初虽来自海南本地，后来却借下南洋的华侨风靡了整个东南亚。如今海南鸡饭在异乡的火爆程度完全不亚于本土，有国人竟是在开洋荤的旅途中初次品尝到它，十分有趣。

说到食鸡，自觉南北口味差异显著。个人体会是，北方人似乎相对偏爱小火慢炖出的骨酥肉烂，南方胃则普遍喜欢鸡肉的脆嫩弹滑。也因此，承继了白切鸡血统的海南鸡饭，其中的鸡肉一定不能失了这脆嫩口感。"食客的口水，农民的汗水"，有了这样的口感追求及烹饪习惯，华南地区的农人选育出了很多适合的品种，比如广东的清远鸡和海南的文昌鸡。不过，在北京四季分明的气候条件下，我们在果园里散养的是本地的"北京油鸡"，据说它曾让慈禧"非油鸡不食"，此也得了"中华宫廷黄鸡"的美名。

如果想用北京油鸡做出南方白切鸡的口感，最好选择六个月内的青年鸡（北京油鸡的生长速度比较缓慢，一般的鸡三四个月就行），因这个时候的鸡个头合适，肉质最为鲜嫩，脂肪也不会堆积过多而显出肥

食材准备

新鲜净膛鸡……1只约750克
长粒香米……250克
煮鸡用鲜姜……1块，用刀拍裂（大约中指食指并列大小）
新鲜柠檬香茅叶……1束（40厘米长，挽成结）
香茅茎……1支（8~10厘米）
煮饭用葱末……1茶匙
煮饭用姜末……1茶匙
盐……2~3茶匙
糖……1茶匙
黄酒……2汤匙

腻。一般市面上不太容易买到这么小的油鸡，因为这时公鸡还没有长到足够分量，母鸡也才开始产蛋，所以我们只有实在嘴馋了，才会下厨做这道有点"暴殄天物"的料理。

说罢了选择鸡肉的学问，再说说烹煮鸡肉的火候和香料。上文说到白切鸡的口感中脆嫩弹滑是重点，因此不能炖成骨酥肉烂的一锅，特别鸡皮一定要保存完好，而且要有柔韧质感。这样一来，只有用烧沸的水，转至文火，在保持微沸的状态下，20分钟内将一只整鸡完美烫熟，再加以冰水激发，才算恰到好处。

起源于热带地区的海南鸡饭一般会用北方很难找到的香兰叶烹煮鸡肉。既然我们是在北京致敬这道"海南鸡饭"，香草园里最具备东南亚气质的就数柠檬香茅，给鸡肉去腥增香就靠它了。禾本科家族出身的它们，生命力甚是顽强。干旱的日子里，香茅们可以默默隐忍，等到高温高湿季节一来，根系就会加速分蘖，轻轻松松长成郁郁葱葱的一大丛，虽然远远看去，特别容易被误会成路边疯长的野草，但当你从它们身边走过时，阵阵淡淡的柠檬清香定让你神清气爽。这样的香气，被萃取成浓烈的精油后，可用来醒神开窍，还可以帮助趋避蚊虫。根据我日常料理的经验，烹煮鸡肉时，只需一块姜和一束柠檬香茅叶，就可以得到近乎完美的鸡肉和鸡高汤，这个配方还适用于烹煮猪肋排，是简单又好味的组合。

最后说说海南鸡饭里的饭。讲到这里，就想起长角羚的评语——"海南鸡饭，重点是饭！"虽然他不怎么爱吃。没错，没有鸡肥油和鸡高汤加持的海南鸡饭不是好手艺。鸡油一般取自整鸡的腹部，放在烧热的铁锅上慢慢煎化，挑出油渣后，爆香葱姜

香兰
Pandan（*Pandanus amaryllifolius*）
露兜树科露兜树属多年生草本，
原产热带亚洲地区

柠檬香茅
Lemongrass（*Cymbopogon citratus*）
又名柠檬草，禾本科香茅属多年生草本，原产于印度等热带亚洲地区。对于香草的繁殖，一二年生的种类我们常会采用种子进行繁殖，如紫苏、罗勒等；而对于大部分多年生香草则采取枝条扦插或压条的方式，如百里香、迷迭香等。柠檬香茅作为禾本科中为数不多的香草种类，除了有曼妙的柠檬香气，还保留着家族中分蘖繁殖的老传统，因此我们多选用分株方式进行繁殖。春天种下的一棵香茅草，到了夏秋就能长成茂密的一大丛，这时将整株挖出，掰开缠在一起的根部，便能一下子收获十多株壮苗，瞬间感觉赚翻了

末，加入提前浸泡好的长粒香米翻炒均匀，再倒入鸡高汤烹煮就可以了。如此一来，煮出的饭香气扑鼻、粒粒弹牙，最配白切鸡。

做这道菜时，若有机会可提前做出一只鸡的分量，放在冰箱冷藏；鸡油也提前冷冻保存，可以随用随取。烹煮米饭的同时，再调制些姜油酱、甜酱油和辣椒酱，很快就能做好营养均衡的一餐。想来，海南鸡饭确实应该属于海南，在那炎热的岛屿上，这样的料理，可以让"煮妇"们省去不少火烧火燎的劳碌吧？

制作步骤

煮鸡：

① 将鸡去头去脚后洗净备用（注意，鸡体腔内贴着脊柱一侧，很容易残留鸡的肺脏和肾脏，鸡肺是鲜红色的，鸡肾是紫红色的，一定要清除掉，这样处理干净的"净光鸡"吃肉炖汤味道才醇厚！另外，要将鸡腹腔中颜色黄亮的鸡油切下，留待煮饭用）。

② 将姜片、柠檬香茅叶束塞入鸡腹腔，如果腹腔开口过大，可用牙签插起来封口。

③ 选一口深底汤锅，内放清水，烧沸后放入部分盐、糖和黄酒，然后转小火。

④ 将整只鸡浸入汤中，盖严盖子焖煮20分钟（时间长短视鸡的大小而定，如整鸡不能完全浸入汤中，则每5分钟翻一次身），之后关火，再继续焖10分钟。

⑤ 将整只鸡捞出，投入足量冰水中，可持续投入冰块保持低温，以确保鸡身迅速冷却。

⑥ 彻底凉透后将鸡捞出，取出鸡腹腔中的香料，沥水微微风干，表皮涂抹薄薄的一层香油保持适当水分。

⑦ 用刀将鸡斩成适当大小，即可装盘享用。

煮饭（在焖煮鸡的时候操作）：

① 砂锅或者铸铁锅烧热，将沥干水分的鸡油投入锅中，小火慢煎。

② 煎到鸡油组织收缩至尽量小，颜色焦黄，锅子开始冒烟时，捞出油渣。

③ 将提前泡水30分钟左右的米捞出，投入锅中用鸡油翻炒均匀，此时可加盐、葱姜末调味。

④ 倒入煮鸡的清汤，没过米粒平面大约2厘米，大火烧沸，边加热边搅拌均匀。

⑤ 投入香茅茎，转小火，盖盖子焖煮。

⑥ 待到锅中不再有翻滚的水沫，表层米饭微微裂出孔隙时，关火继续焖10分钟就可以享用啦。

蘸酱：

海南鸡饭一般可搭配三种蘸酱食用，一为姜油酱，二为甜酱油，三为辣椒酱。辣椒酱的口味在国内十分多样，大家可自行调制，这里只介绍前两种清爽的蘸酱。做好的蘸酱吃不完可放冰箱冷藏，一周内吃完即可。

① 姜油酱：新鲜姜块去皮，用研磨器磨出姜末1汤匙，放入瓷碗中添加少许盐；同时中小火加热适量香油，微微见烟即刻熄火，迅速淋在姜末上就可以了。

② 甜酱油：锅中放入适量的生抽、老抽（1:1），加入适量冰糖，中小火加热至全部融解微沸，即可熄火，倒入瓷碗中使用。

西域彩虹炒饭

"不经历风雨，怎么见彩虹，没有人能随随便便成功……"这首流行歌曾经传唱大街小巷，可谓妇孺皆知。想来，措辞通俗易懂、旋律平易近人的音乐作品，就如同口味家常又做法简单的料理，更容易成为家喻户晓的日常吧。

虽然在山上大都由我料理一日三餐，长角羚还是会偶尔下厨，即便搭配朴素、手法简单，也总能呈现恰如其分的美味。如果要问长角羚最拿手的是啥？讲真，那就是"最简单也最困难"的"啊，蛋炒饭？"！

关于蛋炒饭，相信各家有各家的配方，各地有各地的手法，而长角羚的这道蛋炒饭是凭着妙手偶得的灵光一闪，不仅香气扑鼻，更有着如彩虹般绚丽的色彩！说起这独家炒饭，还有一段故事。

记得当时，我正忙碌于线头多而凌乱的工作，实在没有精力准备午餐，且因各路思绪纠缠一起郁郁难平，面对刚刚收拾完菜园的长角羚，只递上一句："今天吃啥呀？！"当我正准备迎接长角羚面对凉锅冷灶的埋怨时，没想到他平静地回了一句"交给我吧"。听到这话，颇有几分意外和感动，那简直就是卖火柴的小女孩儿被送了件军大衣的温暖呀！鞠躬鞠躬，理解万岁！

说怪也怪，有了长角羚这一句温暖的担当，心上一松，灵感也就涌动了出来，头脑豁然开朗，妙哉妙哉！由于工作太投入，完全没留意到长角羚的各种忙碌，只听得厨房里叮叮当当一阵，片刻之后滋滋作响，一股特别的香气钻进了我的房间。尽管工

红菜头

Beetroot (*Beta vulgaris*)

苋科甜菜属二年生作物，跟菠菜算是沾点亲戚。紫红色的膨大根部，让它看起来就像个大萝卜。除了它，地里还有一种叶用型甜菜，没有块根，却拥有大而肥厚的叶片，虽不算香草，但颜色鲜艳，拌沙拉食用养眼又美味

叶用型甜菜

食材准备

米饭……2小碗

中等大小鸡蛋……3枚

一拳大的红菜头……1/4颗

嫩黄瓜……1根

洋葱……1/4颗

姜末……2茶匙

小茴香籽……1茶匙

孜然粉……1茶匙

黑胡椒粉……1茶匙

植物油……2汤匙

盐……2茶匙

糖……2茶匙

制作步骤

① 嫩黄瓜和红菜头去皮洗净，都细切成石榴籽大小备用，洋葱切碎。

② 鸡蛋磕入碗中，搅打成蛋液备用。

③ 炒锅中加热油，微微见烟后倒入蛋液，待受热起泡后，将之炒松，盛出控油备用。

④ 油锅中放入洋葱碎、姜末和红菜头碎，中火煸炒三五分钟，之后加入小茴香籽和孜然粉炒香，再加入糖、部分盐调出底味，加入米饭翻炒至饭粒分开且颜色均匀。

⑤ 在米饭中倒入鸡蛋碎和黄瓜粒翻炒均匀，最后用盐和黑胡椒粉调味后即可出锅装盘。

作正酣，作为吃货，还是一下子被这股复合香气的神秘莫测勾了魂儿去。放下手头的事儿，蹑手蹑脚溜进厨房，打算探个究竟，正撞见长角羚麻利地起锅装盘。嚯！五颜六色一大盘，这是什么呀？

"拿筷子拿碗，吃饭！"长角羚看见我，指示脱口而出，整个人也仿佛五星级大酒店的行政主厨一般神气十足。于是，麻利儿地摆好桌子，正襟危坐，餐前感恩之后，开始细细品味。最先抢镜成功的是异彩纷呈的色泽，鸡蛋金黄、黄瓜碧绿、米饭白中透粉，仿佛锅里装满了彩虹。正当我纳闷儿这美美的颜色从何而来时，突然看见饭粒间夹杂着细细切碎如石榴籽般的点点玫红。Wow！原来是红菜头呀！厉害了我的哥！

接下来一入口，浓郁复合的气息更是惊为天人！先是自产鸡蛋在葵花油中煎炒出的

红菜头又名甜菜根,不只被俄式红菜汤用作主角,还因富含膳食纤维和多种矿物质,深受注重健康饮食的当代人喜爱。当然,有人嫌弃健身人士最爱的红菜头汁多少有些土腥味儿。我们除了用它制作西域彩虹炒饭,还常把它切片,用油煎烤后制作三明治,效果酷似雪花牛肉。在东北,我们还有朋友种植一种"大胖白萝卜"外形的甜菜根,此品种专用于榨糖。

油脂香,这油脂香又包裹着孜然的回味,减轻油腻的同时刺激食欲;再来一口,发现这孜然的香气还跟着一丝半缕轻柔的香甜,仔细一品,竟是小茴香籽!这个搭配可高级啦!同样出身伞形科家族的孜然和茴香,皆有着柔嫩细弱的羽丝状叶片,茎叶都有香气但气味精华更多被锁在了种子中。单凭相貌,并不太容易区分它们,不过孜然凌厉直白的气息比茴香温和的甜味高调许多。孜然和茴香在中东料理中的应用十分普遍,且更多搭配肉食,这次在只有鸡蛋的炒饭中现身,不仅为之增香,更展现出了素食荤做的巧思妙想。佩服佩服!

终于,餐桌上的全部刑侦工作告一段落,我转头朝长角羚投去崇敬的目光。

"敢问名厨,这是哪里寻到的方子呢?"

"不才不才,信手拈来……"

"那请教这一道是否有个芳名?"

"香料的搭配灵感受到西域美食的启发,就叫西域炒饭吧?"

"这么好看的颜色,不如再添二字,名曰西域彩虹炒饭,如何?"

"妙!妙!妙!"

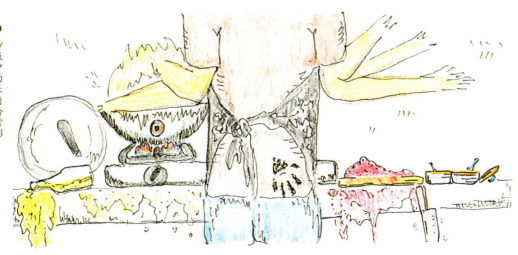

炒饭中的长角羚背影

灵性普罗旺斯乱炖

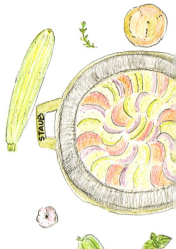

　　《料理鼠王》是十几年前由美国皮克斯动画出品的一部以法国美食为题材的动画电影。无论在哪儿，说到法国料理，人们都认为达到了殿堂级水平。更有趣的是，从法国料理到法国文化，似乎都受到美国全社会的严重青睐。身为美国驻法外交官夫人的茱莉亚·查尔德，甚至在20世纪60年代出版过一本大部头著作，想让整个美国社会了解真正的法国料理及其背后的饮食文化。

　　不过，在下认为《料理鼠王》这部电影不只为展现法式料理的雍容华贵，不单是向法式料理致敬，其实也在揭示美食的真谛。也许很少有人注意到，这部电影的名字正是一道法国料理的芳名——普罗旺斯炖菜（Ratatouille）。这道菜出自农业发达的法国南部省普罗旺斯，是再家常不过的一道主妇料理，从字面意思看，就是个炖焖蔬菜，堪比咱家里的东北乱炖。可能这一说法让各位大跌了眼镜，但这恰恰是我掌勺多年的"深刻领悟"。在我们的生活中，许多家常菜都用料平实，手法简单，但依然让人们试过之后啧啧称叹，纷纷追忆起"妈妈的味道"，到底凭的是什么？答案就是浓浓的真情，以及从田间到餐桌，精心挑选又绝对新鲜的当季蔬菜呀！

　　仲夏时节，北京的雨水渐起，熬过干旱的蔬菜也日益滋润起来。

法国的几种经典混合香草配方
Fines Herbes（混合香草碎）：包括虾夷葱（Chives）、欧芹、细叶芹（Chervil）、法国龙蒿等，被广泛用于法式料理中，适合与清淡菜肴搭配。
Herbes de Provence（普罗旺斯混合香草）：典型南法风味，常见配料有百里香、迷迭香、香薄荷（Savory）、马郁兰（Marjoram）、薰衣草等，有时也会添加牛至、茴香籽，配方较灵活，由于地区比邻意大利，与意式混合香草的风格接近。
Bouquet Garni（香草束）：以新鲜欧芹、百里香和月桂叶捆扎成束，主要用于炖煮类料理。香草束的材料可根据菜色的不同灵活调配，用后丢弃，有点像中餐里的炖肉料包。

地里的南瓜藤开始向更远的方向蔓延，黄艳艳的花朵吸引着蜂虫纷至沓来，一旦授粉成功，雌花的基部就会渐渐膨大，没几天便可以孕育出一条长短粗细都恰到好处的小瓜，皮薄而鲜嫩；茄子和青椒的枝丫也都在雨水的浇灌下开枝散叶，慢慢打开或紫或白的花瓣，再配上花蕊就像是一盏盏小小的台灯，这其中的第一朵花所结出的果实往往被称为门茄或门椒，由于此时许多昆虫尚未伸开筋骨，这"第一果"无论颜色还是造型，通常都完美诱人；这会儿另一块地里的西红柿，也正准备由青转红，多汁果肉中的风味物质随着农人的企盼日渐饱满。早早地于清爽晨间在田里游走，不一会儿就能提回满满一篮。你瞧，有这样的鲜味助力，随手的凌乱仿佛都变得高级，一锅乱炖岂能没有灵性？

　　另外，虽是蔬菜乱炖，毕竟出身普罗旺斯大省，少不了香草的加持。百里香低调内敛，久炖之下香气依然醇厚；罗勒的气息浓烈醒目，出锅之前随手一撒尽显率性风味。这两种香气，似乎一张一弛，再搭配上蔬菜原本的田园气息，活脱脱一款前、中、后调平衡得恰如其分的餐桌版香氛。

食材准备

主材：
选比较直的新鲜长茄子1根、小南瓜（嫩）1个、一拳大小的西红柿1个

酱汁：
洋葱半颗、西红柿半个、青椒1个、大蒜2瓣

香草及其他：
百里香（食指长的枝条3～4枝）
罗勒叶（掌心大小一捧）
黑胡椒碎……2茶匙
红椒粉……1汤匙
橄榄油……4汤匙
盐……2茶匙
糖……2茶匙（可选）

制作步骤

① 将主材中的长茄子、小南瓜、整个西红柿分别切一口大小的块。

② 将半个西红柿、青椒、洋葱、部分罗勒叶、大蒜瓣都切碎备用。

③ 在炒锅中加热部分橄榄油（橄榄油不耐高温，须用中火），放入步骤②中切碎的西红柿、青椒、洋葱，翻炒成酱汁。

④ 在酱汁里加入百里香叶片、部分罗勒叶碎、蒜蓉、红椒粉，并用盐和黑胡椒调味，若个人需要也可加糖。

⑤ 开始家常乱炖：用一只锅子加热橄榄油，将茄子块、南瓜块入锅煎，再放入西红柿块及步骤④调好的酱汁一起翻炒，转小火焖15～20分钟。此时如果汁水太多，可转大火收汁，汤汁浓稠后撒上几片罗勒叶翻拌即可装盘。

（如想制作精致版的普罗旺斯炖菜，可把长茄子、小南瓜和整个西红柿切成一枚硬币厚度的完整薄片，将茄子片和南瓜片用淡盐水洗过并沥干水分后，按西红柿、南瓜、茄子的顺序将蔬菜片依次整齐码放在铺好酱汁的烤盘上——酱汁可事先用料理机打细腻。摆好后，蔬菜表面淋橄榄油，盖上油纸，放入180℃预热好的烤箱中，焖烤20～30分钟即可。）

鲜花凯撒色拉

得了夏季雨水的滋润和渐凉秋风洗礼，九月初，香草园里一切正是刚刚好。一般情况下，地里不少香草会在每年五月和九月各有一次花期。五月虽然凉爽，但往往干旱，香草的植株还很低矮，由于养分积累不足，孕育的花蕾也稍显细弱；而秋季香草正当繁茂，花朵自是艳丽多姿，其中最夺目的当属旱金莲的火红了。此花不仅养眼，还有点儿小小的"刺激"，能为菜肴增色不少。可拥有类似气质的芝麻菜花期却略有不同，生长期喜冷的它们，会在夏季天热后开出冷艳小花，白中带紫，是旱金莲空窗期的完美替补，每每有朋友来做客，我在制作色拉时总会撒上几朵，惹得大家拍照不断。之所以使用，不仅是图这些花儿的秀色，更因为其细品之下的独特气息。无论旱金莲，还是芝麻菜的花朵连同嫩叶，都有类似芥末的辛辣气味，只是没那么强烈，可以为有酸味的酱汁带来向上的力量，提振食欲。

说到色拉，似乎是当下健康饮食的王牌典范。新鲜且色泽明亮的蔬菜、水果，切配码放得整整齐齐，满满都是维生素；放几片烤牛里脊、煎鸡胸肉，或是几朵水煮白虾肉，充盈着优质蛋白；一拳大的藜麦赤豆杂粮饭，混杂着颗粒分明的坚果碎，既有让人饱腹的碳水，又有滋养大脑和肌肤的不饱和脂肪酸。这样一份营养均衡的精致午餐，

旱金莲
Nasturtium
(*Tropaeolum majus*)

旱金莲科旱金莲属多年生草本，原产南美。苦熬过北京湿热的炎夏，到了秋日凉爽天气，便是旱金莲生长的全盛时期，绿毯上层出不穷的娇艳花朵，都抢着赶在冬日之前尽情绽放，只等霜降一来，遍地一夜枯黄

芝麻菜
Rocket / Arugula
(*Eruca vesicaria* subsp. *sativa*)

十字花科芝麻菜属一年生草本，原产地中海沿岸。与许多十字花科的蔬菜一样喜冷凉，春秋时节花叶间有股辛辣刺激的芝麻香（臭）气，困了累了嚼一口，瞬间苏醒

食材准备

直立罗马生菜……2颗

新鲜旱金莲（或芝麻菜）

……嫩叶8～10片，花4～5朵

法棍面包……200克

油浸鳀鱼……3条

大蒜……1瓣

帕马森干酪碎……1汤匙

第戎芥末酱……1茶匙

蛋黄酱……2～3汤匙

盐和黑胡椒碎……适量

伍斯特酱油……1茶匙

柠檬汁……1汤匙

制作步骤

① 将新鲜的法棍面包切成一个指节厚的圆片，涂抹黄油后，在平底锅中煎到两面金黄（也可用橄榄油）。

② 摘取罗马生菜最靠近芯部的4～5片叶子，清水洗净后沥干水分，放保鲜袋内冷藏。

③ 制作酱汁：将油浸鳀鱼用刀碾碎后与蒜蓉、帕马森干酪碎、伍斯特酱油、第戎芥末酱和柠檬汁一同调入蛋黄酱。

④ 取一个大盆，放入全部的罗马生菜叶，以及旱金莲（或芝麻菜）嫩叶，然后倒入酱汁翻拌均匀，尽量让每一片菜叶都均匀裹上酱汁（根据需要可用盐和黑胡椒调味）。

⑤ 在餐盘中依次摆放好裹着酱汁的罗马生菜叶片和煎好的法棍面包片，再淋少许酱汁，最后点缀几朵旱金莲（或芝麻菜）花即可。

正被越来越多的时尚年轻人点击下单。

不过，当我们追溯美食的历史时，发现色拉早在古罗马时期便已有之。在现今众多品类的色拉当中，名字响亮的"凯撒色拉"似乎还延续着浓浓的罗马气息。只是这道菜的诞生与凯撒大帝并没有任何关系，是由一位名字里带"凯撒"，并在20世纪初移民到美洲的意大利裔厨师发明，其餐厅官方网站上展示的凯撒色拉，使用的该是整片的罗马生菜和整片的黄油煎法棍面包。据说厨师原本的创意是让食客以手抓着裹满酱汁的叶子和面包片直接食用，然而来就餐的主要是美国客人，他们不习惯徒手作业，厨师遂改为将食材用刀切碎后装盘。

一道家喻户晓的料理，必然因为不断的入乡随俗，呈现千变万化的样子。"用不用伍斯特酱油，要不要意大利油浸鳀鱼？"或是"蛋黄酱中加不加芥末酱？"这样的问题还是留给专业美食人士争论吧，于我，这道菜最有吸引力的点反而是简单家常的配搭、方便快捷的制作过程，帮助你轻松实现从田间到餐桌最短里程的里山生活。

凯撒色拉的经典酱汁中会加入名门出身的第戎芥末酱，既然花园里正怒放的旱金莲有着同样辛辣的气息，何不随性地顺势而为？于是，在翠绿与金黄之间愉快地点上些火焰般的红，带着秋日的明快，一盘凯撒色拉被成功扮靓。

意式西红柿肉酱面

　　七月一到，整座小山伴随着北京雨季的来临日益葱郁起来。地里的叶子菜虽然喝饱了水，但因为气温不断攀升，显露出生长艰难的模样。而在此时，借助湿热环境快速繁衍起来的各种小虫已是摩拳擦掌，跃跃欲试。在它们的啃噬之下，雨季露地栽培的叶菜们经常千疮百孔。话说鸡蛋不能都放在一个篮子里，农人会备好兼顾多样性的蔬菜种植床，有多种提供食物的方案。此时，园中的瓜果和茄果类蔬菜正长势喜人，它们比叶菜类更喜湿热，表皮往往拥有绒毛或利刺，甚至周身散发出特殊气味，这些都让小食客们退避三舍。

　　不过，即使有了顺应时令的农事安排，农人的辛勤劳作也必不可少。以西红柿为例，雨季充足的光照和温度是它们变红的重要诱因，可过多的雨水和雨过天晴的炙烤，会带来果实破皮开裂的麻烦，聪巧的农人必须把握时机，在湿润清爽的黎明采收刚刚转红的露地西红柿果实，才不辜负这大地馈赠的美味。采摘过程并不仅有收获的欢快，即便是拥有一定防御力的西红柿，还是难逃某些大肉虫子的骚扰。记得刚刚来到山上生活时，曾经欣喜地摘下雨季里西红柿田中第一枚红彤彤的果实。还没来得及高兴，就发现早有个肥嘟嘟的绿家伙占据了这里，它高昂着头，身体来回晃，似乎在对我们讲："先到先得，懂不懂？！"损失当然不可避免，但这样经风历雨的西红柿真的能给你百分百自然熟成的美味。它的表皮吹弹可破，果肉彤红多汁且香气四溢，用来烧菜做汤或调配酱汁都十足完美，这就是我们中意跟着自然节律吃西红柿的原因。

● 在菜地里采摘新鲜西红柿是农夫的一大乐趣

食材准备

意式直面……250克

瘦猪肉碎……300克

自制淡盐去皮西红柿罐头……800克

用于装饰的新鲜甜罗勒叶（两叶一心）和
新鲜牛至嫩茎叶（5厘米）……各2支

新鲜百里香、牛至、马郁兰和罗勒嫩茎叶
……各1汤匙（全部切碎）

白洋葱……半颗

蒜蓉……1~2汤匙

帕马森干酪碎……4~5汤匙

黑胡椒碎……4~5茶匙

橄榄油……3~4汤匙

盐……2~3茶匙

糖……4~5茶匙

红酒……1汤匙

原味优格或鲜奶油……100~150毫升

制作步骤

① 锅子里用中火加热一些橄榄油，也可以再加入一些奶油增加香气。

② 把细切的洋葱碎和猪肉碎（吃素的朋友，只需要把猪肉碎替换成胡萝卜碎就可以啦！）放入锅中翻炒，期间加入黑胡椒碎、红酒、少许糖和盐调味。

③ 当洋葱变得透明，肉沫开始收缩、松散后，加入适量的盐水西红柿罐头翻炒至软烂，同时用适量盐和糖调配出酸甜平衡的口味。

④ 调入鲜奶油或原味优格，收浓酱汁，同时加入蒜蓉、新鲜香草碎（百里香叶、牛至叶、马郁兰叶）翻炒，满屋迸发香气时再撒上新鲜罗勒碎搅一搅就可起锅。

⑤ 将酱汁趁热浇在已经煮好且弹性十足的意式直面上，再撒上少许帕玛森干酪碎，放两枝牛至和罗勒叶装点一下就大功告成。

通常，忙碌了一个上午，农夫就饥肠辘辘了。这时如果能有一份酸甜爽口又馨香无比的西红柿肉酱意面摆在眼前，相信他会一下振作起来吧。来山上吃过我做的西红柿肉酱面的伙伴，往往都会好奇——似乎和餐厅里的不太一样呢。虽然使用了信得过的小农提供的有机面粉和猪肉碎，但我始终觉得，由熟度刚好的西红柿制成的罐头，搭配现摘现用的新鲜香草，才是烹制独特美味肉酱的秘诀。

关于西红柿罐头的制作，可见里山技部分（第90页），而对新鲜香草的运用，要多多感谢长角羚的香草花园。西红柿肉酱中，我惯常使用的主要有四种香草，它们也是意式混合香草的主要配料。百里香的气味稳定，仿佛一把大提琴，浑厚低音带来稳健节奏。牛至和马郁兰都有略微毛茸茸的小小叶片，但前者叶片呈卵形，后者呈椭圆形，还是一眼就能分辨。牛至的香气非常温和，有着不争的气质，马郁兰的气息则鲜明浓烈、昂扬向上。若马郁兰在这个组合中是一把高调悠扬的小提琴，那牛至非是那把连接低音与高音的中提琴不可了。在这组四重奏中，另一把调性高亢的小提琴是罗勒，它的登场有力短促，让整锅肉酱在起锅关火那一刻，戛然而止中带出恰到好处的余韵绕梁。虽然有些配方中还会加入气味更浓烈的迷迭香和相对平和的欧芹，但我始终欣赏这简洁明快的《芳香弦乐四重奏》。

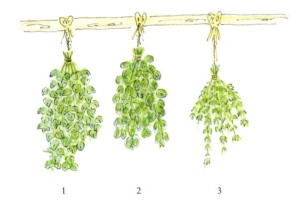

1. 牛至
Oregano（*Origanum vulgare*）
又名奥勒冈、披萨草，唇形科牛至属多年生草本，原产地中海沿岸地区，算是我们园子里最皮实的香草种类之一，靠着自然的阳光雨露，每年规律地花开花落，枯萎萌芽，像山林里的野生植物一般挥洒自如

2. 马郁兰
Marjoram（*Origanum majorana*）
牛至属下的另一个种，没有牛至强悍，气味更甘甜怡人

3. 百里香
Thyme（*Thymus vulgaris*）

1   2   3

里山食

越南香菜牛肉河粉

香菜亦称芫荽，是常在各地菜肴中出现的一种香草。不过，一说到它的香，有人可能要皱眉头。对美食的香气，总有人爱得如痴如醉，也有人避之不及。就拿拥有帝王冠冕的金枕榴梿来说吧，即便有无数痴男怨女对之深深迷恋，还是因气味太强惹得航空公司明令禁止旅客将其带上飞机。比起榴梿之味，香菜的独特气息还算温和。即便如此，也还是有人对其嗤之以鼻："这哪里香了，不就是臭大姐（臭大姐即麻皮蝽一类昆虫的北方俗称，在中国南方也有叫打屁虫的。在下不才，只觉得它们的'屁味儿'和香菜的香气非常接近。详见第167页）的味道吗？！"

大凡美食，难免遭遇这种"此之甘饴，彼之砒霜"的窘境。还好长角羚和我都不排斥香菜的气味，不仅在香草花园里多有种植，还会在平日菜肴中随手添加。香菜的气息也特别适用于家常做法，无论凉拌或是热汤，有它参与让人悦目更可提振食欲。

然而，很多人可能还不知道，拥有"香菜"气味的植物并非只有一种！在北方热汤中经常被添加，有些像细嫩小芹菜的，是原产地中海沿岸的芫荽（香菜本菜），而在东南亚和中南美洲地区，还有一种它的亲戚，名为刺芫荽，在国内西南等地也被称作云南大香菜。这还没完，在以越南为代表的热带亚洲，更有一种出身完全不同家族的植物，同样拥有"香菜"的气息，由于被广泛用于越南菜的家常料理中，甚至被命名为越南香菜。

食材准备

熟卤牛肉……100克

卤牛肉浓汤……800毫升

河粉……250克

一拳大的西红柿……1个

越南香菜、胡椒薄荷和九层塔嫩枝叶……每种各2支（约10厘米长）

黑胡椒粉和盐……适量

制作步骤

① 小汤锅中放入牛肉浓汤，同时放入新鲜西红柿切片一同煮沸，并用黑胡椒粉和盐调味。

② 另取一只煮锅，烧沸适量热水后，投入河粉煮熟（根据产品提示的烹煮时间操作），煮好的河粉须捞出再浸入凉水中降温。

③ 熟牛肉切薄片，同时将洗净沥水的越南香菜、胡椒薄荷和九层塔细细切碎。

④ 取两个汤碗，各装入一半分量的河粉，在河粉上放好牛肉片和香草碎，浇上滚沸的热汤后即可上桌享用。

　　上文说到的芫荽和刺芫荽，都出自伞形科一族，越南香菜则出身八竿子打不着的蓼科家族。在里山客的章节中（详见第247页）我曾介绍过红蓼，它应该和越南香菜更亲近些吧。虽然出身不同，但刺芫荽和越南香菜都原产热带，对高温高湿天气无比适应，在北京的七、八月份露地栽培也能长势良好，只是天气一转凉就日渐消沉，等不到大冷便彻底败下阵来。而来自地中海的芫荽截然不同，凉爽的日子里势头很劲，还能挨过冰点附近的低温，可当炎热季节一到就抓紧开花结实，此时大部分植株都会陷入颓败甚至干枯状态，不过，它们的生命还是会通过更有耐力的种子熬过炎夏，然后在秋日东山再起。这样一来，在我们春干旱、夏湿热、秋冷凉的花园里，只要春季及时灌溉，就能保证这股"香菜味儿"不断顿儿啦！

私家卤牛肉配方

准备牛腱子500克，冲洗血水后，放入带盖子的汤锅中，同时放入大葱段、姜片、八角、桂皮、丁香、荜茇、月桂叶、原粒黑胡椒，以及黄酒、酱油、黄酱和糖；将肉和所有的香料、作料一起抓匀揉搓，冷藏密封腌渍3~4小时；腌渍后在汤锅中加入足够多的清水，大火烧沸，撇去浮沫后转小火炖煮1小时后放盐，再继续炖煮1.5小时以上；炖好后熄火，不要捞出牛肉，而是让牛肉在汤中慢慢冷却继续入味，等完全冷掉后再捞出；卤牛肉和牛肉浓汤分别密封冷藏保存，可以慢慢享用一周呢！

　　在众多需要香菜味儿的料理中，我俩都喜欢菜、肉和主食一锅出的越南牛肉河粉。特别是在炎热夏季，牛肉和牛肉汤都可以提前做熟，冷藏在冰箱中慢慢使用；而河粉无论干湿，现今也都比较容易获得，只要烧滚热水，几分钟就可以烫好。在诸如越南这样炎热的地方，人们往往用柠檬或酸柑的汁水给滚热的肉汤带来酸味，搭配辣酱让人胃口大开，还能让食客一下子通身大汗，消退暑气。我们的花园里无法种植柠檬和酸柑，而盛夏的西红柿又红得恰逢其时，干脆在牛肉汤里加入完熟西红柿，达到类似目的。爽滑的河粉浇上浓香的西红柿牛肉汤，再切配几片薄牛肉，接下来就要掌声鼓励香草们登场了。除了上文提到的越南香菜，还要来几支胡椒薄荷和九层塔——不但能展现翠绿的色泽，其香气还可在热汤激发下瞬间与所有食材融合，绝对值得一句"Bon appétit"（法语，意为"祝胃口好"）！

越南香菜
Vietnamese Coriander / Rau Ram
(*Persicaria odorata*)
又名叻沙叶，蓼科春蓼属多年生草
本，原产热带亚洲地区

芫荽
Coriander (*Coriandrum sativum*)
又名香菜，伞形科芫荽属一年生草
本，原产地中海沿岸地区

胡椒薄荷
Peppermint (*Mentha × piperita*)
唇形科薄荷属多年生草本，原产欧洲。由于薄荷
属内种间易杂交，所产生的栽培品种繁多，胡
椒薄荷便是由水薄荷（Water Mint）与绿薄荷
（Spearmint）杂交而来，其味于清凉之中掺杂着
刺激胡椒香气，令其广受欢迎

刺芫荽
Culantro (*Eryngium foetidum*)
又名刺芹，伞形科刺芹属多年生
草本，原产中南美洲

香草茶

甜叶菊

柠檬马鞭草　　德国洋甘菊　　柠檬香蜂草

　　不管是劳作的间歇，还是闲来无事的午后，从门前摘点应季香草的新鲜枝叶，泡上一壶茶，本就是自由而随性的事。至于不同香草之间如何配搭，什么比例，在我看来也没有什么非可非不可，看个人的喜好和那一刻的心情罢了。之前曾在英国游历过一些香草花园与农场，也斗胆品尝过一些本地口味的香草茶，可有的只喝了一口，有的因为实在口渴，才咬牙喝下半杯，其中的滋味至今不愿回味。反倒是后来在日本的一家香草园里，随意点了一大壶，在初冬暖阳里，一个人满足地喝到饱。那温润怡人的香气，仍时常在记忆里闪现，让我责怪自己为何当时没多问一句其中香草的配搭！回到山上的香草花园，虽没那欧洲园艺之都的品种繁多，也少了东洋细腻的调味组合，却仍能在自家门口，无拘无束地，将亲手栽培的香草们随心搭配，沏出千滋百味。

　　每到春末，香草园里最显眼的要数一丛丛星星点点的小白花了，它们的名字叫德国洋甘菊，没开花时顶着一身羽毛般的茎叶，时常被一些伙伴误认成茴香。作为花园里为数不多敢于直面干旱严冬的香草种类，无论是依靠地上植株的坚韧不拔，还是依靠被风吹散的种子顽强萌发，洋甘菊总能把自己照顾得很好，以至来年春日鲜花盛放之时，各路昆虫争相来访。总之，它的事向来不需要我俩太过操心。它高挺

德国洋甘菊
German Chamomile
(*Matricaria chamomilla*)
菊科母菊属一年生草本，原产欧洲及亚洲

柠檬马鞭草
Lemon Verbena
(*Aloysia triphylla*)
马鞭草科橙香木属多年生灌木，原产南美

柠檬香蜂草
Lemon Balm
(*Melissa officinalis*)
唇形科香蜂草属多年生草本，原产南欧及西亚地区

甜叶菊
Stevia (*Stevia rebaudiana*)
菊科甜菊属多年生草本，原产南美

香草茶冲泡步骤

① 采摘鲜嫩的香草枝叶或花蕾，清洗干净，
　 沥水备用。

② 准备干净的玻璃茶具，最好提前预热。

③ 放入香草，注入刚烧开的沸水。

④ 闷泡3~5分钟后即可饮用。

我们经常搭配的香草茶组合

洋甘菊花与柠檬香蜂草的嫩枝叶；

百里香嫩枝叶、柠檬片与蜂蜜；

柠檬马鞭草嫩枝叶（或胡椒薄荷嫩枝叶）与
甜叶菊嫩枝叶；

薰衣草花蕾（或食用玫瑰花蕾）与红茶。

枝条上的小花，散发着幽然甜香之气，提鼻子一闻，春日的温暖便一下子走进了内心。但洋甘菊出身于高冷之地，抗冻的身体最终还是敌不过热浪来袭，整棵植株会伴着夏季的到来迅速枯萎，仿佛多一天都不想忍受。只等入秋天气转凉，落在地里的种子们才又称心如愿，四处露头，再度拥抱这期待已久的瑟瑟秋风。

北京夏季高温多雨，众多原产地中海沿岸的香草只能艰难度日，没想到来自南美热地的柠檬马鞭草却逮到机会如日中天。没有复杂修饰，只有木质化的茎配上披针形的叶，挺拔而柔韧，让整棵植株看起来紧凑利落，一身清爽。当你俯下身子，用手在叶片上稍微搓揉，再将鼻头凑近指尖，一股柠檬香气便在鼻腔内全面散开。它不同于真柠檬的酸香并举，也不同于其他柠檬系香草的直截了当，而是一种层层包裹下的欲扬先抑，伴随着柔软却恰到好处的青草柠檬混合香。只可惜浓郁的香气终会随着气温下行渐渐消退，叶子也开始干枯卷曲，慢慢掉落。每年入冬之前，我们都会把多年生的柠檬马鞭草移栽到温室过冬，期待它在来年春天温暖重生。

还有些香草同样喜欢不冷不热的春秋季节，但对冬夏的极端天气也不畏惧，就算地面部分完全凋零，地下根茎仍可续命，直至气温回暖，便又伸开懒腰，把头年失去的叶子加倍长回来，这便是香草地里同科不同属的一对儿不死小强，薄荷与香蜂草。在香草花园里，许多伙伴都曾把香蜂草错认为薄荷。虽说从茎、叶、花到植株姿态多方面细品，二者颇有些差异，可鉴于初次见面容易越看越乱，不如学习从气味上加以区别。山上种植的几种薄荷里，还要属经典胡椒薄荷的气味让我最中意，没有皱叶留兰香的清新灌顶，也没有凤梨或葡萄柚薄荷这些纷繁花哨的水果香气，胡椒薄荷的气

息游走于辛辣与甘甜之间，略带一丝咸鲜之气，稳健的清凉既有穿透力又不失克制。香蜂草则是以柠檬的香气为主，辅以丝丝清凉，像极了夏日里冲凉时柠檬味沐浴乳飘出的淡淡清香。

各种香草茶中，柠檬马鞭草是我的最爱，而蚊滋滋对洋甘菊更为倾心。除此之外，馥郁上扬的薰衣草，持久深邃的百里香，甘之如饴的甜叶菊，芬芳的食用玫瑰，这些完全不同的风格类型，也都是我俩平日泡茶的好伴侣。不同的配搭，融合出不同的香气，随性折取几枝鲜叶，加一壶开水，常常能冲泡出意想不到的惊喜。当然，将调性各异的香气重新整合，的确需要时间来磨，试多错多的我们也没少因为异想天开喝下怪味苦水。不过还是要感谢香草们的慷慨解囊，不仅关照着我们的吃喝，更滋养着里山人的心神，犹如一众来自世界各地的精灵，各显其能，陪伴我们度过春困秋乏夏打盹。

薰衣草花蕾

齿叶薰衣草
Fringed Lavendar（*Lavandula dentata*）
唇形科薰衣草属常绿灌木，原产地中海沿岸地区。除齿叶品系外，薰衣草家族中还有以经典英国薰衣草为代表的狭叶品系（*L.angustifolia*），顶着一对"兔子耳朵"（花序顶端的苞片）的美美法国系（*L.stoechas*），叶片深裂超耐热的羽叶品系（*L.pinnata*），及以高精油产量著称的杂交系（*Lavandula × intermedia*）等，栽培品种多达几百种

① 月桂　　⑦ 鼠尾草　　⑬ 玫瑰　　　　⑲ 玫瑰天竺葵
② 藿香　　⑧ 莳萝　　　⑭ 德国洋甘菊　⑳ 旱金莲
③ 迷迭香　⑨ 罗勒　　　⑮ 马郁兰　　　㉑ 越南香菜
④ 姜黄　　⑩ 紫苏　　　⑯ 虾夷葱　　　㉒ 薄荷
⑤ 柠檬香茅 ⑪ 柠檬马鞭草 ⑰ 百里香　　㉓ 柠檬香蜂草
⑥ 龙蒿　　⑫ 牛至　　　⑱ 琉璃苣

◎ 香草园小景

11

农夫的一年

想成为大自然的合伙人，也许我们永远也摸不透它的脾气，但至少这份踏实又充满惊奇的努力，能换来一份倍需要的生活与陪伴。

1月

31日，请村里大叔给果园剪枝。

2月

1日，修补房屋缝隙，防虫避风。

6日，打扫房间，晾晒被褥。

8日，打开水闸电闸，烧炕取暖，搬上山住。

9日，捡拾地里因冬天大风吹来的垃圾。

11日，生活物资整理，农具整修，安装室外气象站、灭虫灯等。

13日，撤去小花园里过冬香草的保温膜。

15日，接在城里过冬的猫和兔上山，顺路拉上在村里朋友家过冬的狗的和赠。

17日，将冬季修剪的果树枝条打捆，采入柴棚。

19日，逮大集买了两个捕条筐，请老师傅磨菜刀、伐锯，顺便去找老铁匠买了把斧。

22日，给室外棚架刷制防锈漆和木蜡油。

25日，给田地施底肥，翻耕土地。

27日，种植土豆10垄。

29日，给果树施用旱厕堆肥。

6月

5日，一场大雨过后，播种旱稻。

7日，给苦瓜黄瓜绑枝。

15日，熬了一大锅杏酱，正式进入杏季，李子酱制作季。

18日，割艾草晾干用于驱蚊熏香。

1月

1日，检查盖盖峰上布设的红外相机数据。

3日，伐枯死树，劈粗木柴。

5日，将温室里过冬的香草移栽回花园。

8日，到山下木材厂拉木屑，供生态旱厕使用。

14日，钓香椿芽2斤。

15日，给菜地打田畦。

18日，种植春茬蘸菜、小白菜、小油菜、菜花、卷心菜等栽苗，水萝卜等播种。

19日，同事们上山劳动，简称"劳愈"。

20日，接通太阳能热水器，并上满水。

23日，给鸡鸭和羊进行饮水储水，雨水收集设施恢复使用。

25日，给猫狗们打疫苗。

28日，给水窖蓄水。

5月

1日，动物圈舍、牧场果园立桩围网的巡查修补。

4日，种植花生和红薯6垄。

6日，下山磨制自配鸡料300斤。

8日，把寄养在农户家过冬的母鸡拉上山，开始检鸡蛋，每天大约能检30枚。

12日，确认牧场草量无足后，到村民家购买羊羔运上山。

23日，晾晒玫瑰花蕾茶约两竹圈。

27日，剪羊毛。

7月

- 25日，吓走邻家进犯果园的猪，赶回自家逃逸的羊。
- 26日，采收芦苇叶和马蔺叶包粽子。
- 28日，逐渐进入野草生长高峰期，除草任务与日俱增。
- 30日，捕捉果园里的红颈天牛。

- 3日，收获土豆，翻种第二茬玉米。
- 5日，用收获的圆白菜制作泡菜。
- 8日，修剪道路两侧灌木，用打草机割草。
- 10日，对香草进行夏剪。
- 12日，给猫、狗和羊涂抹体外驱虫药。
- 15日，制作西红柿罐头。
- 17日，起垄种植胡萝卜。
- 20日，将羊转场至果园放牧。

8月

- 1日，种植大白菜。
- 6日，忙碌的农场夏令营，二十多个孩子和我们一起同吃同住同劳动。
- 15日，清理围网上的爬藤植物。
- 25日，上山采了一小篮蘑菇。

9月

- 7日，打核桃、修剪核桃树。
- 10日，在雨季后，维护修整手作步道。
- 22日，种植菠菜和大蒜。
- 30日，邀请家人上山欢聚，共同劳动。

10月

- 1日，沃思花园开放日，大约有十来个城市家庭和我们一起体验山里生活。
- 3日，刨红薯，种子喂羊。
- 8日，播种冬小麦。
- 13日，收获晾晒玉米。
- 15日，制作山楂酱、奶油栗子酱。
- 20日，粉碎秸秆。
- 23日，将不耐寒香草移栽入温室。
- 25日，割早稻、脱粒晾晒、稻秆堆垛。
- 28日，清理鸡粪羊粪，用于堆肥。

11月

- 2日，挖鬼子姜制作咸菜。
- 6日，拆蔬菜架，为蔬菜地拉秧。
- 7日，收纳室外物资，为春草地做保温覆盖。
- 9日，入冬前给果园浇冻水自用。
- 12日，剥花生，压榨花生油供来年自用。
- 15日，杀鸡宰羊。
- 18日，地里种植的高粱，干燥后捆绑和收各三把。
- 20日，用苫布遮盖室外设施，做好过冬保护。
- 22日，将玉米小麦磨成面、碾米。
- 25日，断水断电，带着其他的农场动物下山猫冬。

12月

●
我
们
的
山
、
田
、
园
、
居

感 谢

感 谢

自然之友一如既往的默默陪伴，在曲折的行山路上，"真心实意，身体力行"是最好的礼物。

盖娅自然学校以及所有"盖娅人儿"一次次情真意切的挥汗如雨，与我们一起见证着重归秩序的山野和生活。

小毛驴市民农园带给我们的农夫启蒙课，自那以后，我们不仅敢想，而且敢干。

北京有机农夫市集及其身后的热心农友们在农技方面的无私分享，帮我们绕过了不少大坑。

台湾千里步道协会、中日公益伙伴等专业机构，在沃思花园建设过程中给予的实在帮助，以及对书中部分章节内容的悉心指正。

村子里给过我们提点和帮助的大叔大婶们，生活不易，人字结构需要相互支撑。

我们的家人，如果没有你们的支持和理解，七年的里山生活，便只能是一场春秋大梦。

文
景
——
Horizon

社 科 新 知　文 艺 新 潮

土里不土气：知识农夫的里山生活

长角羚　蚊滋滋　著　　蚊滋滋　绘

出 品 人：姚映然
特约编辑：吴艳萍
责任编辑：王　萌
营销编辑：杨　朗

出　　　品：北京世纪文景文化传播有限责任公司
　　　　　　（北京朝阳区东土城路8号林达大厦A座4A　100013）
出版发行：上海人民出版社
印　　　刷：天津图文方嘉印刷有限公司

开 本：720mm×1000mm　1/16
印 张：22.5　字 数：346,000
2022年4月第1版　　2023年8月第2次印刷
定 价：158.00元
ISBN：978-7-208-17625-6 / J·634

图书在版编目（CIP）数据

土里不土气：知识农夫的里山生活 / 长角羚, 蚊滋
滋著；蚊滋滋绘. -- 上海：上海人民出版社, 2022
　ISBN 978-7-208-17625-6

　Ⅰ.①土… Ⅱ.①长… ②蚊… Ⅲ.①野外－生存－
通俗读物 Ⅳ.①G895-49

中国版本图书馆CIP数据核字(2022)第028110号

本书如有印装错误，请致电本社更换　010-52187586